David Koussens

Secularism(s) in Contemporary France

Law, Policy, and Religious Diversity

Springer Nature Switzerland AG

Cham

2023

Дэвид Коуссенс

Секуляризм(ы) в современной Франции

Право, политика и религиозное разнообразие

Academic Studies Press
Библиороссика
Бостон / Санкт-Петербург
2025

УДК 94(44)087
ББК 63.3(4Фра)64
К55

Перевод с английского К. Морозова

Серийное оформление и оформление обложки Ивана Граве

Коуссенс, Дэвид.
К55 Секуляризм(ы) в современной Франции. Право, политика и религиозное разнообразие / Дэвид Коуссенс ; [пер. с англ. К. Морозова]. — СПб.: Academic Studies Press / Библиороссика, 2025. — 288 с. — (Серия «Современная европеистика» = «Contemporary European Studies»).

ISBN 979-8-901270-66-0 (Academic Studies Press)
ISBN 978-5-907918-81-8 (Библиороссика)

Растущая популярность ислама во Франции и ожесточенные споры вокруг него часто способствовали сужению общественного восприятия секуляризма до понятия воинствующей антирелигиозности. Это представление, распространяемое СМИ и политиками, способно ввести в заблуждение. Книга Дэвида Коуссенса предлагает более комплексный взгляд на секуляризм: хотя распространение ислама, несомненно, внесло вклад в переосмысление французского секуляризма в последние десятилетия, книга выходит за рамки того, что стало известно как «мусульманский вопрос», и рассматривает множество аспектов, в которых религиозные практики пересекаются со светскими.

УДК 94(44)087
ББК 63.3(4Фра)64

ISBN 979-8-901270-66-0
ISBN 978-5-907918-81-8

© David Koussens, text, 2023
© Springer Nature Switzerland AG, 2023
© К. Морозов, перевод с английского, 2025
© Academic Studies Press, 2025
© Оформление и макет.
ООО «Библиороссика», 2025

Благодарности

Прежде всего я хотел бы выразить признательность моей коллеге и другу Лори Г. Биман, которая не только подтолкнула меня к написанию этой книги, но и терпеливо наставляла и подбадривала меня в период работы над ней. Я не думаю, что смог бы завершить эту книгу без ее постоянной поддержки.

Я также хочу поблагодарить Валери Амиро, Брижит Басдеван-Годеме, Ксавье Дельгранжа, Элен Лерусель, Шарля Мерсье, Стефани Новак, Клода Прошеля, Сару Тентюрье и Венсана Валентина, сотрудничество и дискуссии с которыми в течение последних нескольких лет питали мои мысли во время написания этой книги о французском секуляризме.

Основная часть работы проходила в Центре Витторе Бранки (программа «Сравнительные исследования культур и духовности») Фонда Джорджио Чини в Венеции. Я благодарю это учреждение и особенно Франческо Пираино, который принимал меня в течение нескольких недель и предоставил оптимальные условия для работы над проектом. Благодарю также Луи Маркиза, декана юридического факультета Шербрукского университета, чья поддержка сыграла решающую роль в поиске ресурсов для завершения работы.

Наконец, я искренне благодарю Александра Мальте; без его терпения, присутствия и постоянной поддержки я не смог бы выложиться в этом проекте по максимуму.

Введение
Подводная часть айсберга

Аннотация: эта книга предпринимает попытку всесторонне задокументировать те многочисленные области, в которых играет свою роль французский секуляризм — споры о «культах», капелланская служба в государственных учреждениях, руководство деятельностью в культовых сооружениях, признание религиозных объединений и многие другие. Проделанная работа не ограничивается рассмотрением лишь мусульманского вопроса. Хотя последний, несомненно, способствовал изменениям французского секуляризма в последние десятилетия, это далеко не единственный актуальный вопрос. В книге через призму социологии будут рассмотрены основные политические и правовые конфигурации, которые принял французский секуляризм за последние 30 лет, чтобы лучше задокументировать его разнообразие. Такой портрет нужен нам, чтобы подчеркнуть, что французский секуляризм не является однородным явлением, его разновидности отличаются по своему происхождению, составу и целям, следовательно и проявляют они себя все по-разному. Нам стоит говорить именно о французских секуляризмах — то есть во множественном числе.

Секуляризм как политический организующий принцип является фундаментальным для Французской республики. Он подразумевает, что государство должно быть отделено от религиозных деноминаций и нейтрально настроено по отношению к ним, а также что оно должно гарантировать свободу вероисповедания для всех граждан, независимо от их убеждений. Несмотря на то что когда-то этот принцип оспаривался, сегодня он широко, возможно, даже повсеместно, принят как в политической сфере, так и в обществе в целом. Однако способы его реализации продолжают вызывать споры в стране все большего религиозного разнообразия.

В последние десятилетия споры разгораются вокруг внешнего выражения верований религиозных меньшинств, в первую очередь мусульман, чья одежда (хиджаб, никаб, буркини и т. д.), «уличные молитвы» или запросы на строительство мечетей привлекли внимание СМИ и поляризовали политические дебаты. Поскольку в связи с преобразованием или сносом христианских культовых сооружений видимость религиозных символов, связанных с большинством, снизилась, повышенная видимость ислама порождала и подпитывала среди определенных слоев населения ощущение, что культурная и религиозная идентичность большинства стирается. О последнем свидетельствует и растущая популярность нездоровой расистской теории, известной как «великое замещение», которая утверждает, что происходит цивилизационный сдвиг, характеризующийся заменой в составе населения страны европейского, конкретно французского, неевропейским — в первую очередь африканским — компонентом.

Эти идентаристские опасения усугубляются событиями, происходящими на локальном уровне. Соседство, а также встречи в знакомых местах — на пляже или в общественных парках, школах или детских садах — с религиозными проявлениями, воспринимаемыми как «чуждые», у многих обостряют восприятие того, что ценности или идентичность «большинства» находятся под угрозой. Эти ценности возникают из повседневной жизни людей, из взаимодействий и ситуаций, с которыми они сталкиваются на работе или во время отдыха. Когда футболист, работник частного сектора или родитель, сопровождающий детей на школьной экскурсии, надевает мусульманский платок, этот случай объединяется с другими в популярный нарратив, который изолирует их от присущего им социального контекста.

Простые, обыденные, в целом безобидные ситуации, подобные этим, превращаются в «проблемы», требующие действий со стороны государственных органов. Раздаются призывы вернуться к «рационализму», к «модернистским» идеалам Просвещения, чтобы сохранить секулярное общество, которое стало слишком снисходительным и позволило поставить под угрозу саму свою суть, допустив возращение религии в публичную сферу. Утверждается, что республика должна восстановить свою изначальную структуру вместе с соответствующими философскими, этическими и политическими паттернами; что она больше не может полагаться исключительно на логику фундаментальных прав для поддержания социальной сплоченности. Универсальность французского гражданства — необходимость для каждого отказаться, где это применимо, от других идентичностей — повторяется почти как заклинание, дабы отпугнуть новую видимость ислама и других религий.

И все же, как это ни парадоксально, религия одновременно оказывается вновь включенной в национальное воображение французов. Однако речь идет о религии большинства, и многие политики, в том числе высочайшего уровня, больше не стесняются ссылаться на иудео-христианскую историю и идентичность французской нации. Религиозные реликвии, свидетельствующие об этой истории, все чаще идентифицируются как часть французского культурного наследия в попытке легитимировать их присутствие и видимость в локальных и даже национальных государственных учреждениях. Этот защитный рефлекс обнаруживается, например, в спорах конца 2014 года, возникших из-за судебных исков против установки рождественских вертепов в некоторых общественных зданиях, где все религиозные проявления должны быть запрещены законом.

Французский секуляризм сегодня, таким образом, является принципом, находящимся в напряжении между, с одной стороны, его историческими, политическими и философскими якорями с их мощным символизмом и, с другой стороны, весьма конкретными и непосредственными социальными эффектами, которые ожидаются от его реализации, такими как интеграция, социальная сплоченность и эмансипация. В этой невероятной диалектике секуляризм становится центральным компонентом республиканской идентичности и иудео-христианской культуры, которая, как считается, является общей для французской нации. Нация реэтнизируется, так сказать, как иудео-христианская, и эта этничность затем провозглашается универсальной.

1. *Ceci n'est pas la laïcité française* (Это не французский секуляризм)

Все более напряженные дебаты вокруг вопросов видимости, несомненно, сделали понятие секуляризма центральным в публичных дебатах, но ценой этого стало значительное сужение его смысла.

Его бурное зарождение во Франции начала XX века произошло в контексте давнего конфликта между тем, что называлось «двумя Франциями»: старой католической, клерикальной нацией, все еще привязанной к монархии, и зарождающейся секулярной и антиклерикальной республикой. Несмотря на этот конфликт, разделение церквей и государства было установлено в 1905 году довольно либеральным законом, который гарантировал свободу вероисповедания и ставил все религии в равное положение. И сегодня этот либеральный дух можно почувствовать в определенных аспектах государственно-религиозных отношений, таких как правовой режим, который применяется к культовым сооружениям, в большинстве своем финансируемым государством. Старый конфликт также можно почувствовать в таких мерах, как принятый в 2004 году закон, запрещающий ношение заметных символов в государственных школах, или закон 2010 года, запрещающий сокрытие лица в общественных местах. Монополизируя публичные, а часто и академические дебаты, перечисленные резонансные законы выдвинули это спорное наследие на передний план.

Получается, что эти недавние законы сами по себе не воплощают суть французского секуляризма и не отражают сложность отношений государства с религиями. Это еще не вся картина.

Действительно, акцент, сделанный на этих текстах в публичных дебатах, оставил многие другие аспекты в тени; он скрывает глубокие изменения в том, как политические власти понимают и интерпретируют секуляризм, по крайней мере, в двух отношениях.

Во-первых, хотя законы о секуляризме времен Третьей республики (1870–1940), в частности Закон о разделении церквей и государства от 9 декабря 1905 года (*Loi du 9 décembre 1905 concernant la séparation des Églises et de l'Etat*; «Закон 1905 года»), появились в контексте возросшей напряженности между клерикальным и секулярным, они также вытекали из более широких размышлений об отношениях между государством и религиями (большинства и меньшинств), а также о свободах, которые должны быть предоставлены этим религиям (свобода совести; свобода и равенство вероисповедания). В последнее время большинство мер, связанных с секуляризмом, возникли из специального законодательства, призванного минимизировать видимость религий меньшинств и, следовательно, ограничить свободное выражение религиозных убеждений. Эти разрозненные меры можно объединить в рамках тенденции к перестройке того, что воспринимается как рушащийся секулярный фундамент; эти меры, как правило, сопровождаются звонкими, эмоционально заряженными призывами к защите морали и ценностей. Как результат, гораздо меньшее внимание привлек другой, сущностно секулярный, законопроект, который вышел за рамки символических жестов, чтобы преобразовать реальность отношений церквей и государства.

Рассмотрим Акт об укреплении принципов Республики, который был принят 24 июня 2021 года, в конце первого срока президентствования Эмманюэля Макрона. Среди законодательных мер последних десятилетий этот весьма сложный и полный юридических нюансов закон (к которому я еще вернусь в этой книге) заходит дальше всего в решении проблем секуляризма. Он ужесточает контроль над культовыми сооружениями и религиозными объединениями; выпускает руководства для домашнего обучения; вводит республиканский договор об обязательстве соблюдать принципы республики для некоторых государственных должностей; изменяет международную систему признанных религий и многое другое. Эти меры представляют собой не что иное, как капитальный ремонт, как по форме, так и по духу, системы разделения церквей и государства, введенной в 1905 году. Другими словами, правовая основа секуляризма во Франции охватывает многие вопросы, не имеющие ничего общего с видимостью религии.

Во-вторых, самые громкие меры, сосредоточенные на религиозных символах и артефактах, стали одним из инструментов размывания границ между государственной и общественной секуляризацией. С одной стороны, эти меры объединяют государственную эмансипацию с индивидуальной эмансипацией от религии. Выражая требование дистанцироваться от религии в обычных видах деятельности (работа, волонтерство), они перенесли борьбу за секуляризацию в частную сферу, к отдельным лицам, часто используя принудительные методы. С другой стороны, государство постоянно подвергало религиозную сферу политическому вмешательству, направленному на определение того, что ей свойственно, а что нет. Например, позволяя себе довольно сомнительную интерпретацию христианских символов (распятий, рождественских яслей, религиозных статуй), оно утверждало главенство их культурных и исторических измерений над религиозной символикой в попытке узаконить их присутствие в светских государственных учреждениях и зданиях [Zubrzycki 2016; Beaman 2020]. Говоря прямо, государство приложило усилия по секуляризации религии.

2. Французский секуляризм как многогранное явление

Как мы уже говорили, видимость религии (в частности, ислама) в сегодняшнем мире стала определять общественное восприятие секуляризма в целом и французского секуляризма в частности. Его упрощенный, урезанный образ, усиленный средствами массовой информации, французскими политиками и даже зарубежными учеными, должен быть исправлен. Однако его популярность в сочетании с ростом популизма создает определенный риск развития эрозии прав и свобод и, соответственно, социальной ткани в целом.

Мы могли наблюдать это в Швейцарии в 2019 году, когда кантон Женева принял на всенародном референдуме «Закон о государственном секуляризме», первая глава которого была в основном посвящена запрету ношения государственными служащими и выборными должностными лицами религиозных символов во время их службы. В том же году столь же фрагментарное восприятие французского секуляризма привело к тому, что Национальная ассамблея Квебека приняла закон под пышным названием «Закон об уважении светскости государства», который не имеет ничего общего со структурой церковно-государственных отношений, а лишь запрещает ношение религиозных символов определенным категориям государственных служащих.

Зарубежная академическая литература по французскому секуляризму также имела тенденцию делать ислам и его символы центральной темой для анализа. Эта тенденция привела рассматриваемые исследования в различные ловушки. Немногие такие исследования, например, анализируют французский секуляризм с точки зрения отношений между государством и всеми другими конфессиями, будь то старые признанные религии — католицизм, иудаизм и протестантизм — или недавно появившиеся религиозные меньшинства. Тем не менее структурные роли, которые играют эти конфессии во французском секулярном ландшафте, получили достаточно места во французской академической литературе. Недавние исследования были сосредоточены на протестантах и иудеях, а также на напряженности между государством и католической церковью по современным общественным вопросам[1].

---

[1] Среди работ, посвященных протестантам, см. [Cabanel 2003; Fath 2005; Willaime 2010; Baubérot 2017]; иудеям — см. [Azria 2005; Klein 2015; Cohen 2016]. Разногласия по современным общественным вопросам между религией и государством были изучены в [Béraud, Portier 2015; Pelletier 2017; Pelletier 2005; Raison du Cleuziou 2019; Raison du Cleuziou 2020; Schlegel 2006].

Более того, ведущую роль ислама и бросающихся в глаза религиозных символов в публичных дебатах, как правило, затмевает разнообразие правовых конфигураций французского секуляризма. Этот конкретный вопрос был использован для создания общего стандарта секуляризма (или невидимости религии) для всех французских граждан. Значительная часть литературы по секуляризму, созданной за пределами Франции, фокусируется на его наиболее сепаратистских и антирелигиозных проявлениях. При этом в ней поддерживается идея о том, что французский секуляризм по сути своей противостоит религии, вплоть до того, что его называют «жестким» или «закоснелым» [Bouchard, Taylor 2008]. Однако эта позиция слишком груба и недостаточно чувствительна к сложности и неоднозначности церковно-государственных отношений во Франции. Юридическое признание, предоставленное некоторым религиям в некоторых частях страны (особенно в департаментах Верхний Рейн, Нижний Рейн и Мозель, а также в некоторых заморских департаментах и территориях), щедрость государства по отношению к культовым сооружениям и легитимность, которой пользуются эти религии на демократических форумах, как правило, подтверждают тезис о том, что существует не одна, а несколько моделей секуляризма, которые могут характеризоваться чем-то, кроме недоверия к религии.

В-третьих, призма, через которую французский секуляризм наблюдают из-за рубежа, не благоприятствует рассмотрению изобилующего законодательства, которое способствовало освобождению граждан от религиозных норм. Можно вспомнить, например, эпохальные законы в области этики и биоэтики, а также законы, которые были направлены на модернизацию семейного права, отбросившие религиозные нормы в правовом и политическом регулировании общества. Более того, эти законы часто боролись с религиозными движениями, как это, например, произошло в 2012 и 2013 годах с движением, называющим себя «La Manif pour Tous» (фр. «Протест для всех»), которое выступало против переосмысления светского брака. Закон от 17 мая 2013 года, легализовавший однополые браки, безусловно, стал переломным моментом для французского секуляризма последнего десятилетия.

Принимая изложенные наблюдения как отправную точку, в этой книге я предпринимаю всестороннюю попытку задокументировать проявления французского секуляризма в различных областях: в дебатах о «культах», службах капелланов в государственных учреждениях, регулировании культовых сооружений, признании религиозных объединений и многом другом. Она не ограничивается рассмотрением мусульманского вопроса. Хотя последний, несомненно, изменил французский секуляризм в последние десятилетия, это далеко не единственная актуальная проблема.

Однако я не буду пытаться представить исчерпывающий анализ правовых отношений между государством и религиозными конфессиями. Такое предприятие было бы заранее обречено на провал, учитывая огромное количество правовых стратегий, принятых по религиозным вопросам на разных уровнях власти, а также схожее количество судебных решений о законности или конституционности различных мер. Вместо этого я рассмотрю основные политические и правовые конфигурации, принятые французским секуляризмом за последние 30 лет, через социологическую призму, чтобы лучше задокументировать его многообразие. Такой портрет поможет подчеркнуть, что французский секуляризм — это неоднородное явление, которое проявляется во множестве обличий. Мы должны говорить о французских секуляризмах во множественном числе.

3. Секуляризм как достояние

Постепенное медийное и политическое возведение ислама в статус проблемы, продолжавшееся последние 20 лет, стимулированное трагическими террористическими атаками, обрушившимися на Францию в середине 2010-х годов, значительно поспособствовало росту популистских движений и медленному просачиванию их политических программ в общество. Хотя французский секуляризм нельзя определить исключительно в терминах ислама и его статуса, ислам тем не менее стал призмой, через которую сменяющие друг друга правительства вмешивались в регулирование вопросов религиозного разнообразия.

Этот период характеризуется сомнением в парадигмах, которые до сих пор, казалось, получили единодушное признание. Императив защиты общей истории, ценностей и наследия, которые теперь считаются находящимися под угрозой, все чаще используется в качестве аргумента против гарантий базовых прав. Политические власти стали систематически смешивать секуляризм с определенными этическими, философскими и культурными концепциями блага, тем самым искажая его традиционно либеральную сущность. С тех пор как начало закрепляться формально-правовое отношение к религии, эта тенденция часто находит отклик в национальных и международных судах, которые уже не всегда способны (или не имеют желания) позиционировать себя как оплоты прав и свобод. Иногда они даже соглашаются на сужение сферы действия этих прав и свобод под предлогом обеспечения качества «совместной жизни» или гармонии сосуществования (vivre-ensemble). Границы этих концепций остаются туманными и плохо поддающимися объективному определению.

Секуляризм, таким образом, неуклонно преобразуется в нечто, напоминающее национальное достояние. Это преобразование происходит в общественном сознании, в том числе из-за работы, начатой политиками и завершенной судами, по делегитимации базовых прав под предлогом сохранения сплоченности национального сообщества. Традиционные схемы республиканского универсализма переосмысливаются, что приводит (как это ни парадоксально) к партикуляризированной версии французского секуляризма, которая все больше ассоциируется с защитой унаследованной национальной идентичности. Если что и приходит в упадок, так это не французское сообщество, а сам секуляризм. Столкнувшись с кризисом культурной идентичности и подвергнувшись нападкам популизма, он все больше отрывается от своих либеральных истоков и теряет свои претензии на универсальность. Автор этой книги занимает откровенно критическую позицию в отношении этих событий и новой структуры ценностей, направляющей сегодняшние правовые и политические конфигурации секуляризма.

4. План книги

Как можно понять секуляризм, если само слово никогда не было формально определено во французском законодательстве или конституционных текстах, а нормативные (философские, политические, даже религиозные) основания, связанные с ним, весьма разнообразны? С помощью каких теоретических инструментов его можно охарактеризовать в контексте, где его политические и правовые конфигурации разрозненны и постоянно трансформируются?

Первая часть книги решает эту задачу: в ней изложены зачатки теоретической и правовой основы французского секуляризма. От рассмотрения важных теоретических вкладов и обсуждений в академических и политических дебатах этой страны мы перейдем к изучению подробного описания выросшей из этого сложной правовой структуры.

Французский секуляризм, как обсуждалось ранее, сегодня часто понимается как политика, ограничивающая индивидуальное выражение религиозных убеждений, в частности, публичное ношение религиозных символов. Но это относительно новое направление академических изысканий в этой области; в течение многих лет французские исследования секуляризма были сосредоточены на отношениях между религиями — организованными общинами верующих, собирающихся для религиозного поклонения, — и государством. Это связано с историческими корнями этого явления. Закон о разделении церквей и государства от 9 декабря 1905 года установил гарантии свободы вероисповедания, даже несмотря на то что он положил конец системе признанных религий, которая преобладала при конкордатном режиме, установленном Наполеоном Бонапартом в 1801 году[2]. Этот коллективный аспект вопроса и сегодня остается ключевым и решающим для разделения церквей и го-

---

[2] Конкордат Наполеона — соглашение между папой Пием VII и Французской республикой, подписанное 15 июля 1801 года, по которому католицизм был объявлен «религией большинства французов». — *Прим. ред.*

сударства, определяя его основные конфигурации. Французское государство сохранило, так сказать, габитус институционального признания религии. Вторая часть книги посвящена изучению этого вопроса.

Важным следствием является то, что избранные должностные лица и суды испытывают большие трудности с пониманием индивидуального отношения людей к своим убеждениям; они, как правило, склонны определять их через призму коллективной сплоченности, без учета взглядов самих верующих. Очень редко исламский религиозный символ интерпретируется государственными органами как отражение индивидуальной веры его носителя, его или ее личного отношения к трансцендентному божеству. Такие символы чаще рассматриваются как проявления политического ислама, коммунитаризма или прозелитизма. Вторая часть этой книги фокусируется на сложностях интерпретации, с которыми сталкивается французское светское государство, особенно в тех случаях, когда рассматриваемая религия не нормализована в культуре большинства; когда ее верующим предлагается соблюдать все бóльшую осмотрительность в обществе, даже ценой ущемления их прав и свобод.

Недавние акты международного терроризма, совершенные исламскими фундаменталистами, сделали этот вопрос еще более сложным. Угроза часто рассматривается воплощенной в фигурах отдельных верующих, «одиноких волков», которых необходимо идентифицировать как можно скорее, чтобы предотвратить еще более драматичные атаки. В этих напряженных условиях некоторые внешние признаки религиозности начинают выглядеть весьма подозрительными. Они интерпретируются как публичный отказ от определенных общих ценностей в лучшем случае или как признак антисоциальной радикализации — в худшем. В конце концов, именно свобода становится ценой этого вопроса.

Библиография

Azria 2005 — Azria R. Le judaïsme, contours et limites de la reconnaissance // Archives de sciences sociales des religions. 2005. Vol. 129. P. 135–150.

Baubérot 2017 — Baubérot J. De la sociologie-historique du protestantisme à la sociologie historique de la laïcité // Archives de sciences sociales des religions. 2017. Vol. 180. № 4. P. 51–68.

Beaman 2020 — Beaman L. G. The Transition of Religion to Culture in Law and Public Discourse. London: Routledge, 2020.

Béraud, Portier 2015 — Béraud C., Portier P. Métamorphoses catholiques: acteurs, enjeux et mobilisations depuis le mariage pour tous. Paris: Maison des Sciences de l'homme, 2015.

Bouchard, Taylor 2008 — Bouchard G., Taylor C. Building the Future: A Time for Reconciliation. Quebec: Commission de consultation sur les pratiques d'accommodement reliées aux différences culturelles, 2008.

Cabanel 2003 — Cabanel P. Le Dieu de la République: aux sources protestantes de la laïcité (1860–1900). Rennes: Presses Universitaires de Rennes, 2003.

Cohen 2016 — Cohen M. Pluralité du judaïsme dans une France plurielle: de nouveaux défis pour la laïcité // La Laïcité: des combats fondateurs aux enjeux d'aujourd'hui / Édité par J.-M. Ducomte, P. Tournemire. Toulouse: Privat, 2016. P. 99–114.

Fath 2005 — Fath S. De la non-reconnaissance à une demande de légitimation: le cas du protestantisme évangélique // Archives de sciences sociales des religions. 2005. Vol. 129. P. 151–162.

Klein 2015 — Klein L. Judaïsme, valeurs républicaines et laïcité // Administration & Éducation. 2015. Vol. 4. № 148. P. 105–109.

Pelletier 2005 — Les catholiques dans la République, 1905–2005 / Édité par D. Pelletier. Paris: l'Atelier, 2005.

Pelletier 2017 — Pelletier D. Les catholiques français, les politiques de la vie et la redéfinition de la sphère politique en France (1980–2017): le retour en politique des catholiques français // Religión, Laicidad y Sociedad en la Historia Contemporánea de España, Italia e Francia / Édité par P. Álvarez Lázaro, A. Ciampani, F. G. Sanz. Madrid: Universidad Pontifcia Comillas, 2017. P. 395–410.

Raison du Cleuziou 2019 — Raison du Cleuziou Y. Une contre-révolution catholique: aux origines de La Manif pour tous. Paris: Seuil, 2019.

Raison du Cleuziou 2020 — Raison du Cleuziou Y. L'Église, fille ainée de la République? Les apologies de la catho-laïcité depuis les attentats de janvier

2015 // Nouveaux vocabulaires de la laïcité / Édité par D. Koussens, C. Mercier, V. Amiraux. Paris: Classiques Garnier, 2020. P. 59–75.

Schlegel 2006 — Schlegel J.-L. L'Église catholique de France et la laïcité // Revue politique et parlementaire. 2006. Vol. 1038. P. 67–75.

Willaime 2010 — Willaime J.-P. Le repositionnement laïque des Églises protestantes dans l'ultramodernité contemporaine // La modernité contre la religion? Pour une nouvelle approche de la laïcité / Édité par J. Lagrée, P. Portier. Rennes: Presses Universitaires de Rennes, 2010. P. 113–125.

Zubrzycki 2016 — Zubrzycki G. Beheading the Saint: Nationalism, Religion, and Secularism in Quebec. Chicago: Chicago University Press, 2016.

Часть 1

ТЕОРЕТИЧЕСКИЕ И ПРАВОВЫЕ ОСНОВЫ

Глава 1
Мультисекуляризм

Аннотация: различные типы отношений с религиями, которые поддерживает государство (официальное признание, конфликт, сотрудничество и т. д.), и их эволюция с течением времени, несомненно, повлияли на то, как проходила секуляризация, и на наблюдаемые сегодня различные формы секуляризма. В результате этого религия и секуляризм по-разному рассматриваются в разных государствах. Рассмотрим пример Франции; хотя ее версия секуляризма часто изображается как уникальная или исключительная, дискурс и законодательство этой страны отражают извилистый путь, пройденный отношениями между государством и различными религиями, представленными на его территории.

Во Франции, как и во всем мире, процесс ослабления влияния религии на политику и право носил прерывистый характер, а кроме того, сопровождался напряженностью и конфликтами, прежде всего с католической церковью. Многие исследования показывают, как в обществах с католическим большинством секуляризм часто строился в антагонистическом противостоянии с клерикализмом. Такие конфликты имели место в Мексике после принятия либеральных и светских законов о реформах 1859–1860 годов [Blancarte 2001]. Они были заметны в Бельгии во время Школьных войн (1879–1884, 1950–1959), которые надолго определили курс секуляризма в этой стране [Sägesser 2012; Delgrange, Koussens 2019]. Кроме того, конфликт между «двумя Франциями», в котором католики-клерикалы противостояли антиклерикалам, сильно повлиял на политические разногласия в период Третьей республики, пока Закон 1905 года не положил им конец [Poulat 1987].

Некоторые теоретики утверждают, что секуляризационные движения характерны для обществ с католической традицией, коренящейся в их истории конфликтов и воплощающей отношения между действующими социальными силами. Франсуаза Шампион и Ги Хааршер описали модернизацию церковно-государственных отношений, происходящую в таких обществах, на основе конфликтов между клерикальными католиками и антиклерикальными гражданами [Champion 1999; Haarscher 1996]. Последними, по мнению этих авторов, двигало стремление к освобождению от «католической церкви, утвердившейся в качестве самостоятельной силы по отношению к государству». Эмансипация от религии была менее спорной в обществах с протестантской традицией, где она характеризовалась динамикой не государственной, а скорее общественной секуляризации [Champion 1993: 48].

Как указывает Шампион, процесс секуляризации может быть результатом «явного напряжения между различными общественными силами» и, таким образом, принимать конфликтный характер. Такая секуляризация проистекает, в частности, из «внешнего по отношению к религии государственного регулирования» [Baubérot, Mathieu 2002: 293]. Однако исключительный акцент на конфликтном измерении секуляризации, ее отождествление с отношениями клерикальных католиков и антиклерикалов являются не только ограничивающими, но и анахронистическими для современных проблем секуляризации, даже в обществах с католическим большинством.

С одной стороны, дебаты вокруг секуляризма сегодня характеризуются постоянным привлечением новых участников, включая представителей недавно появившихся в стране конфессий (евангелистов, мусульман, сикхов и т. д.), феминистских групп, профсоюзов и ЛГБТК[1]-активистов. И хотя традиционные области секуляризма (особенно школы) все еще остаются места-

---

[1] «Движение ЛГБТ» в РФ признано экстремистским.

ми напряженности, эти новые участники помогают перенести конфликт в новые области, многие из которых никогда не затрагивались традиционным секуляризмом (этика, биоэтика, трансформации современной семьи). Доказательством тому служит яростное противодействие религиозных консерваторов США и Канады праву на аборт, а также мобилизация французских католиков-идентаристов против признания гражданских браков для ЛГБТК [Gagné 2020; Portier, Théry 2015]. В этих двух случаях отдельные верующие, часто поддерживаемые своими религиозными иерархами, вышли на политическую арену в попытке вернуть утраченные позиции.

С другой стороны, процессы секуляризации можно наблюдать и в государствах с протестантским большинством, таких как США или Швейцария, а также в странах, где католическая и протестантская церкви находятся в меньшинстве или почти отсутствуют [Perry 2009; Barras 2021]. Последнее характеризует секуляризацию в Турции, первом мусульманском государстве, включившем принцип секуляризма в свои основополагающие конституционные нормы в 1937 году, однако в наше время секуляризация в Турции находится под угрозой в обстановке авторитарного режима Реджепа Тайипа Эрдогана [Kentel 1998]. Еще далее на восток исследования задокументировали, как Япония постепенно интегрировала принципы отделения церкви от государства и свободы религии в свое политическое управление, начав путь секуляризации во время реставрации Мэйдзи в 1868 году и затем подтвердив свою модель секуляризма в мирной конституции 1947 года [Date 2020].

Наконец, хотя конфликт, безусловно, характерен для многих процессов отделения церкви от государства, может иметь место и другая динамика диалога или даже сотрудничества. Например, в Квебеке освобождение от влияния религии в политической сфере стало результатом консультаций с конфессиональными традициями провинции, в первую очередь с католической церковью. Этот процесс, возможно, не был лишен напряженности; тем не менее неоспоримо, что католики участвовали в общественных и политических преобразованиях государства в 1960–1970-е годы благодаря новым церковным ресурсам, предоставленным им

Вторым Ватиканским собором. Некоторые авторы даже назвали этот процесс «тихой» секуляризацией Квебека [Balthazar 1990].

Различные типы отношений, которые государство поддерживает с религиями (официальное признание, конфликт, сотрудничество и т. д.), и их эволюция с течением времени, несомненно, повлияли на то, как проходила секуляризация, и на наблюдаемые сегодня различные формы секуляризма. В результате этого религия и секуляризм по-разному рассматриваются в разных государствах. Рассмотрим пример Франции; хотя ее версия секуляризма часто изображается как уникальная или исключительная, дискурс и законодательство этой страны отражают извилистый путь, пройденный отношениями между государством и различными религиями, представленными на его территории.

1. Варианты французского секуляризма

Предполагаемая уникальность разделения церкви и государства во Франции, как это было обозначено в Законе 1905 года, представляет собой то, что известно — по фразе, впервые упомянутой философом Режисом Дебре в 1989 году, — как «французское исключение». Эта фраза, — как и сама идея, заложенная в ней, — которая пользуется большим успехом во французском гражданском обществе и политике, не вызывала сомнений в течение многих лет. Даже научные круги включились в риторику; сегодня можно найти «неореспубликанскую» школу мысли, которая получила распространение в 1990-е годы и отстаивает то, что можно назвать *националистической* концепцией секуляризма.

Националистический секуляризм использует обширный и изощренный набор аргументов, утверждая, что такое положение дел в обществе связано с символическим моментом — принятием Закона 1905 года, когда государство утвердило правовую норму, подтверждающую его отделение от церквей. Однако эта апелляция к исторической вехе в поисках легитимации имеет свои ограничения как аналитический метод, поскольку социальные реалии продолжают развиваться еще долгое время уже после событий, которые могли привести их в движение. Тем не менее французские дебаты остаются под влиянием этой тенденции, которая также хорошо экспортируется, находя громкие отголоски в дебатах о регулировании религиозного разнообразия, ведущихся в Бельгии и Квебеке [Crépon 2008; Koussens, Amiraux 2015].

1.1. Националистический секуляризм

Националистическая концепция секуляризма была создана в ответ на новую видимость убеждений, которые не нормализованы в рамках культурной системы нации. Дискурс этой формы секуляризма трактует его как политический принцип, укорененный в конкретном историческом контексте общества и тесно связанный с конструированием им своей национальной идентичности.

В целом националистический характер секуляризма можно определить как в публичных дебатах, так и в правовых нормах как политический принцип, (1) вытекающий из конкретной истории церковно-государственных отношений в обществе; (2) неизбежно укорененный в правовой системе, в которой формализовано отделение церкви от государства; (3) поддерживающий определенные принципы справедливости, но обходящий стороной демократические принципы права, поскольку он воплощает «фундаментальные» ценности, которые эти демократические принципы игнорируют; (4) предполагающий, что эффективное гражданское участие зависит от (видимой) приверженности этим ценностям.

Стоит подчеркнуть, что националистический секуляризм может принимать различные формы как в законодательстве, так и в дискурсе. В одном из своих воплощений он является прежде всего *ассимиляционистским*. В этом случае его миссия заключается в эмансипации и ассимиляции, и с этой целью он может ограничивать свободу совести и религии, ставя членство в государстве в зависимость от предварительного отказа от определенных приверженностей. Ассимиляционистский дискурс сегодня занимает видное место в общественных дебатах как во Франции, так и в Квебеке, и при благоприятных условиях может влиять на политические и правовые формы, которые принимает секуляризм. Он создает климат, в котором секуляризм все чаще уподобляется «высшей республиканской ценности» [Lorcerie 2007: 109]. В этом случае государство в своем политическом управлении руководствуется ценностями, не вполне способствующими признанию свободы совести и религии, несмотря на то что эти свободы являются неотъемлемой частью секуляризма.

В другом воплощении националистический секуляризм является прежде всего *дифференциалистским*. Здесь на него возлагается миссия защиты коллективных прав большинства, которые, как утверждается, принципиально связаны с ценностями, вытекающими из наследия или культуры общества. Последнее имеет место в тех случаях, когда определенные символические черты, как считается, более, чем другие, олицетворяют историческую траекторию общества и, таким образом, связаны с его культурным наследием (возможно, символы религиозного наследия). Эта риторика прослеживается, например, в дебатах, ведущихся в Германии, Квебеке и Италии вокруг присутствия распятий в государственных учреждениях [Koussens 2012; Beaman 2020]. В декабре 2014 года подобная риторика прозвучала и во Франции, когда разгорелись споры вокруг демонстрации рождественских сцен в некоторых мэриях страны (см. главу 4).

Во французских академических кругах апологетом ассимиляционно-националистического секуляризма стал философ Анри Пена-Руис. Он определяет его как принцип, «утверждающий единство народа на основе свободы и равных прав составляющих его индивидов» [Pena-Ruiz 1998: 18]. Иными словами, это «изначальное утверждение народа как союза свободных и равных индивидов. Свобода, о которой идет речь, — это, по сути, свобода совести, которая не связана никаким обязательным кредо, а равенство — это то, что касается статуса личных духовных предпочтений» [Pena-Ruiz 2003: 23]. С этой точки зрения секуляризм трактуется как «принцип политического права» [Pena-Ruiz 2014: 535]. Он возвышает идеал, который может быть достигнут только через разграничение между тем, что является общим для всех... и тем, что относится к сфере индивидуальной свободы, частной сфере. Такое разделение направлено на установление надлежащей сферы действия права, из которой исключаются как мысли, поскольку они ограждены от всякой цензуры, так и личные убеждения, поскольку они оставлены в сфере свободы совести. Затем оно стремится установить надлежащую сферу действия суверенитета воли как источника правил сосуществования, а также совести и разума, которым эта воля просвещается [Pena-Ruiz 1998: 23].

По мнению Пена-Руиса, формальное отделение церкви от государства, подразумевающее четкое разграничение мирской и духовной сфер, является необходимой предпосылкой секуляризма. Опираясь на некоторые особенности контекста, в котором возник французский секуляризм, Пена-Руис утверждает, что такое разделение может быть «осуществлено только законом, суверенным решением народных представителей» [Pena-Ruiz 1998: 146]. И если только закон может осуществить такое разделение, то только закон может гарантировать достижение целей, преследуемых секуляризмом: «свободу совести, но также и строгое равенство между различными верующими, атеистами и агностиками» [Pena-Ruiz 1998: 72].

Идя дальше философа Марселя Гоше, который утверждает, что секулярный идеал не противостоит религиям как таковым, а только в той мере, в какой они предъявляют мирские претензии, Пена-Руис добавляет, что этот идеал вступает в противоречие со «стремлением к контролю, [как считается] характерным для клерикального засилья, обратившего религиозный прозелитизм в политические и социальные цели» [Gauchet 2008: 58; Pena-Ruiz 1998: 24]. Из этого следует, что свобода, а значит, и равенство могут быть защищены только путем искоренения конфессионального фаворитизма в общественной сфере. «Деноминационные власти [могут быть] "акторами" с признанным статусом в законе, [но должны оставаться в роли] духовных аттракторов, которые каждый гражданин волен признавать или не признавать в качестве авторитетов» [Pena-Ruiz 1998: 35]. Обучение реализации своей свободы становится, в этом повествовании, просвещенным выбором из числа концепций хорошей жизни, существующих в обществе. Ни одна из них не должна быть исключена априори. Светский идеал, считает Пена-Руис, таким образом, «освобождает»; граждане обязаны быть эмансипированными, чтобы достичь «светской трансцендентности» по отношению к «отчуждающим данностям» религии.

Схожей позиции придерживается и Режис Дебре, который также способствовал распространению этой неореспубликанской парадигмы во Франции. По его словам,

> секулярный щит защищает убежище, открытое для всех... что он защищает, так это возможность для каждого... изменять свою идентичность по своему усмотрению или сочетать несколько идентичностей посредством осознанной практики свободного изучения [Debray 2004: 28–29].

Выступая в поддержку закона 2004 года, запрещающего ношение заметных религиозных символов в государственных школах, он добавил: «Если ислам может реформироваться только изнутри, то мы, стоящие вне его, можем и должны помочь; и при этом протянуть руку просветителям этой культуры, которые решили, на свой страх и риск, обеспечить ее будущее» [Debray 2004: 27].

Философ Ги Кок в попытке осуществить синтез пишет, что принцип секуляризма идет рука об руку с двумя вещами. С одной стороны, он подразумевает автономию; с другой — он присущ не только различию между государством и религией, которое лежит в основе их разделения, но и отношениям взаимозависимости, глубокого соучастия между секуляризмом и демократией [Coq 2005]. Согласно этому подходу, «без демократии секуляризм болен, а без секуляризма демократия ослабевает» [Coq 2006: 43]. Секуляризм является основополагающим принципом демократии, но при этом он по-прежнему несет в себе общие республиканские ценности, на основе которых можно создать новую социальную связь, особенно через привитие общих гражданских ценностей в системе национального образования [Coq 1997: 279].

Из этих рассуждений вытекает добросовестная националистическая идея секуляризма. Философ Катрин Кинцлер, среди прочих, охотно и прямо ссылается на Республику как на политическую модель, тесно связанную с секуляризмом. Последний, пишет она, является «принципом, на основе которого может быть концептуализировано членство в государстве» [Kintzler 2008: 9]. Во Франции, в традициях Просвещения, часто считается, что человек получает полноценное гражданство только после предварительного отказа от своей особой идентичности, будь то коммунитарная, этническая или религиозная. Для Катрин Кинцлер секуляризм становится принципом, открывающим доступ к полноценному гражданству и делающим возможным формирование «политической связи» [Kintzler 2008: 32].

Несмотря на то что она преследует цели равенства и свободы совести, отстаиваемая неореспубликанцами концепция секуляризма является откровенно националистической по трем причинам. Во-первых, равенство и свобода в ней рассматриваются как реализуемые *апостериори*; они предполагают предварительную эмансипацию с целью ассимиляции. Во-вторых, она рассматривает секуляризм через призму французской системы государственных школ, распространяя конкретные механизмы, посредством которых секуляризм реализуется в государственных школах, на общество в целом. В-третьих, она рассматривает секуляризм как нашедший свое первое выражение в формальном отделении церкви от государства через Закон 1905 года, который характерен только для Франции, при этом игнорируя многочисленные способы, которыми право было секуляризовано в управлении другими либеральными демократиями. Действительно, аспекты секуляризации проявляются в каждом демократическом и либеральном обществе, даже за пределами ее формального санкционирования законом.

1.2. Динамичное понимание секуляризма

Ряд ученых использовали методы исторической социологии для изучения того, как процессы секуляризации могут начинаться и протекать в обществе еще до официального принятия термина «секуляризм». На основе анализа Мексики Роберто Бланкарте показал, как в 1859–1861 годы в стране проводилась «секуляризационная» политика: создание реестров актов гражданского состояния, институционализация гражданского брака и отмена статуса кладбищ как территорий католической церкви [Blancarte 2001: 846]. С этой точки зрения секуляризм не строго равнозначен формальному отделению церкви от государства; его лучше рассматривать как возвращение народом суверенитета наряду с закреплением свободы совести и мысли в качестве конституционно защищенных прав.

В Испании приход секуляризма шел рука об руку с демократизацией [Rozenberg 2000; Proeschel 2005]. Конституция 1978 года предусматривает отделение церкви от государства, хотя термин «секуляризм» в ней нигде не встречается, а отношения между испанским государством и католической церковью по-прежнему регулируются специальными соглашениями. Конституция также подтверждает обязательство государственного нейтралитета по отношению к религиозным конфессиям. Эти принципы подтверждены в Органическом законе о религиозной свободе от 5 июля 1980 года; они помогли испанцам как восстановить суверенитет, так и получить более эффективные гарантии фундаментальных прав человека.

Исследования юристов и социологов Квебека прослеживают элементы секуляризма как в истории прогрессивных гарантий фундаментальных прав в основополагающих договорах Канады, так и в современном периоде — в либеральных интерпретациях судами прав, гарантированных *Канадской хартией прав и свобод*. Хотя принцип секуляризма, возможно, формально не закреплен в законодательстве Канады и Квебека, «очень похожий принцип признается [судами] в соответствии с хартиями Канады и Квебека: принцип религиозного нейтралитета государства» [Woehrling 2008: 50].

Аналогичное наблюдение было сделано в Италии, где конституционный суд вывел принцип секуляризма из толкования фундаментальных прав, гарантированных итальянской Конституцией, признав его высшим принципом правопорядка страны.

Как подчеркивает юрист Алессандро Феррари, «итальянский секуляризм сохранил уважение к свободе совести и благоприятное отношение к продвижению культурного и религиозного плюрализма, [а также] обязательство нейтралитета государства по отношению к религиям и разграничение между гражданской и религиозной сферами» [Ferrari 2008: 145].

С этой точки зрения секуляризм — это развивающийся процесс, а не устоявшееся состояние, определяемое его укорененностью в правовой норме. Помимо вышеупомянутых национальных контекстов, многочисленные исследования, проведенные в других странах, также выявили элементы секуляризма, даже если этот термин прямо не закреплен в законах и конституциях; неполный список включает Индию [Kondo 2009], Японию [Shimazono 2009], Бельгию [Leroy 2007], Бразилию [Esquivel 2008; Lorea 2009], США [Perry 2009], Аргентину [Mallimaci 2008] и Уругвай [Da Costa 2009].

Возвращаясь к французскому контексту, многие исследователи также отказываются от эссенциализации секуляризма, предпочитая проследить изменения, которые он претерпел в политическом управлении, используя социально-исторические методы или правовой анализ. Такого подхода придерживается Морис Барбье, утверждающий, что «секуляризм — это не статичное, а развивающееся понятие» [Barbier 1995: 69]. Тем не менее он предлагает двухчастное определение, в котором содержание секуляризма определяется символическими правовыми текстами. С одной стороны, секуляризм — это «полное отделение государства от религии», что соответствует первой стадии утверждения «законодательного секуляризма» во Франции [Barbier 1995: 84]. С другой стороны, он соответствует «строгому нейтралитету государства по отношению к религии», и этот тип секуляризма, который он называет «конституционным», был подтвержден во Франции только с созданием Четвертой республики в 1946 году [Barbier 1995: 86].

Барбье считает, что 1905 год не был годом открытия подлинного государственного нейтралитета, поскольку в «крайне спорной» обстановке, в которой был принят закон, государство было вынуждено принимать меры, затрагивающие организацию религий. Секуляризм, согласно этой точке зрения, был подтвержден только в 1946 году с закреплением его в конституционной норме.

Похожие термины использовали и другие ученые, несогласные с позицией Барбье. Клод Ланглуа и Эмиль Пула пишут о «подтвержденном секуляризме» и «признанном секуляризме» соответственно, но при этом они явно рассматривают юридическое оформление секуляризма в рамках более длительного процесса секуляризации, который был подробно описан социологом Жаном Боберо [Langlois 2005: 20; Poulat 1987: 200].

Боберо, в свою очередь, позиционирует себя как наследника мысли первого теоретика секуляризма Фердинанда Бюиссона, который определял его как «результат многовекового медленного развития», в ходе которого различные институты «мало-помалу дифференцировались, отделялись друг от друга, освобождались от церковной опеки» [Baubérot 2000: 4; Baubérot 2006: 49]. По мнению Боберо, реализация секуляризма предполагает процесс секуляризации, который должен «служить делу прав человека» [Baubérot 2004: 17]. По этой причине его цели соответствуют «свободе совести, свободе вероисповедания [и] равным правам без учета религиозной принадлежности» [Baubérot 2000: 4]. Здесь Боберо соглашается с вышеупомянутыми авторами по крайней мере в двух аспектах: секуляризм постепенно принимает форму государственного управления и не имеет иных целей, кроме реализации фундаментальных прав, и он не ассоциируется исключительно с формальным разделением, освященным в правовой норме. Исходя из этого, он предлагает оценивать эффективные отношения между церковью и государством и их эволюцию как более точный индикатор реально существующего разделения.

Далее Боберо утверждает, что принятие Закона 1905 года стало лишь одной из вех в процессе секуляризации, начавшемся еще в период Французской революции. Характеризуя ситуацию, сложившуюся после 1905 года, он обращается к социологической концепции «секулярного пакта», которой посвящена обширная критическая литература [Barbier 1995; Kintzler 1998; Poulat 1997; Pena-Ruiz 1998]. Идея заключается в том, что Закон 1905 года позволил конфликту между «двумя Франциями» утихнуть или быть преодоленным (*dépassement*). В отличие от революционного периода, «новый период строился с тщательным вниманием к старому», и в итоге «преемственность победила перемены» [Langlois 2005: 310]. Закон был одним из шагов, хотя и необходимым, в продолжающемся процессе секуляризации, но его было недостаточно, чтобы гарантировать, что секуляризм будет реализован на практике.

С этой точки зрения секуляризм французского типа — «детище английского философа [Джона Локка], известного как основатель политического либерализма, а не либерализма эпохи Просвещения» [Agier-Cabanes 2007: 137]. За разделение, которое произошло благодаря Закону 1905 года, выступал Локк, но его не предполагал Вольтер. И «первое положение этого закона… касается примата свободы совести», которая принимает форму как индивидуальной свободы мысли, так и коллективной свободы проявлять ее и исповедовать свою религию [Agier-Cabanes 2007: 138]. Это не означает безграничной терпимости по отношению к религии, и соображения об общественном порядке, присутствующие в локковской мысли, уже можно обнаружить в Законе 1905 года.

Таким образом, секуляризм может оказаться в противоречии, и Боберо предлагает прояснить это «перетягивание каната», сформулировав две идеальные концепции свободы: «свобода совести» и «свобода мысли». Он напоминает, что французский секуляризм прилагал все усилия для защиты индивидуальной свободы совести [Baubérot 1999: 316]. Тем самым он способствовал «открытому плюрализму, который не ограничен ранее проводимым различием… между "признанными религиями" и другими, которые таковыми не являются» [Baubérot 1999: 316]. Однако он добавляет, что секуляризм на протяжении всей траектории своего социально-исторического развития также утверждался «через борьбу с религиозными формами, которые считались доминирующими, авторитарными, нетерпимыми. Таким образом, это не просто "свобода совести", но и "свобода мысли"», а свобода здесь понимается как «освобождение от любой всеобъемлющей доктрины» [Ibid.] и «[отказ] от любого подчинения разума какому-либо догматизму» [Zuber 2005: 119].

Из этого сочетания свободы совести и свободы мысли вытекают две концепции свободы. Первая заключается в том, что свобода мысли может быть воспринята как предварительное условие свободы совести. Чтобы обладать полной свободой совести, люди должны быть освобождены от своего «прокрустова ложа», даже если это означает уменьшение их права на ошибку, что является неотъемлемой частью свободы совести. Вторая заключается в том, что свобода совести включает в себя свободу мысли, которая также должна поощряться официальной политикой, но в рамках уважения к свободе совести. Эти идеальные типы свободы помогают понять противоречие, присущее конфигурации французского секуляризма.

Эмиль Пула расходится с Боберо в вопросе о концепции «секулярного пакта», связанного с Законом 1905 года, однако он тоже считает, что закон способствовал разрешению продолжающегося общественного конфликта и не вводил разделения как такового. В результате этого перехода общественная жизнь и свободы отныне стали основываться на «принципе секуляризма», а не на «принципе католицизма». Секуляризм стал

> подтверждением разума и его свободы, благодаря правам, определенным в законе, которые гарантируются государством, даже в ущерб себе самому. Это не означало победу государства над церковью в борьбе за управление умами людей. Это была победа над таким правительством; перестройка общества через признание того, что каждый человек обладает естественным правом на общественную свободу совести. Это организующий принцип этого права, который также является общим [Poulat 1997: 102].

Эта передача легитимности народному суверенитету, наряду с необходимой защитой свободы совести и свободы мысли, является фоном для мысли Пула, который отказывается сводить секуляризм к его простому оформлению в виде правовой нормы. Скорее, это социальный факт, «всеобъемлющее, развивающееся состояние общества», которое должно быть проанализировано в социологических терминах, и освобождено от ограничения юридическим или философским теоретизированием [Poulat 1997: 101].

В итоге во французском контексте возникают различные концепции процесса секуляризации, и эти концепции не связаны со своеобразной историей возникновения секуляризма в этой стране. Эта история заключалась в принятии символических норм (законов о секуляризме), которые запечатлелись в общественном сознании, сосуществуя с другими элементами секуляризации, менее ощутимыми для граждан. Таким образом, способы, с помощью которых политические власти интерпретируют основополагающие принципы секуляризма, будут раздваиваться как с течением времени, так и в зависимости от контекста. Иными словами, секуляризм не прост и не однозначен, а плюралистичен.

2. Множественность французских секуляризмов

Акт закрепления секуляризма в позитивном праве символичен. Однако этого недостаточно, чтобы гарантировать его фактическое применение, и это не является необходимым: государство, официально не провозгласившее секуляризм, тем не менее может применять его основополагающие принципы. Каждое государство интерпретирует эти принципы по-своему и придает им определенный вес, и это разнообразие порождает полисемию термина «секуляризм». Более того, различные пространственно-временные формулировки этих принципов, используемые политическими властями, могут приводить к появлению различных конфигураций секуляризма в рамках одного общества.

2.1. Секуляризм и его фундаментальные принципы

По инициативе трех социологов из Франции, Канады и Мексики в 2005 году более 250 ученых из 30 стран подписали *Всеобщую декларацию о секуляризме XXI века*[2]. Декларация, созданная по образцу ранних теоретических работ, посвященных концептуализации секуляризма, не пытается заморозить концепцию, предлагая субстантивистское определение; вместо этого она излагает то, что считает фундаментальными принципами секуляризма. Эти принципы, утверждаемые как основополагающие для политического и правового факта секуляризма, служат для определения его элементов в любом обществе, хотя в разных обществах они могут отличаться в зависимости от того, как их интерпретируют политические власти. Статья 4 Декларации определяет секуляризм как

> согласование между людьми, происходящими из различных географических и культурных областей, трех вышеуказанных принципов: уважение фундаментального права на свободу слова и вероисповедания, индивидуально или в составе группы; отделение политической сферы и гражданского общества от конкретных религиозных и философских норм; отсутствие дискриминации, прямой или косвенной, в отношении людей.

Эти принципы сегодня можно найти в большинстве теоретических работ о секуляризме, даже если выдвигаемые предложения сильно отличаются друг от друга. Бельгийский философ Ги Хааршер, которого можно отнести к неореспубликанскому направлению, рассматривает секуляризм как отстранение госу-

---

[2] Эта концепция секуляризма была воплощена во «Всеобщей декларации секуляризма XXI века», представленной на пресс-конференции в Сенате Франции 9 декабря 2005 года, в день столетия принятия Закона об отделении церкви от государства 1905 года. Декларация была переведена на десятки языков; она была задумана как вклад в дебаты, анализ и обсуждение в различных национальных контекстах.

дарства от духовных конфликтов гражданского общества (отделение церкви от государства). Государство перестает быть стороной конфликта и становится арбитром (нейтралитет) и гарантом свобод (свобода совести) для всех (равенство) [Haarscher 1989: 7]. Французский социолог Жан-Поль Виллем подчеркивает, что аналогичные принципы были закреплены на европейском уровне. В его работе речь идет о «свободе совести, мысли и религии», «равенстве прав и обязанностей для всех граждан» и «соответствующей автономии государства и религий» [Willaime 2008: 57].

Более важные теоретические разработки, связанные с этими принципами, были сделаны в Квебеке — обществе, где секуляризм не был закреплен в качестве правовой нормы до 2019 года [Bouchard, Taylor 2008; Taylor, Maclure 2010]. Именно это обстоятельство сделало возможным прогресс, достигнутый квебекскими социологами секуляризма, у которых не было другого выбора, кроме как осмыслить концепцию в ее эволюционном, нестатическом измерении, если они хотели проанализировать ее эффективность в государственном регулировании религиозных вопросов. После первых квебекских дебатов о разумном приспособлении (иначе — «дебатов о разумных компромиссах». — *Прим. ред.*; 2006–2008) в докладе, подготовленном 22 мая 2008 года Комиссией Бушара — Тейлора (*Commission de consultation sur les pratiques d'accommodement reliées aux différences culturelles*), было указано, что равенство и свобода совести должны пониматься как цели, которые должны преследовать секулярные механизмы. Но для этого государственное управление должно использовать средства, гарантирующие наилучшую защиту, и, таким образом, мы находим здесь два других основных принципа секуляризма: нейтралитет и отделение церкви от государства.

Вкратце: не существует чистой модели секуляризма; есть лишь различные конфигурации его фундаментальных принципов, каждая из которых вытекает из национального контекста, в который они вплетены. Это, несомненно, международная реальность, которая «может быть реализована иными формами отношений между церковью и государством, чем режим регулирования, установленный Законом об отделении церкви от государства 1905 года» [Willaime 2005: 67].

Иными словами, каждой либеральной демократии пришлось решать ряд общих проблем, чтобы утвердить себя в качестве таковой. Государства постепенно дистанцировались от церквей, которые стремились сохранить моральное и политическое влияние на общественную жизнь. Тем самым эти государства укрепляли свою автономию в религиозной сфере в условиях растущего религиозного разнообразия. Они также укрепили основы правопорядка, защищающего фундаментальные права человека, такие как моральное равенство граждан, свобода совести и вероисповедания. Таким образом, секуляризм — это не принцип, присущий лишь нескольким редким и своеобразным обществам. Несмотря на различные исторические траектории, его основы можно обнаружить во всех либеральных демократиях, поскольку все они в определенный момент своей истории столкнулись с одними и теми же демократическими проблемами [Milot 2002: 24].

То есть демократический процесс неразрывно связан с секуляризацией; основные права человека и полное осуществление народного суверенитета «равно фундаментальны» в либеральных демократиях. С одной стороны, права являются необходимым условием суверенитета народа, который должен состоять из «свободных и равных индивидов [и] может осуществлять свой полный суверенитет только в рамках, соответствующих этим принципам свободы и равенства» [Dumont, El Berhoumi 2021: 177]. С другой стороны, выражение народного суверенитета «легитимирует позитивизацию прав человека [то есть их закрепление во внутреннем праве], поскольку установление границ их идентичности, структуры, содержания, возможностей и совместимости требует демократического обсуждения» [Dumont, El Berhoumi 2021: 177]. Эта «равная фундаментальность» (народный суверенитет / основные права), которая является императивной и сущностной в условиях либеральной демократии, в равной степени присуща и секуляризму.

В этом контексте декриминализация абортов и гомосексуальности, отмена обязательного воскресного закрытия бизнеса, появление медицинской эвтаназии и ассистированного самоубийства, последовательные реформы семейного права — это лишь несколько примеров мер, свидетельствующих о том, насколько религиозные нормы утратили контроль над гражданским правом. *Произошла несомненная передача легитимности, восходящая к принципу отделения церкви от государства, который не обязательно должен быть оформлен в виде правовой нормы (Закон 1905 года в случае Франции), чтобы играть эффективную роль в государственном управлении.*

Эта передача легитимности — то есть прогрессивное присвоение народом суверенитета — связана с закреплением в конституции фундаментальных прав, включая свободу совести и религии. Этот двойной процесс был задокументирован во многих национальных контекстах, как в Европе, так и в других странах, а также в наднациональных структурах, как показано в работах Беренгера Массиньона и Жан-Поля Виллема о Европейском союзе [Massignon 2004; Massignon 2007; Willaime 2009].

Но если секуляризм принимает множество форм и значений на международном уровне, *то и во французском внутреннем контексте он также многолик*. Во Франции различные конфигурации секуляризма обусловлены как его интерпретацией политическими властями с учетом конституирующих принципов концепции, так и последующим уточнением его значения судьями в своих решениях [Delgrange, Koussens 2020]. В одних случаях секуляризм будет более открыт для публичных религиозных проявлений, в других — более нетерпим к ним.

Секуляризм, если говорить кратко, не является чем-то единым. Наблюдая его многочисленные эмпирические конфигурации, можно прийти к выводу, что существуют множество французских идей секуляризма. Их можно выявить как в дискурсах, посредством которых он конструируется, так и в мерах, посредством которых регулирование религиозного разнообразия осуществляется в рамках правовой системы.

2.2. Секуляризм: многозначный термин с многообразными проявлениями

То, как различные субъекты — правительства, неправительственные организации, профсоюзы, ученые, граждане — интерпретируют фундаментальные принципы секуляризма, влияет на смысл концепций секуляризма, которых они придерживаются. Это означает, что секуляризм не может быть четко зафиксирован как концепция. Действительно, многозначность термина должна напоминать ученым о динамичном характере изучаемого ими политического явления.

2.2.1. Многозначность термина «секуляризм»

Несмотря на то что во Франции был принят закон об отделении церкви от государства (Закон 1905 года), а затем секуляризм был закреплен в Конституции IV Республики от 4 октября 1946 года («Конституция 1946 года»), сам термин так и не получил официального определения, равно как и не был точно определен в политической сфере. У него нет «конкретного, позитивного, неизменного содержания»; он оставляет значительное пространство для интерпретации [Barbier 1995: 69]. Снижается ли значимость секуляризма из-за этой неопределенности? Такое утверждение было бы опрометчивым, поскольку если эта концептуальный пробел способствует распространению множества репрезентаций секуляризма и его возможностей, то он также способствует активизации научных дискуссий. Отсутствие формального определения секуляризма препятствует какой-либо нормализации того, как должно регулироваться религиозное разнообразие; граждане вольны сохранять свои собственные представления о том, чему соответствует это понятие. Одним словом, секуляризм не означает одно и то же для всех.

Однако его основные принципы присутствуют в мыслях каждого из его теоретиков, пусть даже в неявно или в разных обличьях. Они также присутствуют в концепциях, вынашиваемых политиками, а также гражданами и, таким образом, определяют значимые события в регулировании религиозных вопросов, которые в свою очередь еще больше влияют на доминирующие представления о секуляризме. Более того, эти представления и репрезентации часто коррелируют с принятием символически сильных правовых норм; эти нормы, в свою очередь, накладывают отпечаток на сознание людей и тем самым оказывают более широкое влияние на психосоциальные и культурные аспекты отношения общества к религии. Хотя регулирование религиозного разнообразия во Франции, как правило, является результатом (часто малоизвестной) работы судебных органов и местных политических властей, тем не менее именно позиции, занятые политическими деятелями в особенно символические моменты, накладывают глубокий отпечаток на коллективную память.

1989-й стал знаковым годом для укрепления таких представлений. В международном масштабе это был год, когда аятолла Хомейни издал фетву против писателя Салмана Рушди, а также год падения Берлинской стены. Эти события создали впечатление, что политико-религиозные противоречия вытеснили политико-экономические, но в то же время дали о себе знать и во внутренней политике. Это было 200-летие Французской революции и год, когда восхваление республиканского универсализма стало особенно слышным в связи с первой полемикой вокруг ношения религиозных символов в государственных школах. Год, изобилующий дебатами, также (как уже упоминалось ранее) стал годом, когда секуляризм впервые был представлен как «французское исключение».

Если этот миф сохраняется, то во многом потому, что определенные социально-политические контексты позволяют возникнуть тому, что Алессандро Феррари или Хосе Казанова соответственно называют «нарративным секуляризмом» или «секулярной идеологией» [Ferrari 2009: 333; Casanova 2011: 66]. Это тип секуляризма, соответствующий нарративу определенного «секулярного идеала» или памяти о секуляризме. Он находит форму в общественных дебатах, по-разному формулируя присущие секуляризму принципы в зависимости от актуальной политической проблемы, тем самым передавая различные представления о том, каким может быть секуляризм. Нарративный секуляризм, в частности, можно обнаружить в политических дискурсах и правительственных отчетах, посвященных регулированию религиозного разнообразия. Хотя эта форма секуляризма не имеет статуса позитивного права как такового, она может эффективно влиять на развитие этого свода законов и, основываясь уже на этом, можно сказать, что она сама по себе имеет нормативную силу. Таким образом, многозначность термина «секуляризм» напрямую влияет на то, какие формы примет секуляризм и когда выкристаллизуется в закон; иными словами, многозначность понятия, растущая снизу вверх, приводит к многообразию форм регулирования религиозного разнообразия сверху вниз.

2.2.2. Секуляризм в трех измерениях

Вкратце: формы и конфигурации, которые принимает секуляризм, разнообразны — это дело каждого конкретного случая. Более того, изучение различных артикуляций его основных принципов позволяет утверждать, что он может варьироваться по трем различным измерениям: *временному*, *пространственному* и *материальному*.

Временное измерение

Временное измерение секуляризма тесно связано с трансформацией общества во времени. Французское общество традиционно характеризовалось господством католической церкви, и динамика власти между религией и государственными структурами привела к возникновению специфических для данного контекста конфигураций секуляризма. Жан Боберо показал, что процесс секуляризации был отмечен целым рядом событий, каждое из которых ассоциировалось с различными типами секуляризма.

В наши дни общественные установки подвергаются сомнению из-за растущей видимости определенных религиозных групп, хотя некоторые из них существуют на территории Франции уже несколько десятилетий и, безусловно, являются действующими акторами, хотя и косвенными, процесса секуляризации этой страны. Некоторые аспекты их религиозной практики сегодня более заметны, особенно благодаря повышенному интересу к ним со стороны средств массовой информации, и это приводит к необходимости принятия новых правовых норм.

Демонстрация рождественских сцен в муниципальных общественных зданиях, запрет на ношение религиозных символов государственными служащими, строительство мусульманских культовых сооружений при финансовой поддержке местных властей — эти новые практики перестраивают секуляризм в зависимости от социальных проблем и дебатов текущего момента; к данному вопросу мы еще не раз вернемся в этой книге.

Политические обстоятельства (смена правительства, подъем ультраправых и т. д.) и социальные проблемы (радикализация и теракты) могут, таким образом, способствовать появлению новых способов понимания светскости в обществе — новых «нарративных секуляризмов».

Здесь необходимо тщательно отличать эти дискурсы о секуляризме от «правового секуляризма», который исходит из правового и политического регулирования религиозных вопросов. Отношения между «нарративным секуляризмом» и «правовым секуляризмом» указывают на «напряженность между идеалами и практикой» [Ferrari 2009: 333]. Нарративный секуляризм не может быть источником права, но право тем не менее может опираться на него в зависимости от социального контекста, в котором оно развивается. Нарративный секуляризм может подпитывать правовой секуляризм. Как я покажу в этой книге, хотя правовой секуляризм кажется более стабильным, в итоге он может оказаться чувствительным к колебаниям нарративного секуляризма. Даже в отсутствие общественных преобразований репрезентации секуляризма, распространяемые через общественные дебаты и обнаруживаемые в нарративном секуляризме, могут эволюционировать и в процессе этого влиять на эволюцию правового секуляризма.

Пространственное измерение

Пространственное измерение секуляризма указывает на дифференцированное отношение политических властей к одному социальному факту религиозного характера в разных муниципалитетах, регионах, провинциях или штатах.

Хотя может показаться очевидным, что конфигурация секуляризма неодинакова в каждом государстве, региональные различия можно обнаружить и в пределах одного государства. Федеративные государства, такие как Канада, Германия или Швейцария, являются примерами того, как федеральное правительство и провинциальные или региональные власти разделяют законодательные полномочия в таких сферах, как образование, которые имеют непосредственное отношение к вопросам секуляризма.

Таким образом, секуляризм может быть пространственно многообразным, поскольку более чем одна политическая сила имеет право принимать законодательные положения, применимые к гражданам данной территории. Но он также может быть многообразным в унитарных государствах, таких как Франция, в результате процессов деконцентрации и децентрализации полномочий центрального государства и передачи их органам власти более низкого уровня.

Это не означает, что делегированные полномочия являются законодательной властью; скорее, это регулятивная власть, которая требуется в силу иерархии правовых норм для соблюдения законодательства страны. Она осуществляется на местном уровне и ограничена — в рамках законодательства Франции — территорией, над которой осуществляется местная юрисдикция. Как показала, в частности, Энн-Софи Ламин, некоторые из этих децентрализованных органов власти проводят оригинальную политику регулирования религиозного разнообразия, например организуют форумы межрелигиозного взаимодействия, объединяющие представителей различных конфессий с местными властями [Lamine 2004; Lamine 2005]. Ламин пришла к выводу, что подобная инновационная политика может быть реализована и в масштабах муниципалитета, где власть наиболее ярко деконцентрирована и децентрализована. Это может включать, например, помощь вновь прибывшим религиям в управлении культовыми сооружениями. Однако такая политика остается в значительной степени местной. Она действует только в рамках юрисдикции того территориального образования, которое ее проводит[3]. Таким образом, отношение к различным религиозным явлениям в Марселе или Париже может отличаться от отношения к ним в Лилле или Монпелье, что свидетельствует о различных формулировках принципов секуляризма (разделение церкви и государства, нейтралитет, свобода совести и религии, равенство).

Секуляризм может быть пространственно многообразным в унитарном государстве, таком как Франция, в результате особой административной политики, делегирующей полномочия центрального государства территориальным общностям. Но такое многообразие является чистой функцией регулятивной власти, которой обладают эти субъекты, и не может быть отделено от законодательной базы, из которой оно черпает свою легитимность. Тем удивительнее обнаружить, что пространственное многообразие во Франции отчасти обусловлено и волей самого парламента. Множественность законодательных режимов секуляризма во Франции обусловлена наследием прошлого.

Закон 1905 года положил конец конкордатному режиму, установленному Наполеоном Бонапартом на основании Закона от 18 жерминаля X года республики[4], в соответствии с которым католическая, протестантская и иудейская религии были признаны государством, и установил четкое разделение между государством и церквями[5]. По историческим причинам регулирование религиозных вопросов, действующее в департаментах Верхний Рейн, Нижний Рейн и Мозель, по-прежнему основано на конкордатном режиме и отличается от режима, преобладающего в остальной Франции[6]. К этим двум режимам в метрополии добавились, до

---

[3] Территориальное образование — это политические органы власти, созданные в различных географических масштабах и обладающие регулирующими полномочиями в пределах своей юрисдикции. Основными типами территориальных образований являются коммуны, департаменты и регионы.

[4] То есть 8 апреля 1802 года.

[5] *Закон от 9 декабря 1905 года о разделении церквей и государства*, JORF, 11 декабря 1905 года, с. 7207.

[6] Фактически этот режим был отменен для всех остальных французских департаментов разделом 44 Закона 1905 года.

принятия нового закона 24 августа 2021 года[7], ряд специальных режимов, регулирующих церковно-государственные отношения в заморской Франции. Во Французской Гвиане, которая с 1946 года является заморским департаментом, религиозное регулирование было вдохновлено конкордатной системой, но не вытекало из нее напрямую, поскольку было установлено королевским ордонансом, изданным Карлом X 27 августа 1828 года. Особые режимы действуют в территориальных образованиях Майотта и Сен-Пьер и Микелон. Три заморские территории — Новая Каледония, Уоллис и Футуна и Французская Полинезия — не подпадали под действие Закона 1905 года, и порядок регулирования религиозного разнообразия там был определен декретами Манделя от 16 января и 6 декабря 1939 года. Наконец, режим разделения, действующий в трех заморских департаментах Мартиника, Гваделупа и остров Реюньон, был определен декретом от 6 февраля 1911 года и также не вытекает из Закона 1905 года. В попытке прояснить закон и согласовать заморские режимы статьи 91 и далее Закона 2021 года подчиняют эти территории общему закону об отделении церквей от государства — то есть Закону 1905 года.

Материальное измерение

Как мы только что убедились, хотя секуляризм во Франции часто воспринимается как единый, он принимает различные формы в зависимости от того, где именно в Республике вы находитесь. И если он многообразен во времени и пространстве, то может быть таковым и в силу дифференцированного отношения государства к определенным религиозным проявлениям. *Материальное измерение секуляризма* относится к тому факту, что политическое руководство может не придавать одинакового значения основным принципам секуляризма в зависимости от конкретного религиозного проявления, с которым оно сталкивается. В частности, — и мы еще вернемся к этому вопросу —

---

[7] *Закон № 2021–1109 от 24 августа 2021 года об уважении к принципам Республики*, JORF № 0197, 25 августа 2021 года, режим доступа: https://www.legifrance.gouv.fr/jorf/id/JORFTEXT000043964778.

некоторые проявления, связанные с религией большинства (христианские традиции), могут пользоваться преимуществами, в которых отказывают религиозным проявлениям, не нормализованным в культуре общества (см. вопрос об уличных молитвах в главе 4).

Я считаю это материальное многообразие более проблематичным, чем только что рассмотренные временное и пространственное, поскольку оно связано не с различием между юридически обязательными системами норм, а скорее с дискреционным порядком, с помощью которого политические власти мобилизуют и интерпретируют единую систему правовых норм для предоставления различных статусов разным религиозным группам. Это посылает гражданам противоречивые сигналы и может даже усилить неравенство между религиозными группами там, где оно существует.

2.2.3. Модели секуляризма

Анализ применения фундаментальных принципов секуляризма в политическом и правовом управлении позволяет прояснить сложность и многогранность французских секулярных конфигураций.

Боберо выделяет три «исторические» версии секуляризма. Вначале он выделяет антирелигиозную форму, которая

> рассматривает секуляризм как средство навязывания тотальной секуляризации. В рамках этой формы считается, что истинная свобода совести обретается через эмансипацию, отказ от религии. Религии не рассматриваются как равные другим убеждениям... Отделение церквей от государства должно быть направлено на подавление социального влияния религии. Нейтралитет фактически выгоден религии, потому что означает отказ от социальной и культурной борьбы за эмансипацию [Baubérot 2015: 35–36].

Затем Боберо выделяет галликанскую модальность секуляризма, которая отражает форму государственного вмешательства в интерпретацию религии с целью «ограничить свободу совести в определенных местах» [Baubérot 2015: 56]. Целевыми областями являются те, что без какого-либо определения идентифицированы как «фундаменталистские». В этом контексте «секулярные баталии мало влияют на разделение; чаще всего они сосредоточены на расширении нейтралитета до той степени, в которой для некоторой части общества секуляризм и нейтралитет становятся синонимами» [Baubérot 2015: 56].

Третья модальность, которую можно было бы назвать «деинституционализирующим секуляризмом» (*laïcité séparatiste*), характеризуется «областью выбора, [отведенной] отделению религий от государства, [а также] отказом от антирелигиозного или галликанского видения» [Baubérot 2015: 60]. Такой секуляризм является инклюзивным, когда речь идет о гарантиях свободы совести в ее коллективном измерении, но более строгим в отношении индивидуального выражения религиозных убеждений. Эта форма секуляризма часто возникает в современных дискуссиях, в связи с дебатами вокруг ношения хиджаба, как в 1989 году, так и после 2003 года, как я покажу в одной из следующих глав.

Но хотя сегодняшние дебаты ведутся в терминах, унаследованных от прошлого, они также опираются на референты, отсутствовавшие в дискуссиях вокруг принятия Закона 1905 года. Первый из них, называемый «открытым секуляризмом» [Ibid.: 87], находится на стыке «секуляризма признания» фундаментальных прав, в частности свободы совести, и «секуляризма сотрудничества» [Ibid.: 113], в котором религия может восприниматься как «ресурс в постсекулярном обществе» [Willaime 2008: 36], оправдывающий в соответствующих случаях признание ее общественной полезности.

Вторая из этих новых форм секуляризма, «секуляризм идентичности», создана в ответ на ислам [Baubérot 2015: 103]. Она характеризуется слабым нейтралитетом государства и ограничением свободы совести граждан, а также призывает к «решительному распространению обязательства нейтралитета на отдельных лиц». Она неравноправна, поскольку накладывает ограничительные условия на выражение веры в форме ислама и в то же время ценит католицизм как компонент национальной идентичности. Иллюстрацией этой формы могут служить попытки мэров, многие из которых являются правыми или ультраправыми, выставлять рождественские сцены в общественных зданиях во время рождественских праздников.

Последняя новая форма секуляризма, часто игнорируемая во французских общественных дебатах, соответствует «конкордатному секуляризму» и возникает в результате легитимации Конституционным советом (*Conseil constitutionnel*; внесудебный орган, введенный Конституцией 1958 года, уполномоченный обеспечивать соответствие принятых парламентом законов Конституции)[8] образа действий и мышления, вытекающего из конкордатного режима, охватывающего определенные части французской территории (см. главу 3) [Baubérot 2015: 119].

Эти модальности — идеальные типы; они были созданы путем отбора определенных черт социальных, политических и правовых явлений и акцентирования их характеристик для целей моделирования. Между ними и этими явлениями не может быть идеального соответствия. Они являются инструментами интерпретации и не более того.

В заключение можно отметить, что несколько моделей «французского секуляризма» пересекаются и сосуществуют в зависимости от артикуляции основных принципов секуляризма (отделение церкви от государства, нейтралитет, свобода совести и религии, равенство) в политическом и правовом управлении. Как определить эту множественность моделей в праве, когда секуляризм часто представляется в общественных дебатах как ценность, которую необходимо защищать? Какие соответствия и/или отставания наблюдаются во Франции между моделями, наблюдаемыми в правовых механизмах (правовой секуляризм), и моделями, возникающими в дискурсах, построенных вокруг

---

[8] Конституционный совет, решение № 2012–297 QPC от 21 февраля 2013 года, *Association pour la promotion et l'expansion de la laïcité*, JORF, 23 февраля 2013 года, 3110, режим доступа: http://www.conseil-constitutionnel.fr/conseil-constitutionnel/francais/les-decisions/acces-par-date/decisionsdepuis-1959/2013/2012–297-qpc/decision-n-2012–297-qpc-du-21-fevrier-2013.136084.html.

секуляризма (нарративный секуляризм)? Как эти виды секуляризма эволюционировали за последние 30 лет? На эти вопросы мы попытаемся ответить в следующих главах.

Библиография

Agier-Cabanes 2007 — Agier-Cabanes I. La laïcité, exception libérale dans le modèle français // Cosmopolitiques. 2007. Vol. 16. P. 133–143.

Balthazar 1990 — Balthazar L. La laïcisation tranquille au Québec // La laïcité en Amérique du Nord / Édité par J. Lemaire. Brussels: Éditions de l'Université libre de Bruxelles, 1990. P. 32–41.

Barbier 1995 — Barbier M. La laïcité. Paris: L'Harmattan, 1995.

Barras 2021 — Barras A. Formalizing Secularism as a Regime of Restrictions and Protections: The Case of Quebec (Canada) and Geneva (Switzerland) // Canadian Journal of Law and Society. 2021. Vol. 36. № 2. P. 283–302.

Baubérot 1999 — Baubérot J. Laïcité, sectes, société // Sectes et démocratie / Édité par F. Champion, M. Cohen. Paris: Seuil, 1999. P. 313–327.

Baubérot 2000 — Baubérot J. Histoire de la laïcité française. Paris: Presses Universitaires de France, 2000.

Baubérot 2004 — Baubérot J. Laïcité 1905–2005, entre passion et raison. Paris: Seuil, 2004.

Baubérot 2006 — Baubérot J. La laïcité en crise? Une conquête toujours en devenir // Informations sociales. 2006. Vol. 138. P. 48–59.

Baubérot 2015 — Baubérot J. Les 7 laïcités françaises: le modèle français de laïcité n'existe pas. Paris: Maison des Sciences de l'Homme, 2015.

Baubérot, Mathieu 2002 — Baubérot J., Mathieu S. Religion, modernité et culture au Royaume-Uni et en France, 1800–1914. Paris: Seuil, 2002.

Beaman 2020 — Beaman L. G. The transition of religion to culture in law and public discourse. London: Routledge, 2020.

Blancarte 2001 — Blancarte R. Laïcidad y secularización en México // Estudios Sociólogicos. 2001. Vol. 57. № 19. P. 843–855.

Bouchard, Taylor 2008 — Bouchard G., Taylor C. Building the Future: A Time for Reconciliation. Quebec: Commission de consultation sur les pratiques d'accommodement reliées aux différences culturelles, 2008.

Casanova 2011 — Casanova J. The Secular, Secularizations, Secularisms // Rethinking Secularism / Ed. by C. Calhoun, M. Juergensmeyer, J. Van Antwerpen. New York: Oxford University Press, 2011. P. 55–67.

Champion 1993 — Champion F. Entre laïcisation et sécularisation: des rapports Église-État dans l'Europe Communautaire // Le Débat. 1993. Vol. 77. № 5. P. 40–63.

Champion 1999 — Champion F. De la diversité des pluralismes religieux // International Journal on Multicultural Societies. 1999. Vol. 1. № 2. P. 40–54.

Coq 1997 — Coq G. Église et démocratie // Esprit. 1997. Vol. 233. P. 78–282.

Coq 2005 — Coq G. La Laïcité: principe universel. Paris: Félin, 2005.

Coq 2006 — Coq G. Faut-il changer la loi de 1905? // Hommes et migrations. 2006. Vol. 1259. P. 31–43.

Crépon 2008 — Crépon S. La lutte pour la reconnaissance des signes religieux à l'école: une étude comparative France-Belgique // Politique européenne. 2008. Vol. 24. P. 83–101.

Da Costa 2009 — Da Costa N. La laicidad uruguaya // Archives de sciences sociales des religions. 2009. Vol. 146. P. 137–155.

Date 2020 — Date K. Trajectoire de la laïcité au Québec au miroir du Japon // Étudier le religieux au Québec: regards d'ici et d'ailleurs / Édité par D. Koussens, J.-F. Laniel, J.-P. Perreault. Quebec: Presses de l'Université Laval, 2020. P. 505–522.

Debray 2004 — Debray R. Ce que nous voile le voile. Paris: Gallimard, 2004.

Delgrange, Koussens 2019 — Delgrange X., Koussens D. Les nouveaux arcs-boutants de la laïcité belge pilarisée // Piliers, dépilarisation et clivage philosophique en Belgique / Édité par L. Bruyère, C. Torrekens, A.-S. Crosetti, C. Sagesser. Brussels: Éditions du CRISP, 2019. P. 83–100.

Delgrange, Koussens 2020 — Delgrange X., Koussens D. La fabrique de la laïcité par le juge: éléments de comparaison Belgique-France-Québec // Revue interdisciplinaire d'études juridiques. 2020. Vol. 85. P. 93–127.

Dumont, El Berhoumi 2021 — Dumont H., El Berhoumi M. Droit constitutionnel: approche critique et interdisciplinaire. Vol. 1. L'État. Brussels: Larcier, 2021.

Esquivel 2008 — Esquivel J. C. Laicidades relativas: avatares de la relación Estado-Iglesia en Brasil // Los Retos de la Laicidad y la Secularización en el Mundo Contemporáneo / Ed. by R. Blancarte. México: El Colegio de Mexico-Centro de Estudios Sociológicos, 2008. P. 163–192.

Ferrari 2008 — Ferrari A. Laïcité et multiculturalisme à l'italienne // Archives de sciences sociales des religions. 2008. Vol. 141. P. 145–146.

Ferrari 2009 — Ferrari A. De la politique à la technique: laïcité narrative et laïcité du droit. Pour une comparaison France/Italie // Le droit ecclésiastique de la fin du XVIIIe au milieu du XXe siècle en Europe / Édité par B. Basdevant-Gaudemet, F. Jankowiak. Leuven: Peeters, 2009. P. 333–345.

Gagné 2020 — Gagné A. L'influence de la droite chrétienne aux États-Unis et au Canada // Nouveaux cahiers du socialisme. 2020. Vol. 23. P. 87–93.

Gauchet 2008 — Gauchet M. Crise dans la démocratie // La revue lacanienne. 2008. Vol. 2. P. 59–72.

Haarscher 1989 — Haarscher G. L'Europe, la laïcité et les droits de l'homme // Laïcité et droits de l'homme: deux siècles de conquête / Édité par G. Haarscher. Brussels: Éditions de l'Université de Bruxelles, 1989.

Haarscher 1996 — Haarscher G. La laïcité. Paris: Presses universitaires de France, 1996.

Kentel 1998 — Kentel F. Recompositions du religieux en Turquie: pluralisme et individualization // Cahiers d'études sur la Méditerranée orientale et le monde turco-iranien. 1998. Vol. 26. URL: https://journals.openedition.org/cemoti/132 (дата обращения: 29.03.2022).

Kintzler 1998 — Kintzler C. Tolérance et laïcité. Nantes: Pleins Feux, 1998.

Kintzler 2008 — Kintzler C. Qu'est-ce que la laïcité? Paris: Vrin, 2008.

Kondo 2009 — Kondo M. L'avenir du sécularisme en Inde // Sécularisations et laïcités / Édité par H. Masashi. Tokyo: Koichi Maeda-University of Tokyo/Center for Philosophy, 2009. P. 93–101.

Koussens 2012 — Koussens D. Symboles et rituels catholiques dans les institutions publiques québécoises: aspects juridiques, débats politiques et enjeux laïques // Annuaire Droit et Religions. 2012. Vol. 6. № 1. P. 161–172.

Koussens, Amiraux 2015 — Koussens D., Amiraux V. Du mauvais usage de la laïcité française dans le débat public Québécois // Penser la laïcité québécoise: fondements et défense d'une laïcité ouverte au Québec / Édité par S. Lévesque. Quebec: Les Presses de l'Université Laval, 2015. P. 55–77.

Lamine 2004 — Lamine A.-S. La cohabitation des dieux: pluralité religieuse et laïcité. Paris: Presses Universitaires de France, 2004.

Lamine 2005 — Lamine A.-S. Mise en scène de la "bonne entente" interreligieuse et reconnaissance // Archives de sciences sociales des religions. 2005. Vol. 12. P. 83–96.

Langlois 2005 — Langlois C. Depuis soixante ans la République est laïque: réfexions sur une 'vocation' tardive // Vingtième Siècle, Revue d'histoire. 2005. Vol. 87. P. 11–20.

Leroy 2007 — Leroy M. L'État Belge, État laïc // En hommage à Francis Delpérée — Itinéraires d'un constitutionnaliste / Édité par R. Andersen, D. Déom, V. De Leuruquin, A. Rasson-Rolande, D. Renders, et al. Brussels/Paris: Bruylant/L.G.D.J., 2007. P. 833–847.

Lorcerie 2007 — Lorcerie F. « La République aime l'école » // Cosmopolitiques. 2007. Vol. 16. P. 107–118.

Lorea 2009 — Lorea R. A. Brazilian secularity and minorities in the biggest Catholic nation in the world // Archives de sciences sociales des religions. 2009. Vol. 146. P. 81–95.

Mallimaci 2008 — Mallimaci F. H. Nacionalismo católico y cultura laica en Argentina // Los Retos de la Laicidad y la Secularización en el Mundo Contemporáneo / Ed. by R. Blancarte. Mexico City: El Colegio de Mexico-Centro de Estudios Sociológicos, 2008. P. 239–262.

Massignon 2004 — Massignon B. Les relations entre les institutions religieuses et l'Union européenne: un laboratoire de gestion de la pluralité religieuse et philosophique? // Les mutations contemporaines du religieux / Édité par J.-R. Armogathe, J.-P. Willaime. Turnhout: Brepols, 2004. P. 25–41.

Massignon 2007 — Massignon B. Des dieux et des fonctionnaires: religions et laïcités face au déf de la construction européenne. Rennes: Presses Universitaires de Rennes, 2007.

Milot 2002 — Milot M. Laïcité dans le Nouveau Monde: le cas du Québec. Turnhout: Brepols, 2002.

Pena-Ruiz 1998 — Pena-Ruiz H. La laïcité. Paris: Flammarion, 1998.

Pena-Ruiz 2003 — Pena-Ruiz H. Qu'est-ce que la laïcité? Paris: Gallimard, 2003.

Pena-Ruiz 2014 — Pena-Ruiz H. Dictionnaire amoureux de la laïcité. Paris: Plon, 2014.

Perry 2009 — Perry M. J. USA: Religion as a basis of lawmaking? On the non-establishment of religion // Archives de sciences sociales des religions. 2009. Vol. 146. P. 119–136.

Portier, Théry 2015 — Portier P., Théry I. Du mariage civil au "mariage pour tous": sécularisation du droit et mobilisations catholiques // Sociologie. 2015. Vol. 6. № 1. URL: https://journals.openedition.org/sociologie/2528 (дата обращения: 29.03.2022).

Poulat 1987 — Poulat É. Liberté, Laïcité: la guerre des deux France et le principe de la modernité. Paris: Cerf/Cujas, 1987.

Poulat 1997 — Poulat É. La solution laïque et ses problèmes: fausses certitudes, vraies inconnues. Paris: Berg international, 1997.

Proeschel 2005 — Proeschel C. L'idée de laïcité: une comparaison franco-espagnole. Paris: L'Harmattan, 2005.

Rozenberg 2000 — Rozenberg D. Espagne: l'invention de la laïcité // Sociétés contemporaines. 2000. Vol. 37. P. 35–51.

Sägesser 2012 — Sägesser C. Les cours de religion et de morale dans l'enseignement obligatoire // Courrier hebdomadaire du CRISP. 2012. Vol. 15–16. № 2140–2141. P. 5–59.

Shimazono 2009 — Shimazono S. La laïcisation et la notion de religion au Japon // Sécularisations et laïcités / Édité par H. Masashi. Tokyo: Koichi Maeda-University of Tokyo/Center for Philosophy, 2009. P. 71–78.

Taylor, Maclure 2010 — Taylor C., Maclure J. Laïcité et liberté de conscience. Montreal: Boréal, 2010.

Willaime 2005 — Willaime J.-P. 1905 et la pratique d'une laïcité de reconnaissance sociale des religions // Archives de sciences sociales des religions. 2005. Vol. 129. P. 67–82.

Willaime 2008 — Willaime J.-P. Le retour du religieux dans la sphère publique: vers une laïcité de reconnaissance et de dialogue. Lyon: Oliviétan, 2008.

Willaime 2009 — Willaime J.-P. Les laïcités belge et française au défi de la laïcité européenne // Politique et religion en France et en Belgique / Édité par F. Foret. Brussels: Éditions de l'Université de Bruxelles, 2009. P. 161–177.

Woehrling 2008 — Woehrling J. Les fondements et les limites de l'accommodement raisonnable en milieu scolaire // L'accommodement raisonnable et la diversité religieuse à l'école publique: normes et pratiques / Édité par M. McAndrew, M. Milot, J.-S. Imbeault, P. Eid. Montreal: Fides, 2008. P. 43–53.

Zuber 2005 — Zuber V. L'idée de séparation en France et ailleurs // De la séparation des Églises et de l'État à l'avenir de la laïcité / Édité par J. Baubérot, M. Wiewiorka. Paris: l'Aube, 2005. P. 107–120.

Глава 2
Правовые основы секуляризма

Аннотация: чтобы лучше понять особенности французского секуляризма, необходимо обсудить сложные правовые рамки, в которых французские государственные органы интерпретируют его основополагающие принципы — разделение церкви и государства, нейтралитет, свободу совести и религии, равенство. Далее речь пойдет о контексте, в котором интерпретационная деятельность политиков и судей привела к появлению правовой конфигурации секуляризма. Итак, цель данной главы — описать основные правовые механизмы, с помощью которых фундаментальные принципы секуляризма воплощаются в государственном управлении.

Хотя секуляризм во Франции часто представлялся как «французское исключение», это утверждение уже не имеет под собой никакой эмпирической основы. Государственный совет (*Conseil d'État*; высший административный орган страны) ничего не говорит о том, что французский секуляризм является исключительным в каком-либо отношении; вместо этого он подчеркивает его «своеобразие», которое, как считается, вытекает из прямого включения этой концепции в Конституцию [Conseil d'État 2004: 359]. Этот аргумент подкрепляется практикой Европейского суда по правам человека [Decaux 2010][1]. Сегодня секуляризм

---

[1] В делах «Догру против Франции» и «Керванчи против Франции» Европейский суд по правам человека (ЕСПЧ) упомянул «французскую секулярную модель» (§ 19), проследив ее историю и конституционную основу (§ 17).

в значительной степени является международным фактом: многие либеральные демократии управляются секулярными режимами различных типов, хотя не все из них формализовали эту концепцию в законе, как Франция.

Чтобы лучше понять особенности французского секуляризма, необходимо обсудить сложные правовые рамки, в которых французские государственные органы интерпретируют его основополагающие принципы: разделение церкви и государства, нейтралитет, свободу совести и религии, равенство. Далее речь пойдет о том, в каком контексте интерпретационная деятельность политиков и судей привела к закреплению секуляризма в законодательстве. Итак, цель данной главы — описать основные правовые механизмы, с помощью которых фундаментальные принципы секуляризма обретают форму в государственном управлении.

Французские правовые рамки регулирования религиозного разнообразия соответствуют «четырехуровневому» праву, которое в современную эпоху приобрело значительную сложность и санкционируется многочисленными судами [Messner et al. 2003: 287].

1. Источники внутреннего права
1.1. Регулятивные и законодательные источники

Секуляризм во Франции был гарантирован буквой закона еще до того, как обрел какое-либо иное существование. До 1970-х годов государство было связано «принципом законности»[2]. Ре-

---

Более того, в деле «Догру против Франции» гипотеза о французской секулярной исключительности была деконструирована путем обсуждения секулярной модели в Турции (§ 66). См. ЕСПЧ, Догру против Франции [4 марта 2009 года], апелляция №. 27058/05; Керванчи против Франции [4 марта 2009 года], апелляция №. 31645/04.

[2] Принцип законности сегодня подчинен как Конституции, так и международным договорам, но так было не всегда. Только в 1989 году французское законодательство обязалось соответствовать международным договорам, ратифицированным Францией, и только с 1991 года отдельные лица могут

гулирующий религии закон «характеризовался верховенством парламента, который считался представителем суверенного народа, чьи акты и законы, пользовались высшей политической легитимностью и полным юридическим иммунитетом» [Messner et al. 2003: 285]. Исключительная юрисдикция административных трибуналов распространялась на законность регулятивных актов, то есть актов, совершаемых исполнительной властью в ходе осуществления делегированных ей полномочий по обеспечению соблюдения закона.

Два ранних закона, касающихся школьной системы, сыграли значительную роль в процессе секуляризации. Первый, датированный 28 марта 1882 года и известный как Закон Жюля Ферри, секуляризовал государственные школы [Basdevant-Gaudemet 1998: 70]. Раздел 2 гласит: «Государственные начальные школы должны закрываться один день в неделю, кроме воскресенья, для того чтобы родители, если они того пожелают, могли дать своим детям религиозное образование вне школьных зданий. В частных школах преподавание религии необязательно»[3].

Второй закон, датированный 30 октября 1886 года и известный как Закон Рене Гобле, дополнил закон 1882 года, секуляризировав преподавательский состав государственных начальных школ [Basdevant-Gaudemet 1998: 74]. Статья 17 гласит, что «в государственных школах всех уровней преподавание должно быть поручено исключительно светскому персоналу»[4].

Центральным документом законодательной базы долгое время был Закон 1905 года. Этот закон, в котором нет прямого упоми-

---

обращаться в Европейский суд по правам человека, чтобы оспорить нарушение права, гарантированного Европейской конвенцией по правам человека (ЕКПЧ).

[3] *Loi no. 11–696 du 28 mars 1882 sur l'enseignement primaire obligatoire*, режим доступа: http://www.senat.fr/evenement/archives/D42/mars1882.pdf. Это положение остается в силе и в настоящее время кодифицировано в статье L. 141–3 Кодекса об образовании.

[4] *Loi du 30 octobre 1886 sur l'organisation de l'enseignement primaire*, режим доступа: http://www.senat.fr/evenement/archives/D42/oct1886.pdf. В настоящее время это положение кодифицировано в статье L. 141–5 Кодекса об образовании.

нания секуляризма, тем не менее вычерчивает его контуры двумя способами.

Во-первых, он гарантирует свободу совести. Раздел 1 гласит: «Республика обеспечивает свободу совести. Она гарантирует свободу религиозного культа с учетом… ограничений в интересах общественного правопорядка». Идея заключается в том, что из свободы совести вытекают такие ее следствия, как свобода религии, свобода вероисповедания и принцип недискриминации религий.

Во-вторых, закон отменил существовавшую до 1905 года конкордатную систему «признанных религий». Раздел 2 гласил: «Республика не признает, не выплачивает зарплату и не субсидирует никакую веру». Такие юристы, как Оливье Дорд, утверждают, что закрепление в этом разделе принципа отделения церкви от государства закрепляет за государством позицию «конфессионального нейтралитета» [Dord 2004: 19].

Эта общая законодательная база 1905 года с тех пор была усилена многочисленными положениями, касающимися государственного регулирования религиозного разнообразия в конкретных локальных контекстах. В главе 2 я рассказал о различных формах секуляризма, предписанных законодательным органом Эльзаса-Мозеля, а также о тех, которые преобладали в заморских департаментах, регионах и образованиях до принятия *Закона от 24 августа 2021 года об уважении принципов Республики*[5] («Закон 2021 года»; см. ниже). Следует также упомянуть о специфическом режиме, применявшемся в Алжире в колониальную эпоху. Теоретически там должен был действовать Закон 1905 года, но согласно декрету от 27 сентября 1907 года он не применялся. Во французском Алжире поддерживались очень тесные связи между религиями и государством. Последнее регулировало ислам, выплачивая зарплату имамам и подвергая их речи в мечетях предварительному согласованию с административными властями.

---

[5] *Закон № 2021–1109 от 24 августа 2021 года об уважении принципов Республики*, JORF № 0197, 25 августа 2021 года, режим доступа: https://www.legifrance.gouv.fr/jorf/id/JORFTEXT000043964778.

Закон 2021 года стал результатом длительных и зачастую ожесточенных дебатов о целесообразности обновления Закона 1905 года. Он был принят после двух выступлений президента Эмманюэля Макрона 4 сентября и 2 октября 2020 года, а также в качестве «республиканской реакции» на убийство 16 октября исламским фундаменталистом учителя Самюэля Пати, который показывал ученикам карикатуры на пророка Мухаммеда. Закон был направлен на противодействие растущей тенденции к отступлению в сторону коммунитаризма — его даже пытались назвать «Законом об антисепаратизме» — и развитию радикального ислама. Этот новый закон вписывается в рамки ужесточения французского секуляризма, наблюдаемого с начала 2000-х годов (о чем подробно рассказывается в оставшейся части этой книги). Перед лицом все более заметного выражения веры в форме ислама, воспринимаемой многими как форма коммунитаризма, ослабляющего Республику, секуляризм предстает как общая ценность, содержание которой не подлежит обсуждению и которой граждане обязаны придерживаться.

Закон вводит в действие комплекс «антисепаратистских» мер, которые либо обеспечивают больший контроль (прямой или косвенный) над условиями верности республиканским принципам, либо переносят секуляризм на новые территории, на которые он до сих пор не распространялся. Закон усиливает государственный контроль над религиями (через финансирование религиозных объединений; см. главу 4) и требует от некоторых категорий государственных служащих пройти светское обучение (см. главу 7), а затем присягнуть на верность ценностям Республики, прежде чем занять должность. Закон охватывает множество сфер, в том числе семейное и имущественное право, с особой целью гарантировать принцип равенства полов на территории Майотты, где большинство населения составляют мусульмане; закон об образовании, устанавливающий правила домашнего обучения; закон о государственной службе и государственных закупках и т. д. Но закон также вносит изменения в правовые акты об иммиграции и беженцах, тем самым расширяя сферу применения секуляризма к вопросам идентичности и свидетельствуя о том, как изменились дебаты в последние годы.

Общая законодательная база секуляризма ранее была дополнена принятием законов, касающихся индивидуального выражения религиозных убеждений, к которым я подробно возвращаюсь в главах 6 и 7: *Закон от 15 марта 2004 года, запрещающий, в соответствии с принципом секуляризма, ношение в государственных школах, колледжах и лицеях знаков или предметов, демонстрирующих явную религиозную принадлежность* («Закон 2004 года»)[6], и *Закон от 11 октября 2010 года, запрещающий сокрытие лица в общественных местах* («Закон 2010 года»)[7].

1.2. Конституционные источники

Часто говорят, что конституционные источники французского секуляризма неопределенны: с одной стороны, сегодня эти источники настолько разрозненны, что трудно определить их количество; с другой стороны, даже вне обычной процедуры конституционной реформы существующие правовые тексты могут быть признаны ретроактивно как имеющие конституционный статус, следуя примеру Конституционного совета [Ségur 2003: 385].

Первым фундаментальным документом является Декларация прав человека и гражданина (*Déclaration des droits de l'homme et du citoyen*, или «Декларация 1789 года»), которая предусматривает плюрализм в вопросах совести [Ségur 2003: 386]. Статья 10 гласит: «Никто не должен быть беспокоим за свои мнения, хотя бы религиозные, если только обнаружение их не нарушает общественного порядка, установленного Законом». Хотя Государственный совет постановил, что это положение представляет собой «штамп, в котором была отлита либеральная концепция секуляризма», следует подчеркнуть, что религиозные мнения, охватываемые этим текстом, являются сугубо индивидуальными; не-

---

[6] *Закон № 2004–228 от 15 марта 2004 года, запрещающий, в соответствии с принципом секуляризма, ношение в государственных школах, колледжах и лицеях знаков или одежды, демонстрирующих явную религиозную принадлежность*, JO № 65, 17 марта 2004 года, с. 5190.

[7] *Закон № 2010–1192 от 11 октября 2010 года, запрещающий сокрытие лица в общественном месте*, JORF, № 0237, 12 октября 2010 года, с. 18344.

смотря на упоминание их «проявлений», Декларация 1789 года умалчивает о коллективном выражении убеждений [Conseil d'État 2004: 250; Ségur 2003: 387]. Конституция 1793 года (*Constitution montagnarde du 24 juin 1793*) была более четкой и уточняла, что свободное отправление культа не может быть запрещено. То же можно сказать и о Конституции 1795 года (*Constitution du 5 Fructidor an III*), статья 354 которой гласит: «Никто не может быть лишен возможности исповедовать, в соответствии с законами, религию по своему выбору. Никто не может быть принужден к участию в расходах на религию. Республика не должна выплачивать жалованье священнослужителям».

Права, гарантированные Декларацией 1789 года, долгое время сохраняли свой мощный символический вес в общественном сознании, несмотря на то что в 1793 году они утратили юридический статус. На протяжении многих веков Декларация была не более чем историческим текстом, не имеющим силы закона. Принципы, воплощенные в ней, были подтверждены только в преамбуле Конституции 1946 года, однако конституционный статус этого текста оспаривался вплоть до 1971 года; к этому вопросу мы вернемся позднее.

Статья 1 Конституции 1946 года прямо указывает на принцип государственного секуляризма; она гласит: «Франция является неделимой, светской, демократической и социальной республикой». Тринадцатый пункт преамбулы добавляет, что «организация бесплатного и светского государственного образования на всех уровнях является обязанностью государства». Впервые во Франции секуляризм стал конституционным принципом, несмотря на то что это понятие не определено в Конституции. Принцип повторяется в *Конституции Великой Республики от 4 октября 1958 года* («Конституция 1958 года»), которая столь же лаконична в этом вопросе[8]. Он был утвержден в третий раз, опять же без

---

[8] Статья 1 Конституции гласит: «Франция является неделимой, светской, демократической и социальной республикой. Она гарантирует равенство перед законом для всех граждан вне зависимости от их происхождения, расы или религии. Она уважает все убеждения».

определения, когда Государственный совет в решении от 6 апреля 2001 года, касающемся системы религиозного управления, действующей в Эльзасе-Мозеле, возвел его в ранг «фундаментального принципа, признанного законами Республики»[9].

Это последнее понятие впервые появилось в преамбуле Конституции 1946 года. Оно вновь появилось в решении Конституционного совета от 16 июля 1971 года[10], согласно которому принцип может быть «выявлен» как таковой, если он соответствует нескольким условиям. Во-первых, он должен быть закреплен в законе Республики до 1946 года. Во-вторых, он должен быть неоднократно признан судами, и его возведение в ранг конституционного должно быть необходимым. Наконец, принцип должен иметь фундаментальное значение, поскольку он связан с фундаментальными правами и свободами, национальным суверенитетом и/или организацией государственной власти. В этом решении 1971 года Конституционный совет расширил свод французских правовых текстов, составляющих высшее право (известный как конституционный блок, *bloc de constitutionalité*), включив в него преамбулу Конституции 1946 года, Декларацию 1789 года и другие фундаментальные правовые принципы, которые могут быть выявлены впоследствии.

Решение Государственного совета от 2001 года поднимает вопрос о том, когда секуляризм стал конституционным принципом. Можно было бы предположить, в результате этого решения законом, закрепляющим принцип секуляризма, ретроактивно будет признан Закон 1905 года, поскольку он отвечает критерию закона, принятого до 1946 года. Однако в решении не упоминается ни Закон 1905 года, ни какой-либо другой подобный закон; с учетом этого решения трудно дать однозначный ответ на вопрос о том,

---

[9] Государственный совет заявляет, что «в преамбулах конституций от 27 октября 1946 года и 4 октября 1958 года были подтверждены фундаментальные принципы, признанные законами Республики, среди которых принцип секуляризма»; см. Государственный совет (CE), 6 апреля 2001 года, *Национальный синдикат учебных заведений второй ступени*, № 219379.

[10] Решение № 71–44 DC от 16 июля 1971 года, *Закон, дополняющий положения статей 5 и 7 закона от 1 июля 1901 года о договоре ассоциации*.

когда Франция стала конституционно секулярной. Более того, это новое закрепление секуляризма в качестве конституционной нормы было излишним, поскольку в действительности оно было продиктовано другими соображениями, а именно теми, что касались совместимости секуляризма с местными законами, регулирующими религию, как, например, в случае Эльзаса-Мозеля.

Конституционный совет никогда ранее не просили вынести решение по этому вопросу; действительно, до 2010 года (когда возникла процедура «приоритетного вопроса конституционности»; см. ниже) у него не было юрисдикции в отношении законов, принятых до 1958 года. Совместимость секуляризма с законами, регулирующими религию в Эльзасе-Мозеле, всегда подпадала под административную юрисдикцию. Традиционно Государственный совет придерживался точки зрения о том, что закон может быть молчаливо отменен последующим конституционным положением. Однако в решении по Эльзасу-Мозелю 2001 года он не последовал этой линии рассуждений. Признав секуляризм явным принципом, существовавшим до принятия конституций 1946 и 1958 годов, он также постановил, что эти документы не привели к молчаливой отмене законов, которые в 1924 году закрепили местное право, регулирующее религию в Эльзасе-Мозеле[11]. Таким образом, хотя подтверждение конституционности секуляризма может показаться излишним, основной целью использования Государственным советом данной процедуры было подтверждение совместимости правового порядка Эльзаса-Мозеля с принципом секуляризма.

---

[11] Государственный совет постановил следующее: «Принимая во внимание, что статья 7 закона от 1 июня 1924 года, вводящего в действие французское гражданское законодательство в департаментах Верхний Рейн, Нижний Рейн и Мозель, сохранила в силе статьи 21–79 местного гражданского кодекса; что сохранение силы местного законодательства, таким образом, вытекает из воли законодательного органа; и что, хотя после вышеупомянутого закона от 1 июня 1924 года в преамбулах к конституциям от 27 октября 1946 года и 4 октября 1958 года были подтверждены фундаментальные принципы, признанные законами Республики, в том числе принцип секуляризма, это подтверждение не имело эффекта имплицитной отмены положений этого закона».

Каков же был правовой статус этой эльзаско-мозельской системы, которая противоречила общему закону об отделении церкви от государства? Доктрина часто выдвигает гипотезу о системе, основанной на конституционной конвенции (*convention de la Constitution*)[12]. Эльзаско-мозельский закон не был конституционным в строгом смысле слова и относился к сфере законодательства. Не будучи ни закрепленным в конституции, ни освященным Конституционным судом, он мог быть отменен конституционной реформой или изменен новыми законодательными положениями.

Сегодня Конституционный совет уполномочен рассматривать дела о конституционности законов (в том числе законов, принятых до 1958 года). Речь идет о процедуре «приоритетного вопроса конституционности» (*question prioritaire de constitutionnalité*), — которая была установлена *Органическим законом от 10 декабря 2009 года*[13], — предписывающей порядок действий после принятия Конституционного закона от 28 июля 2008 года[14]. В решении, вынесенном 5 августа 2011 года в применении этой процедуры и касающемся свободы предпринимательства, Конституционный совет постановил следующее:

> Республиканское законодательство, существовавшее до вступления в силу Конституции 1946 года, санкционировало принцип, согласно которому законодательные и регулятивные положения, характерные для департаментов Нижний Рейн, Верхний Рейн и Мозель, могут оставаться в силе до тех пор, пока они не заменены положениями общего

---

[12] Эта концепция «не означает, что конвенция фактически применяется как норма конституционного ранга. Она означает, что при нынешнем положении вещей нельзя выводить ограничение или отрицание специфики местных законов, регулирующих религии, из неопределенной концепции секуляризма» [Ségur 2003: 400].

[13] *Органический закон № 2009–1523 от 10 декабря 2009 года о применении статьи 61–1 Конституции*, JORF, № 0287, 11 декабря 2009 года, с. 21379.

[14] *Конституционный закон № 2008–724 от 23 июля 2008 года о модернизации институтов Пятой Республики*, NOR: JUSX0807076L. Этот конституционный закон вступил в силу 1 марта 2010 года.

права или не приведены в соответствие с ними; что в отсутствие их отмены или приведения в соответствие с общим правом эти специфичные положения могут быть изменены лишь в той мере, в какой возникающие в результате этого различия в обращении не увеличатся и сфера их применения не будет расширена; что это является сферой действия фундаментального принципа, признанного законами Республики с учетом конкретных положений, применяемых в трех рассматриваемых департаментах; что этот принцип также должен быть согласован с другими конституционными требованиями[15].

В данном случае целью этого «фундаментального принципа, признанного законами Республики», была защита законов Эльзаса-Мозеля от оспаривания на основании того факта, что они нарушают принцип равенства, но не от других конституционных оспариваний. Законодательный орган может вносить поправки в этот местный свод законов, если это не расширяет сферу его применения.

Это рассуждение, которое могло бы привести к прямому признанию законов Эльзаса-Мозеля, регулирующих религию, в качестве фундаментального принципа, признанного законами Республики, следовательно, конституционного, не встречается в последующем решении от 21 февраля 2013 года[16]. Государственный совет попросил Конституционный совет вынести решение по приоритетному вопросу конституционности в отношении акта, называемого *Законом 18 жерминаля X года* (8 апреля 1802 года), и, более конкретно, по вопросу о том, нарушает ли конституционно гарантированные права или свободы тот факт, что признанные священнослужители в Эльзасе-Мозеле получают зарплату от государства. Конституционный совет постановил, что данное конкретное законодательство не нарушает такие права.

---

[15] Конституционный совет, решение № 2011–157 QPC от 5 августа 2011 года, *Société SOMODIA*, JO, 6 августа 2011 года, с. 13476.

[16] Конституционный совет, решение № 2012–297 QPC от 21 февраля 2013 года, *Ассоциация по содействию и расширению секуляризма*, JORF, 23 февраля 2013 года, с. 3110.

В таком случае, какова правовая сфера применения термина «секуляризм»? Хотя он никогда конкретно не определялся в законе, решение Конституционного совета от 19 ноября 2004 года[17] наконец внесло некоторую ясность. Совет написал: «Статьи 1–3 Конституции противостоят *признанию коллективных прав* любой группы, которая определяется общностью происхождения, культуры, языка или убеждений». Он также добавил:

> Положения статьи 1 Конституции, согласно которой «Франция является светской республикой»... запрещают кому-либо использовать свои религиозные убеждения в качестве средства освобождения от *общих правил*, регулирующих отношения между публичными коллективами и отдельными лицами.

Эта формулировка требует двух замечаний. Первое заключается в том, что утверждаемое ею противостояние между секуляризмом (статья 1 Конституции) и признанием коллективных прав может быть рассмотрено с учетом реально существующей правовой базы французского секуляризма; это противостояние выражает «глубокое "якобинское" недоверие ко всем формам коммунитарной принадлежности» и вступает в противоречие с многочисленными положениями Закона 1905 года, как я покажу в следующей главе [Prélot 2006: 140]. Доктрина попыталась объяснить эту формулировку, указав, что данное решение косвенно послужило *апостериорным* подтверждением положений Закона 2004 года, касающихся ношения религиозных символов в государственных средних учебных заведениях[18].

Второе замечание заключается в том, что Конституционный совет призывает к «общим правилам», от которых граждане не могут освободиться в силу своих религиозных убеждений. Пьер-

---

[17] Конституционный совет, решение № 2004–505 DC от 19 ноября 2004 года, *Конституция Европейского союза*, 2004–505.

[18] *Закон № 2004–228 от 15 марта 2004 года, запрещающий, в соответствии с принципом секуляризма, ношение в государственных школах, колледжах и лицеях знаков или предметов, демонстрирующих явную религиозную принадлежность*, JO № 65, 17 марта 2004 года, с. 5190.

Анри Прело утверждает, что в этом прочтении секуляризм определялся «подчинением общему праву и недопущением всех форм возражений против публичной власти на основе индивидуальных религиозных убеждений» [Prélot 2006: 129]. Поэтому он критикует это определение, которое рассматривает секуляризм с чисто субъективной точки зрения и игнорирует его сущностное содержание; то есть конститутивные принципы, которые, в конце концов, должны быть для него основополагающими.

Эти принципы были более четко сформулированы в качестве составных элементов определения секуляризма в упомянутом выше решении Конституционного совета от 21 февраля 2013 года, которое гласит, что

> принцип секуляризма относится к числу прав и свобод, гарантированных Конституцией; что он подразумевает нейтралитет государства; что он также подразумевает, что Республика не признает никакой религии; что принцип секуляризма диктует, в частности, уважение ко всем верованиям, равенство всех граждан перед законом независимо от религии и что Республика гарантирует свободу вероисповедания; что он подразумевает, что Республика не должна субсидировать никакую религию[19].

1.3. Правовая сфера действия конститутивных принципов секуляризма

Сложность отечественной правовой базы для государственного регулирования религиозного разнообразия находит отклик в трудностях, с которыми приходится сталкиваться при попытке точно определить основные принципы секуляризма. Если правовой статус конечных целей секуляризма — равенства, свободы совести и вероисповедания — не представляет проблемы, то принципы нейтралитета и отделения церкви от государства вызывают различные вопросы.

---

[19] Конституционный совет, решение № 2012–297 QPC от 21 февраля 2013 года, *Ассоциация по содействию и расширению секуляризма*, JORF, 23 февраля 2013 года, с. 3110.

Конституционность принципа *равенства* не подлежит сомнению, поскольку он закреплен как в статье 1 Декларации 1789 года, так и в статье 1 Конституции 1958 года. Правовой статус *свободы совести и религии* также не вызывает сомнений, поскольку эта свобода трижды закреплена в Конституции. Она подтверждается статьей 10 Декларации 1789 года и преамбулой Конституции 1946 года, а конституционный статус она приобрела в 1971 году, когда эти два документа были возведены в конституционный ранг[20]. Можно добавить, что свобода совести, включающая в себя свободу религии, также была возведена в ранг конституционного принципа решением Конституционного совета от 23 ноября 1977 года, в котором она была признана одним из фундаментальных принципов, признаваемых законами Республики; в нем утверждалось, что «свобода совести должна... рассматриваться как один из фундаментальных принципов, признаваемых законами Республики»[21].

В отличие от них, принцип государственного нейтралитета не имеет такого статуса, хотя Конституционный совет мог бы признать его таковым, как и когда он сделал это в отношении принципов, содержащихся в Законе 1905 года [Ségur 2003: 394]. Совет традиционно считал, что государственный нейтралитет распространяется только на государственную службу [Durand-Prinborgne 2004: 54][22]; однако в решении от 21 февраля 2013 года он

---

[20] Конституционный совет, решение № 71–44 DC от 16 июля 1971 года, *Закон, дополняющий положения статей 5 и 7 закона от 1 июля 1901 года о договоре ассоциации*, режим доступа: http://www.conseil-constitutionnel.fr/conseil-constitutionnel/francais/les-decisions/acces-par-date/decisions-depuis-1959/1971/71-44-dc/decision-n-71-44-dc-du-16-juillet-1971.7217.html.

[21] Конституционный совет, решение № 77–87 DC от 23 ноября 1977 года, *Закон, дополняющий Закон № 59–1557 от 31 декабря 1959 года, измененный Законом № 71–400 от 1 июня 1971 года и касающийся свободы преподавания*, режим доступа: http://www.conseil-constitutionnel.fr/conseil-constitutionnel/francais/les-decisions/acces-par-date/decisions-depuis-1959/1977/77-87-dc/decision-n-77-87-dc--du-23-novembre-1977.7529.html.

[22] После принятия решения от 18 сентября 1986 года Конституционный совет отверг идею о том, что государственные услуги могут предоставляться по-разному в зависимости от политических или религиозных убеждений

принял более широкую концепцию нейтралитета, сделав его конституционным принципом секуляризма для государства в целом, а не только для государственной службы.

В этом контексте, поскольку Конституционный совет воздержался от определения содержания государственного нейтралитета, значение, которое приобретает это обязательство, зависит от того, как его интерпретируют суды. В решении от 16 марта 2005 года Государственный совет назвал государственный нейтралитет принципом, имеющим конституционный статус, и разъяснил это понятие определенным образом:

> Конституционный принцип секуляризма... подразумевает нейтралитет государства и территориальных образований Республики, а также равное отношение к различным религиям... он сам по себе не запрещает предоставление в интересах всех и на условиях, определенных законом, тех или иных субсидий на деятельность или объекты, находящиеся в сфере компетенции религий[23].

По этим причинам тезис о том, что французское государство действует на основе «негативного нейтралитета», несостоятелен; нельзя сказать, что оно полностью игнорирует религию, воздер-

---

сотрудников или пользователей, и постановил, что принцип нейтралитета как следствие принципа равенства является «фундаментальным принципом государственной службы» [Gonzalez 2006: 156]; см. Конституционный совет, решение № 86–217 DC от 18 сентября 1986 года, *Закон о свободе коммуникации*, режим доступа: https://www.conseil-constitutionnel.fr/decision/1986/86217DC.htm. Конституционный совет упоминает здесь «фундаментальные принципы государственной службы и, в частности, принцип равенства и вытекающий из него принцип нейтралитета службы». В решении от 23 июля 1996 года Конституционный совет добавил, что нейтралитет действительно является конституционным принципом, регулирующим государственную службу, даже без провозглашения принципа нейтралитета государства в целом; см. Конституционный совет, решение № 96–380 DC от 23 июля 1996 года, *Закон о национальной компании France Télécom*, режим доступа: http://www.conseilconstitutionnel.fr/conseilconstitutionnel/francais/les-decisions/acces-par-date/decisions-depuis-1959/1996/96-380-dc/decision-n-96-380-dc-du-23-juillet-1996.10820.html.

[23] CE, 16 марта 2005 года, *Министр заморских территорий*, № 265560.

живаясь от вмешательства в религиозные дела. Закон 1905 года содержит многочисленные положения, разрешающие государственное вмешательство в религиозную сферу, и «нет ничего более чуждого французской правовой традиции, чем государственное безразличие или воздержание от надзора за религиозной деятельностью» [Woehrling 1998: 45]. Таким образом, государственный нейтралитет сводится к двум принципам: нейтралитет в предоставлении государственных услуг и равенство между гражданами [Durand-Prinborgne 2004: 54]. Другое распространенное толкование нейтралитета — это органическая свобода церквей по отношению к государству, автономия религиозной сферы [Prélot 2003: 433]. Это подводит нас к последнему принципу секуляризма — принципу отделения церкви от государства.

Жерар Гонсалес пишет о «единстве принципа секуляризма на всей территории Республики, в отличие от фрагментарного применения принципа отделения церкви от государства» [Gonzalez 2006: 161]. Я подробно остановился на конституционности секуляризма, однако отделение церкви от государства никогда не было возведено в конституционный статус, вероятно, потому что по историческим причинам оно было реализовано неоднородно по всей Франции[24]. Законодательный статус этого принципа явно вытекает из Закона 1905 года, но можно также утверждать, что его конституционность была подтверждена решением Государственного совета от 6 апреля 2001 года[25]. Поскольку это решение подтвердило совместимость режима отделения церкви от государства в Эльзасе-Мозеле с секуляризмом, хотя он и является исключением из французского общего права, становится очевидным, что последний имеет конституционный статус.

Другими словами, право, регулирующее отношения между церковью и государством, претерпело важные структурные

---

[24] Примерами этого являются случаи Эльзаса-Мозеля и заморских департаментов и территорий.

[25] Это решение касалось совместимости местного режима Эльзаса-Мозеля с принципом секуляризма.

преобразования с 1970-х годов, и конституционное право стало играть все более заметную роль в этой сфере. Оливье Дорд прав, подчеркивая в этой связи, что «дебаты вокруг секуляризма давно покинули законодательные палаты и переместились в залы суда» [Dord 2004: 20]. С созданием Конституционного совета в 1958 году и разработкой под его эгидой свода законов, касающихся общественных свобод, начиная с 1971 года, содержание прав и свобод теперь в гораздо большей степени определяется судебными толкованиями, чем буквой закона.

1.4. Роль судов

Конституционный совет, по ходатайству президента Республики, премьер-министра, президента Национальной ассамблеи и президента Сената или 60 членов Ассамблеи или сенаторов, рассматривает конституционность законов, принятых парламентом, до того, как президент Республики подпишет их. В результате этого полномочия Совет имел возможность прояснить степень защиты, предоставляемой многочисленным правам и свободам. Объем его юрисдикции расширился, и процедура «приоритетного вопроса конституционности» теперь позволяет сторонам производства оспаривать конституционность существующего закона перед председательствующим судьей.

Государственный совет также сыграл важную роль в истории французского секуляризма. Функции этого института двойственны. С одной стороны, он выступает в качестве советника правительства, вынося заключения о конституционности законопроектов и о законности указов и циркуляров, подготовленных правительством; правительство также может обратиться к нему за разъяснением существующего закона. С другой стороны, он является высшей административной юрисдикцией Франции, верховным арбитром административного порядка и окончательным судьей в спорах, касающихся государства. Таким образом, это юрисдикционный институт, который, хотя и не занимает политическую арену напрямую, тем не менее призван играть политическую роль. Как отмечает Даниэль Лошак, Государственный совет выражает себя «как путем *распространения определенных ценностей*, так и путем более прямого вмешательства в политику, [и, таким образом, играет] важную роль в развитии связанных с государством догм» [Lochak 2007: 19]. Оценивая законность актов, посредством которых государство и территориальные образования регулируют религиозное разнообразие, Государственный совет играет ведущую роль в толковании конститутивных принципов секуляризма, о которых парламент хранит молчание.

Законом от 30 декабря 2004 года был создан орган под названием *Высший орган по борьбе с дискриминацией и за равенство* (HALDE), который обладал консультативными и следственными полномочиями в случаях, когда ему становилось известно о дискриминационной практике. Это была не юрисдикция, а независимый административный орган с полномочиями передавать дела прокурору в случае выявления дискриминации, предлагать штрафы, которые должны были быть наложены на людей, совершивших дискриминацию, и передавать дела в суд, если правонарушитель отказывался сотрудничать. То есть мнения и обсуждения, вынесенные Высшим органом по борьбе с дискриминацией и за равенство, не имели силы закона; их ценность была чисто символической. Во многих случаях этот орган действительно преуспел в выполнении функции сторожевого пса против расширенных толкований секуляризма политиками или гражданами. С тех пор полномочия Высшего органа по борьбе с дискриминацией и за равенство были переданы новому конституционному органу — омбудсмену (*Défenseur des droits*), упомянутому в Конституции [после изменений внесенных] 23 июля 2008 года и учрежденному органическим законом от 29 марта 2011 года.

Это обсуждение показывает, что французская правовая база стала более сложной в современный период и что эта более высокая степень сложности — которая имеет некоторое значение для содержания конститутивных принципов секуляризма — также характеризовалась растущей ролью судов и сужением свободы действий, предоставленной парламенту. Даже партии, имеющие большинство, больше не могут делать то, что им заблагорассудится. Меньшинства всех видов, включая религиозные, теперь имеют средство правовой защиты на конституционном или международном уровне, что еще раз иллюстрирует трансформации, претерпеваемые французским правовым контекстом.

2. Международные источники

Статья 55 Конституции 1958 года признает высшую силу международных договоров над внутренним законодательством Франции, предусматривая, что «регулярно ратифицированные или одобренные договоры или соглашения с момента их публикации имеют высшую силу перед законами, при условии, что каждое соглашение или договор применяется другой стороной». В то время как суды долго не решались отдать международным договорам приоритет над внутренним законодательством, такие решения полностью исчезли после решения Государственного совета от 20 октября 1989 года[26].

Прежде чем перейти к конкретным источникам международного права, мы должны отметить то, что, вероятно, составляет его принципиальное отличие от внутреннего права, особенно конституционного права о государственном регулировании религиозного разнообразия. Внутреннее право, по сути, характеризуется конституционным утверждением принципа секуляризма. Международное право, со своей стороны, не занимает никакой позиции по отношению к этому понятию, — которое связано с национальной спецификой, — однако придает большее значение одному из его компонентов: свободе вероисповедания [Larralde 2014; Messner et al. 2003].

Статья 2 Всеобщей декларации прав человека от 10 декабря 1948 года запрещает религиозную дискриминацию. Статья 18 гласит:

---

[26] Государственный совет, Ассамблея по судебным разбирательствам (CE, ass.), 20 октября 1989 года, *Nicolo*, Rec. Leb., с. 190. Кассационный суд ранее признал приоритет международных договоров над законами, принятыми после 1975 года; см. Cass. ch. mixte, 24 мая 1975 года, *Jacques Vabre*.

> Каждый человек имеет право на свободу мысли, совести и религии; это право включает свободу менять свою религию или убеждения и свободу исповедовать свою религию или убеждения как единолично, так и сообща с другими, публичным или частным порядком в учении, богослужении и выполнении религиозных и ритуальных обрядов.

Однако Декларация не является юридически обязательным документом. Она не имеет статуса во внутреннем законодательстве, а ее сфера применения чисто символическая [Stirn 2004: 90]. Тем не менее многие тексты ООН ссылаются на нее и на широкую концепцию свободы вероисповедания, которую воплощает Декларация [Gonzalez 2003: 295]. Вероятно, наиболее важным инструментом является *Международный пакт о гражданских и политических правах*, принятый 16 декабря 1966 года и ратифицированный Францией 4 ноября 1980 года. Опираясь на Пакт, Комитет ООН по правам человека в сообщении от ноября 2012 года осудил Закон 2004 года и ограничения, которые он налагал на ношение символов или одежды, явно демонстрирующих религиозную принадлежность, в государственных начальных и средних школах[27].

С точки зрения европейского права *Европейская конвенция по правам человека* (ЕКПЧ) имеет силу французского закона с момента ее ратификации 3 мая 1974 года. Хотя свобода вероисповедания закреплена в статье 9, эта свобода долгое время считалась ширмой и вступила в силу только после решения Европейского суда по правам человека (ЕСПЧ) от 19 апреля 1993 года[28]. С тех пор Франция оказалась в проигрыше по не-

---

[27] *Закон № 2004–228 от 15 марта 2004 года, запрещающий, в соответствии с принципом секуляризма, ношение в государственных школах, колледжах и лицеях знаков или одежды, демонстрирующих явную религиозную принадлежность*, JO № 65, 17 марта 2004 года, с. 5190.
Комитет ООН по правам человека, сообщение № 1852/2008 от 1 ноября 2012 года, Бикрамджит Сингх против Франции, режим доступа: https://tbinternet.ohchr.org/_layouts/15/treatybodyexternal/Download.aspx?symbolno=CCPR%2FC%2F106%2FD%2F1852%2F2008&Lang=en.

[28] ЕСПЧ, Коккинакис против Греции, 19 апреля 1993 года.

скольким решениям²⁹, поскольку Суд постановил, что автоматическое налогообложение пожертвований, полученных напрямую религиозными объединениями, и налоговые корректировки, которым они подверглись, нарушают свободу вероисповедания [Larralde 2014: 647]. Было также установлено, что Франция нарушила другие статьи ЕКПЧ: статью 10 (свобода выражения мнения)³⁰, статью 14 (дискриминация)³¹ и даже статью 3 (пытки и бесчеловечное или унижающее достоинство обращение)³².

Кроме того, законодательство Европейского союза прямо ссылается на ЕКПЧ с момента принятия *Договора о Европейском союзе* в Маастрихте 7 февраля 1992 года. Статья 6.2 этого договора гласит: «Основные права, как они гарантированы Европейской конвенцией о защите прав человека и основных свобод... входят в содержание права Союза в качестве общих принципов». Можно также отметить, что законодательство Европейского Союза более конкретно ссылается на религию как таковую с момента добавления 11-й декларации Амстердамского договора, хотя оно оставляет юрисдикцию в этой области за каждым из государств-членов [Conseil d'État 2004: 365]. Эта декларация гласит следующее:

> Союз уважает и не наносит ущерба статусу церквей и религиозных объединений или общин в государствах-членах в соответствии с национальным законодательством. Союз в равной степени уважает статус философских и неконфессиональных организаций.

---

[29] ЕСПЧ, Ассоциация рыцарей Золотого Лотоса против Франции [31 января 2013 года] заявление № 50615/07; ЕСПЧ, Ассоциация культа «Пирамидный храм» против Франции [31 января 2013 года] заявление № 50471/07; ЕСПЧ, Евангелическая миссионерская церковь и Сален против Франции [31 января 2013 года] заявление № 25502/07; ЕСПЧ, Ассоциация Свидетелей Иеговы против Франции [30 июня 2011 года] заявление № 8916/05.

[30] Этот список судебных решений, очевидно, к сожалению, не является исчерпывающим; см. ЕСПЧ, Мамер против Франции [7 ноября 2006 года] заявление № 12687/03; ЕСПЧ, Брюне Леконт и Лион Маг против Франции [6 мая 2010 года] заявление № 17265/05.

[31] ЕСПЧ, Е.Б. против Франции [22 января 2008 года] заявление № 45546/02.

[32] ЕСПЧ, Винсент против Франции [24 октября 2006 года] заявление № 6253/03.

Однако этот текст является лишь декларацией, что означает, что он прилагается к договору, не являясь его частью, и имеет лишь толковательную ценность в праве Европейского союза [Torfs 2003: 350]. Как мы увидим в главе 7, Суд Европейского союза может также вмешиваться во внутренние секулярные дела, в частности, посредством использования антидискриминационного права.

Свобода вероисповедания также гарантируется статьей 10 Хартии Европейского союза об основных правах от 7 декабря 2000 года в сочетании с Лиссабонским договором от 1 декабря 2009 года:

> Каждый человек имеет право на свободу мысли, совести и вероисповедания. Из данного права вытекает свобода изменять вероисповедание или убеждения, а также свобода индивидуально или коллективно, в частном порядке или в общественных местах исповедовать свою религию или свое убеждение в форме культа, обучения, религиозных обрядов и совершения ритуалов[33].

Учитывая эти разнообразные источники права, некоторые юристы утверждают, что конкретное влияние международного права на французское позитивное право меняет восприятие того, как государство должно относиться к церквям [Gonzalez 2006: 153]. С этой точки зрения, «в то время как во внутренних источниках доминировала идея "секуляризма как разделения", международные тексты вдохновлены прежде всего идеей религиозной свободы» [Ibid.]. Жан-Мари Вёрлинг добавляет, что с европейской интеграцией «Франция не может игнорировать организацию церковно-государственных отношений в других европейских и западных странах» [Woehrling 1998: 44]. Но хотя верно, что внутренние юрисдикции, в частности Государствен-

---

[33] Лиссабонский договор придает Хартии Европейского союза об основных правах «такую же юридическую силу, что и Договоры» (Статья 6(1) Договора о Европейском союзе, первый абзац) и предусматривает, что «права, свободы и принципы в Хартии должны толковаться... с должным учетом пояснений, упомянутых в Хартии, в которых излагаются источники этих положений» (Статья 6(1) Договора о Европейском союзе, третий абзац).

ный совет, почти единогласно подчиняются ЕСПЧ, эта последняя юрисдикция не всегда была непроницаема для «республиканской концепции» секуляризма. Более того, ЕСПЧ может подтвердить законность внутреннего правового положения, которое противоречит положениям статьи 9, отсылая к государствам-членам, использующим доктрину «свободы усмотрения» ЕКПЧ[34]. Так произошло в решении по делу C.A.C. (S.A.S.) против Франции от 1 июля 2014 года, в котором гражданка Франции оспаривала в Суде условность закона от 11 октября 2010 года. Гражданка утверждала, что Закон 11 октября 2010 года лишил ее возможности пользоваться своим правом свободно выражать личные религиозные убеждения, в частности носить полностью закрывающее лицо платок в зависимости от своего «духовного настроения» в любой момент времени[35].

Я указал в первой главе, что значение и форма, принимаемые секуляризмом, развиваются в соответствии с тем, как политические власти интерпретируют его конститутивные принципы и модальности, в силу чего суды включают их в свой стандарт рассмотрения дел. Важность юриспруденции в появлении принципов секуляризма в праве действительно можно наблюдать, и, хотя принципы равенства и свободы совести имеют конституционный статус, их сфера действия будет зависеть от судебных толкований двух других принципов секуляризма, включая принцип нейтралитета, который не утверждается как таковой во французских правовых текстах.

Согласно этому подходу, позиции государственного нейтралитета возникают из юриспруденции судов, регулирующих религиозное разнообразие. Хотя Даниэль Лошак утверждает, что

---

[34] Позицию Жерара Гонсалеса по этому вопросу см. в [Gonzalez, Haarscher 2015: 219–228].

[35] ЕСПЧ, Gr. Ch., S.A.S. против Франции [1 июля 2014 года] заявление № 43835/11. Гражданка утверждала, что имело место нарушение статей 3, 8, 9, 10 и 11 Конвенции, рассматриваемых отдельно и в совокупности со статьей 14 Конвенции. — *Прим. ред.* Открытый доступ к материалам дела на английском языке по ссылке: https://hudoc.echr.coe.int/eng#{%22itemid%22:[%22001-145466%22]}.

Государственный совет может «распространять определенные ценности» в обществе, скорее можно сказать, что судьи берут на себя задачу интерпретировать ценности, которые они встречают в ходе своей работы в существующих правовых текстах [Lochak 2007: 19]. И судьи не единственные, кто выполняет эту интерпретационную работу, поскольку принятые парламентом правовые нормы, которые судьи призваны интерпретировать, вытекают из аналогичных усилий. Эти соображения дают основу для моего обсуждения в следующих главах множественных конфигураций французского секуляризма, которые возникли в результате работы по регулированию законодателями и судьями коллективного и индивидуального выражения религии в публичной сфере.

Библиография

Basdevant-Gaudemet 1998 — Basdevant-Gaudemet B. Droit et religions en France // Revue internationale de droit comparé. 1998. Vol. 50. № 2. P. 335–366.

Conseil d'État 2004 — Conseil d'État. Un siècle de laïcité — Rapport public 2004. Paris: La Documentation française, 2004.

Decaux 2010 — Decaux E. Chronique d'une jurisprudence annoncée: laïcité française et liberté religieuse devant la Cour européenne des droits de l'homme // Revue trimestrielle des droits de l'homme. 2010. Vol. 82. P. 251–268.

Dord 2004 — Dord O. Laïcité: le modèle français sous influence européenne. 2004. URL: https://www.robertschuman.eu/fr/doc/notes/notes-24-fr.pdf (дата обращения: 27.03.2022).

Durand-Prinborgne 2004 — Durand-Prinborgne C. La laïcité. Paris: Dalloz, 2004.

Gonzalez 2003 — Gonzalez G. Les sources internationales du droit français des religions // Traité de droit français des religions / Édité par F. Messner, P.-H. Prélot, J.-M. Woehrling. Paris: Litec, 2003. P. 291–299.

Gonzalez 2006 — Gonzalez G. L'exigence de neutralité des services publics // Laïcité, liberté de religion et Convention européenne des droits de l'homme / Édité par G. Gonzalez. Bruxelles: Bruylant, 2006. P. 153–200.

Gonzalez, Haarscher 2015 — Gonzalez G., Haarscher G. Consécration jésuitique d'une exigence fondamentale de la civilité démocratique? Le voile intégral sous le regard des juges de la Cour européenne. (Cour eur. dr. h., Gde Ch., S.A.S. c. France, 1er juillet 2014) // Revue trimestrielle des droits de l'homme. 2015. Vol. 101. P. 219–233.

Larralde 2014 — Larralde J.-M. Le principe de laïcité: regard de l'internationaliste // Revue générale de droit public international. 2014. Vol. 3. P. 639–655.

Lochak 2007 — Lochak D. Le Conseil d'État en politique // Pouvoirs. 2007. Vol. 4. № 123. P. 19–32.

Messner et al. 2003 — Messner F., Prélot P.-H., Woehrling J.-M. Traité de droit français des religions. Paris: Litec, 2003.

Prélot 2003 — Prélot P.-H. La neutralité religieuse de l'État // Traité de droit français des religions / Édité par F. Messner, P.-H. Prélot, J.-M. Woehrling. Paris: Litec, 2003. P. 427–445.

Prélot 2006 — Prélot P.-H. Définir juridiquement la laïcité // Laïcité, liberté de religion et Convention européenne des droits de l'homme / Édité par G. Gonzalez. Brussels: Bruylant, 2006. P. 115–149.

Ségur 2003 — Ségur P. Droit constitutionnel des religions // Traité de droit français des religions / Édité par F. Messner, P.-H. Prélot, J.-M. Woehrling. Paris: Litec, 2003. P. 383–415.

Stirn 2004 — Stirn B. Les libertés en question. Paris: Montchrestien, 2004.

Torfs 2003 — Torfs R. Le droit de l'Union européenne au regard des relations Églises-États // Traité de droit français des religions / Édité par F. Messner, P.-H. Prélot, J.-M. Woehrling. Paris: Litec, 2003. P. 347–362.

Woehrling 1998 — Woehrling J.-M. Réfexions sur le principe de la neutralité de l'État en matière religieuse et sa mise en œuvre en droit public français // Archives de sciences sociales des religions. 1998. Vol. 101. P. 31–52.

Часть 2

ЦЕРКВИ, РЕЛИГИЯ И СЕКУЛЯРНОЕ ГОСУДАРСТВО

Глава 3
Определение религии
Секулярный парадокс

Аннотация: французское государство не имеет формального, прямого определения религии. Его бездействие основано на «секулярном характере» Французской Республики, и это не просто правовой вакуум: политические власти также редко употребляли слово «религия» до 1990-х годов. Вместо этого эта концепция возникла как результат методов, используемых секулярным государством, когда оно стремилось защитить свободу совести и религии. Даже если государство не признает религию напрямую, диктат защиты этих свобод привел его к вмешательству в религиозную сферу и ее интерпретации. Ему пришлось четко обозначить границы этой сферы, а не полагаться на *ad hoc* восприятия и решения политических властей. Другими словами, чтобы гарантировать свободу совести и религии тем, кто требует ее апостериори, государству пришлось априори разместить в законе ориентиры для секуляризма. В этой главе будет обсуждаться, как государство это сделало — как оно определило религию как функциональное понятие, имеющее последствия для коллективного выражения заинтересованных групп.

Французское государство не имеет формального, прямого определения религии. Его бездействие основано на «секулярном характере» Французской Республики, и это не просто правовой вакуум: политические власти также редко употребляли слово «религия» до 1990-х годов [Boyer 2005: 38]. Вместо этого эта концепция возникла как результат методов, используемых секулярным государством, когда оно стремилось защитить свободу совести и религии. Даже если государство не признает религию напрямую, диктат защиты этих свобод привел его к вмешательству в религиозную сферу и ее интерпретации. Ему пришлось четко обозначить границы этой сферы, а не полагаться на *ad hoc* восприятия и решения политических властей [Woehrling 2003: 24]. Другими словами, чтобы гарантировать свободу совести и религии тем, кто требует ее апостериори, государству пришлось априори разместить в законе ориентиры для секуляризма. Здесь мы переходим к обсуждению того, как оно это сделало — как оно определило религию как функциональное понятие, имеющее последствия для коллективного выражения заинтересованных групп.

Первый консул Наполеон Бонапарт, придя к власти в 1799 году, был убежден в важности примирения французов после бурного периода Революции. Конкордат 1801 года между его правительством и папой Пием VII отразил эту заботу о нормализации отношений с католической церковью после десятилетия вооруженного антиклерикализма. Конкордат официально признал католицизм «религией подавляющего большинства французских граждан», но также признал религиозный плюрализм, распространив государственное признание на протестантские церкви меньшинства в 1802 году и на иудейские группы в 1808 году. Конкордат сыграл и другую роль: для Бонапарта он был важной силой, контролирующей эти религии. Государство назначало архиепископов и епископов. Оно определяло количество религиозных служащих (священников) и выплачивало им заработную плату, а также определяло количество приходов. Институциональное измерение религии было признано в форме «публичных религиозных учреждений», то есть установленных церквей.

Закон 1905 года положил конец официальному признанию религий Конкордатом. Статья 1 Закона гласит: «Республика обеспечивает свободу совести. Она гарантирует свободу религиозного вероисповедания». Статья 2 устанавливает разделение *per se*, предусматривая, что «Республика не признаёт, не выплачивает заработную плату и не субсидирует никакую веру». Хотя акт установил строгое разделение церкви и государства, контекст, в котором он был принят, долгое время характеризовался публичным признанием религиозных институтов. Он сохраняет, возможно, габитус институционального признания религиозной сферы. Одним из последствий является то, что, даже гарантируя свободу выражения убеждений для отдельных лиц, он настоятельно подчеркивает *коллективное измерение* этой свободы. Он делает это, устанавливая режим, управляющий «религиозными объединениями» (*associations cultuelles*), который позволяет каждой церкви организовываться в соответствии со своими собственными правилами. Он никогда не определяет слова «культ» и «религия», конечно. Суды постепенно были вынуждены интерпретировать критерии доступа к статусу религиозного объединения и, следовательно, очертить контуры концепции религии [Schwartz 2007: 15]. Косвенно, таким образом, работа по решению вопроса о том, что является или не является религией, выпала на долю судов.

1. Церкви, религии и религиозные объединения

В 1905 году парламент создал правовой статус «религиозного объединения». Эти объединения, пришедшие на смену «публичным религиозным учреждениям» Конкордата, имели весьма прагматичную цель: обеспечить публичную практику культа.

Уже в начале XX века новый режим указывал на позицию государственного нейтралитета. Государство больше не признавало определенные обозначенные религии, но ставило их всех на равные позиции. Неудивительно, что иудейские и протестантские религии быстро присоединились к этому новому режиму [Boussinesq 1994: 35; Durand-Prinborgne 2004: 86]. Евангелические церкви меньшинства даже считали это «актом провидения», поскольку Закон 1905 года «размыл, по милости парламента, старую иерархию религий», дав этим церквям новые перспективы для развития и евангелизации [Fath 2005]. В то время католическая церковь находилась в оппозиции к правительству — между

Францией и Ватиканом продолжались длительные дипломатические препирательства — и не соглашалась на понижение до статуса «епархиального объединения» до 1924 года, когда Государственным советом наконец была смягчена правовая база [Basdevant-Gaudemet 1998: 46; Portier 2005: 123].

Закон 1905 года не проводил различий между религиями. Новый статус принес пользу всем существующим религиям, хотя старые устоявшиеся, великие французские религиозные традиции, были представлены более широко. Эти новые объединения пользовались особым правовым режимом, предоставлявшим им значительные преимущества, в частности, в области налогообложения: их здания были освобождены от налога на имущество; они могли выдавать налоговые квитанции юридическим и физическим лицам, которые делали им пожертвования; и они были освобождены от некоторых других налогов на пожертвования и завещания. Некоторые авторы утверждают, что эти преимущества оправданны даже сегодня, поскольку эти религиозные традиции «достаточно долго участвовали в историческом наследии и жизни страны, так что определенные аспекты их статуса отличают их от новых верований, которые не имеют тех же исторических корней» [Le Vallois 2003: 187].

Но если в 1905 году закон был эгалитарным, то столетие спустя он таковым почти не является. Он не определяет «религию» (*culte*) и не предписывает условия, которым должны соответствовать конфессии, чтобы получить этот выгодный статус. Все остается на усмотрение судей.

1.1. Религии

Любая религиозная группа, новая для мира или Франции, которая хочет быть обозначена как «религиозное объединение», должна сначала объявить себя таковой. Только после того, как государство утвердит это заявление, группа может пользоваться соответствующими преимуществами [Rolland 2003: 57]. Эти новые религиозные группы находятся в невыгодном положении по сравнению с историческими религиями. Отмечая это, юрист Жак

Робер 30 лет назад задался вопросом, «может ли возникнуть дискриминация... между старыми и новыми религиями, поскольку они не все оказывают одинаковое влияние на национальную культуру или занимают одинаковое положение в общем наследии Франции» [Robert 1994: 641].

В отсутствие юридического определения суды долгое время выносили решения о фактическом существовании культа (*culte*), не устанавливая при этом границ этого понятия[1]. Например, хотя Государственный совет и не дал определения слову «культ», он постановил, что Союз атеистов (*Union des athées*) не является религиозным объединением, поскольку его целью было служить «"объединением тех, кто считает Бога мифом" [и он] не [обязывался] обеспечивать расходы, содержание или публичную практику поклонения»[2]. Ситуация не прояснялась до тех пор, пока Государственный совет не вынес важное постановление 24 октября 1997 года[3].

В этом последнем случае Жак Арриги де Казанова, правительственный комиссар (*Commissaire du Gouvernement*, судья Государственного совета, ответственный за представление иска в суд вместе с обсуждением применимого права и набором рекомендаций), подчеркнул, что признание существования религиозного культа требует совпадения субъективного элемента — веры или убеждения в божественную силу — с объективным элементом, который конкретизирует это убеждение и заключается в собрании сообщества для исповедания этого убеждения во время церемоний [Bokdam-Tognetti 2016: 35]. Жак Робер, который также считает, что религия состоит из объективных и субъективных элементов, говорит по этому поводу следующее:

---

[1] В нескольких своих постановлениях Государственный совет избегал вынесения решения об определении религиозного культа; см. CE, 14 мая 1983 года, *Association internationale pour la faith de Krishna*; CE, 9 октября 1992 года, *Commune de Saint-Louis c. Association Siva Soupramanien de Saint-Louis*.

[2] CE, 17 июня 1988 года, *Union des Athées*, Rec. Leb., с. 247.

[3] CE, ass., opinion, 24 октября 1997 года, *Association locale pour le culte des témoins de Jéhovah de Riom*, Rec. Leb., с. 372.

> Объективный элемент обеспечивается существованием сообщества. Сообщество — это не просто совокупность индивидов; это сплоченная группа, «нравственное существо»... Вторым или субъективным элементом является вера. Вера имеет свое место в индивидуальном сознании. Тем не менее то, что составляет религию, — это не одинокая совесть, а взаимность совестей [Robert 1994: 639].

В своем постановлении 1997 года Государственный совет не пошел так далеко, как правительственный комиссар, и вынес решение об определении практики поклонения (*exercice du culte*), а не решение по вопросу о *существовании поклонения*. Он написал:

> объединения, претендующие на статус религиозных, должны иметь своей исключительной целью практику поклонения; то есть, согласно [статьям 18 и 19 Закона 1905 года], *проведение церемоний с целью соблюдения лицами, объединенными одним и тем же религиозным убеждением, определенных обрядов или практик*.

В этом постановлении о конкретном правовом режиме, регулирующем религиозные объединения, которое имеет последствия для *коллективного выражения религии*, Государственный совет отдал приоритет объективному критерию (обряд и сообщество) и не оценил субъективный критерий (вера). Однако судья не исключил его полностью. Следовательно, существование религии подтверждается проверкой факта практики поклонения.

Замечания правительственного комиссара Софи Буассар в деле, связанном с оспариванием группой аумистов отказа правительства предоставить их объединению статус религиозного, показательны в этом отношении. Она обратилась к своим коллегам из Государственного совета следующим образом:

> *Аумизм, несомненно, представляет собой религию... Поскольку вы отказываетесь выносить какие-либо оценочные суждения относительно индивидуальных или коллективных*

убеждений, вы считаете поклонением или религией любую практику или обряд, которые объединяют верующих вокруг единой веры в божество или сверхъестественную силу[4].

Приняв это же прочтение, Государственный совет предоставил статус религиозного объединения нескольким местным объединениям Свидетелей Иеговы в двух решениях 23 июня 2000 года[5] и третьем 30 марта 2007 года[6]. Тем самым он провозгласил «принцип признания, прикрепления ярлыка, который он сам помог определить, к группе, которая сама по себе не нарушает общественный порядок» [Gonzalez 2001: 1212]. Хотя, по словам члена Совета Реми Шварца, эти решения отражают «универсальный охват концепции поклонения», это замечание требует уточнения [Schwartz 2007: 18]. Вместо этого можно было бы сказать, что эта правовая практика показала себя либеральной в своем толковании поклонения, следовательно, косвенно либеральной в своем толковании религии. В этих решениях религиозный факт рассматривается исключительно через призму правового режима, регулирующего свободу совести и религии. Толкование широкое, что позволяет считать очень большое количество религиозных групп вовлеченными в «поклонение»; даже многие из самых маргинальных религиозных групп получили одобрение на свои запросы о статусе, что привело к ситуации растущего равенства между конфессиями. Им нужно только

---

[4] Выводы правительственного комиссара Софи Буассар в СЕ, 28 апреля 2004 года, *Association cultuelle du Vajra triomphant*, № 248467, с. 4. Однако следует подчеркнуть два момента: (1) Буассар обосновала рекомендацию отказать в статусе религиозного объединения группе аумистов другими основаниями, а именно, что она имела связи с ассоциациями, имеющими криминальное прошлое и, следовательно, представлявшими потенциальную угрозу общественному порядку; (2) ее выводы не имеют прецедентной ценности.

[5] СЕ, 23 июня 2000 года, Министр экономики, финансов и промышленности против Местной ассоциации Свидетелей Иеговы Кламси, № 215109; СЕ, Министр экономики, финансов и промышленности против местной ассоциации Свидетелей Иеговы Риома, № 215152.

[6] СЕ, 30 марта 2007 года, город Лион, № 304053.

соответствовать минимальному определению религии: совокупность убеждений, сообщество, религиозные ритуалы.

Следует также отметить, что в этих решениях 20-летней давности Государственный совет проявил общее безразличие к особенно ожесточенным секулярным дебатам, которые тогда велись вокруг религиозных меньшинств, именуемых «культами» (иначе сектами, *sectes*). Одновременно с делом Свидетелей Иеговы новости были заполнены преступлениями, приписываемыми и другим группам, наиболее печально известными из которых были массовые убийства, совершенные Орденом солнечного храма. Парламентарии обсуждали антикультовое законодательство[7]. Решения Совета боролись с сильным течением общественного мнения и враждебной по отношению к культам политической средой; Совет выказал мужество в противостоянии общественному непониманию. Перед лицом таких трудностей он сохранял подлинную позицию нейтралитета, отказываясь подвергать менее «социально приемлемые» конфессии менее благоприятному обращению.

1.2. Религиозные объединения

Как было сказано ранее, статус религиозного объединения дает преимущества группам, получающим его, в основном в части налогообложения и управления культовыми сооружениями. Эти преимущества оказывают прямое влияние на коллективное выражение убеждений этими группами. Однако некоторые религиозные группы были лишены этого статуса.

1.2.1. Существует ли подлинное равенство?

Даже когда суды демонстрировали нейтралитет в своем определении поклонения и, следовательно, религии, они продолжали использовать более субъективные критерии при обосновании права групп на статус религиозного объединения на основе их

---

[7] *Закон № 2001–504 от 12 июня 2001 года, направленный на усиление профилактики и пресечения сектантских движений, нарушающих права человека и основные свободы*, JO № 135, 13 июня 2001 года, с. 9337.

осязаемой деятельности — практики поклонения. В частности, юриспруденция, по-видимому, ограничивает такой статус группами, которые занимаются исключительно коллективной практикой поклонения.

К примеру, первый критерий этого статуса вытекает непосредственно из статьи 19 Закона 1905 года, которая предписывает, что ассоциация-заявитель должна иметь *поклонение в качестве своей единственной цели*[8]. В решении от 9 октября 1992 года Государственный совет отказал в статусе индуистской ассоциации на указанных выше основаниях. Совет объявил ассоциацию не имеющей права на основании того, что она регулярно собирала своих членов для изучения индуистской религии и, таким образом, занималась социальной и культурной деятельностью, отличной от поклонения[9].

Второй критерий относится *к практике подлинного поклонения*, которое судьи определили как соблюдение ритуальных церемоний, объединяющих группу верующих, разделяющих одну и ту же веру в божество[10].

Третий критерий был добавлен постановлением Государственного совета 1997 года, упомянутым ранее. Он касается сохранения *общественного порядка*: «тот факт, что некоторые виды деятельности ассоциации могут нарушить общественный порядок, противоречит ее статусу религиозного объединения»[11].

Ряд юристов посчитали эти критерии проблематичными. Они утверждают, что судам предоставлено слишком много дискреционных полномочий, так что невозможно гарантировать, что госу-

---

[8] CE, 21 января 1983 года, Ассоциация служителей Нового Света, Rec. Leb., с. 18; CE, 9 октября 1992 года, Муниципалитет Сен-Луи-де-ла-Реюньон, № 94455.

[9] CE, 9 октября 1992 года, Коммуна Сен-Луи против Ассоциации Сива Супраманье Сен-Луи, La Semaine juridique, 1993, № 24 J, № 22068.

[10] CE, 14 мая 1982 года, Международное общество сознания Кришны, Rec. Leb., с. 179; CE, 17 июня 1988 года, Союз атеистов, Rec. Leb., с. 247.

[11] CE, ass., постановление, 24 октября 1997 года, Местное религиозное объединение Свидетелей Иеговы Риома, Rec. Leb., с. 372; также см. CE, 28 апреля 2004 года, Ассоциация культа триумфального Ваджра, № 248467.

дарство «не смешивает определение религии с определением хороших религий» [Woehrling 2003: 24]. По мнению Жана-Мари Вёрлинга, «они порой попадали в эту ловушку, пытаясь сделать статус религиозного объединения подчиненным исключительной практике поклонения... Исключительность на практике не служила для различения "чистой" религиозной практики, а исключала нежелательные религии» [Ibid.]. Патрис Роллан пошел дальше, утверждая, что статус религиозного объединения включает «элементы статуса "признанной религии", [которые] нарушают принцип разделения и общее право прав и свобод» [Rolland 2003: 186].

Социологи также присоединились к дискуссии, утверждая, что способ, которым французское правительство использует эти критерии для категоризации спорных религиозных групп, соответствует «неявной системе признанных религий» или санкционированию «концепции признанной религии» [Willaime 2005: 71; Liogier 2010: 119]. Демографы Жанна-Элен Кальтенбах и Мишель Трибала зашли так далеко, что стали утверждать, что государство «использует термин "религиозное объединение" как ярлык одобрения государством», в итоге соответствующий форме «согласительного признания» [Kaltenbach, Tribalat 2002: 110].

Я согласен с этой позицией. Я считаю, что широта критериев, регулирующих религиозные объединения, действительно может позволить исключить социально неодобряемые религиозные группы. Рассмотрим решение от 26 апреля 2016 года, в котором административный апелляционный суд Нанта постановил, что деятельность одного религиозного объединения «в значительной степени не была открыта для публики, поскольку значительная часть церемоний и служб была зарезервирована для приверженцев, для узкого круга посвященных или приглашенных», и что «только служба, проводимая во второй вторник каждого месяца, была открыта для всех». На этих основаниях он отказал в статусе группе под названием Международная [духовная] школа золотого Розенкрейца (Lectorium Rosicrucianum) в Ренне[12].

---

[12] *Административный апелляционный суд Нанта* (CAA Nantes), 3-я палата, 21 апреля 2016 года, *Association Lectorium Rosicrucianum Rennes*, № 15NT00581.

Другая существенная проблема заключается в том, что предоставление статуса религиозного объединения для религий, недавно прибывших во Францию, зависит от их соответствия этим правовым и юридическим критериям, в то время как исторические религии могли автоматически формировать религиозные объединения. Если поклонение как единственная цель и сохранение общественного порядка являются проблемными критериями, то это также потому, что есть законные сомнения в том, что все католические, иудейские и протестантские религиозные объединения могут им соответствовать. Многие такие группы спонсируют культурные, спортивные или благотворительные мероприятия. Некоторые из них нарушали общественный порядок, один из примеров — скандалы с сексуальным насилием над детьми, потрясшие католическую церковь. Вкратце: закон налагает ограничительные условия на коллективное выражение новых религиозных групп во Франции. Эгалитарная правовая база 1905 года привела к различным отступлениям от формального равенства, и эту ситуацию решениям Государственного совета, какими бы либеральными они ни были, еще предстоит исправить.

Принимая во внимание эти отступления, действующий на тот момент министр внутренних дел Николя Саркози 20 октября 2005 года сформировал комиссию по изучению отношений между религиями и органами государственной власти (комиссия Машелона). Комиссии было поручено предложить возможные поправки к режиму религиозных объединений.

В своем отчете 2006 года комиссия указала на те же неравенства среди религиозных групп. Она обнаружила в отношении объективного измерения религии, что «только материальный элемент служит для различения понятия поклонения, имеющего правовой статус, от понятия религии, которое его не имеет» [Commission Machelon 2006: 46]. Однако она также обнаружила, что критерии статуса религиозного объединения «не учитывают контекст, в котором сегодня существуют различные вероисповедания», иным словами, что они больше не актуальны [Commission Machelon 2006: 43]. В нем отмечалось, что менее 10 % французских мечетей управлялись религиозными объединениями, в основном потому, что критерий «поклонение как единственная цель» создавал дискриминационные последствия для религиозных конфессий, в которых поклонение и культурная деятельность не могут быть легко разделены:

> разделение, установленное между «поклонением» (в смысле Закона 1905 года) и «культурной деятельностью», если использовать термин, обычно используемый для обозначения всего, что не является исключительно ритуалом, особенно трудно включить в ислам, который не знает такого различия. Больше, чем любое другое место поклонения, мечеть является средой обитания и точкой социальной укорененности, чья деятельность выходит далеко за рамки «соблюдения» практики поклонения [Commission Machelon 2006: 44–45].

Однако Комиссия обнаружила, что будет сложно внести больше свободы в юриспруденцию, поскольку это даст правительству большую дискреционную власть. Она предложила создать новый статус, основанный на «особой форме признания общественной пользы религиозной деятельности», чтобы позволить конфессиям, не занимающимся исключительно богослужением, пользоваться некоторыми преимуществами, которых они сейчас юридически лишены [Commission Machelon 2006: 49]. Этот новый статус будет выдаваться префектом любой ассоциации, документирующей, «что ее религиозная деятельность приносит *общественную пользу*, которая может включать в себя вклад в образование или культуру, интеграцию или участие в благотворительной деятельности» [Commission Machelon 2006: 49].

Предлагая эту рекомендацию, Комиссия Машелона приняла двойственную линию рассуждений относительно императива государственного нейтралитета. Поскольку режим религиозных объединений, как она заявила, приводит к процессам косвенного признания, она предложила исправить это посредством внедрения режима общественной полезности, признающего вклад этих групп в общество. Парадокс заключается в том, что эта рекомендация имела бы эффект усиления ситуации, которую Комиссия критиковала. Это было бы равносильно сужению сферы действия статьи 2 Закона 1905 года, то есть отмене априори принципа непризнания церквей, ради апостериори лучшего обоснования формы косвенного государственного признания религии.

Когда государство ценит религиозные убеждения и представляет их в позитивном свете, вряд ли можно назвать это нейтральной позицией. В секулярном обществе гарантия свободы совести и религии подразумевает *равную защиту свободы веры и свободы неверия*. Более того, создание статуса общественной полезности может привести к дискриминации в отношении определенных религиозных групп. Наделение префекта полномочиями предоставлять такой статус делает его обязанным к субъективной оценке полезности любой группы для общества. Такие дискреционные полномочия, безусловно, могли бы оказаться проблематичными в период рецидива ярко антирелигиозного дискурса в отношении определенных религиозных меньшинств — «культов» в 1990-х годах, ислама в 2000-х годах.

Такой нарративный секуляризм будет иметь «коллаборативный» тип, в котором государство предоставляет коллективные привилегии и права определенным конфессиям [Baubérot 2015: 113]. Предложение Комиссии Машелона, возможно, опиралось на принципы справедливости (больше равенства между конфессиями; свобода коллективного выражения убеждений), но оно также выказывало пристрастие в пользу религий в противовес нерелигиозным убеждениям и — не столь явное — в пользу старых религиозных традиций в противовес молодым культам.

1.2.2. Новые ограничения для религиозных объединений

В 1990-х и 2000-х годах бо́льшая часть новой юриспруденции, касающейся религиозных объединений, касалась групп меньшинств, которые в публичных дебатах часто изображались как «культы». В 2010-х годах ситуация начала меняться. Дела, поступавшие в суд, все чаще касались мусульманских объединений; некоторые из них были религиозными объединениями, другие подпадали под действие законов, касающихся объединений в целом. После первых террористических атак во Франции в 2015 году правительство подвергло исламские объединения более тщательному контролю в тех случаях, когда они предположительно способствовали террористической деятельности или подстрекали к радикализации молодых мусульман. Оно также стремилось установить более жесткий контроль над спонсорами этих объединений, особенно тех, которые находятся за рубежом. В 2017 году Правительством Франции при каждом департаменте были созданы специальные подразделения по борьбе с исламским фундаментализмом (*Cellules de lutte contre l'islamisme et le repli communautaire* — CLIR). В 2020 году эти подразделения закрыли 394 помещения и строения, идентифицированных как сепаратистские, и провели многочисленные налоговые проверки[13].

Суды поддержали решение министра экономики и финансов о заморозке средств исламской ассоциации, транслирующей проповеди, которые финансировали террористическую деятельность за рубежом, пропагандируя вооруженный джихад и насильственное установление всемирного халифата[14]. Суды также разрешили распустить по приказу президента республики исламскую ассоциацию, вербующую людей для джихада и поддерживающую связи с лицами, замешанными в терроризме[15]. Несколько административных закрытий мечетей также были одобрены. Постановление от 11 января 2018 года касалось мечети, имамы которой делали «радикальные замечания, разжигающие ненависть к приверженцам других религий и отрицающие ценности республики»; эти проповеди посещали «радикально настроенные лица из разных соседних департаментов, в частности молодые женщины (некоторые из них были полностью покрыты, одна позднее отбыла в Сирию), а также лица, связанные с террористическими группировками»[16]. Суд постановил, что

---

[13] Совет министров, 9 декабря 2020 года, обращение, соблюдение принципов Республики

[14] Парижский апелляционный административный суд, 27 апреля 2017 года, Бангладешский исламский культурный центр Франции, № 15PA01986.

[15] CE, 15 декабря 2017 года, Ассоциация мусульман Ланьи-сюр-Марн, № 401378.

[16] CE, приказ от 11 января 2018 года, Мусульманская община города Индия, № 416398; также см. CE, приказ от 20 января 2017 года, № 406618.

мусульмане, проживающие в этом районе, могут посещать другую близлежащую мечеть, поэтому закрытие мечети не нарушает их свободу вероисповедания.

Череда террористических атак во Франции заставила правительство усилить правовой арсенал для «решительной борьбы с сепаратизмом». Оно решило «реорганизовать режим управления религиями, вытекающий из Закона от 9 декабря 1905 года», чтобы «защитить [религиозные объединения] от враждебных поглощений», и гарантировать, «чтобы религиозные объединения не отвлекались от своей миссии... и что они не могут служить проводником для высказываний или теорий, провоцирующих насилие или ненависть»[17].

Итоговый акт, известный как *Закон от 24 августа 2021 года об уважении принципов Республики* («Закон 2021 года»)[18], реализует реформы с серьезными последствиями для организации религий. Он налагает более строгие условия на внутреннюю организацию религиозных объединений и усиливает надзор со стороны административных органов.

После повторения правил, регулирующих религиозные объединения, которые были установлены Государственным советом в 1997 году («Религиозные объединения имеют своей исключительной целью практику поклонения. Они не должны, в силу своей уставной цели или эффективной деятельности, нарушать общественный порядок»), статья 68 Закона 2021 года требует, чтобы религиозные объединения создавали «совещательные органы, имеющие полномочия, среди прочего, решать, кто будет новым членом, вносить поправки в уставы, распоряжаться недвижимостью, принадлежащей объединению, и, в соответствующих случаях, нанимать служителя». Сенат был источником этой меры, приняв «антипутчевую» поправку, призванную «бороться

---

[17] Совет министров, 9 декабря 2020 года, обращение, соблюдение принципов Республики.

[18] Закон № 2021–1109 от 24 августа 2021 года об уважении принципов Республики, JORF № 0197, 25 августа 2021 года, режим доступа: https://www.legifrance.gouv.fr/jorf/id/JORFTEXT000043964778.

с риском проникновения радикальных элементов»[19]. Это положение равносильно тщательному пересмотру религиозного управления, которое существовало с 1905 года. Теперь государство участвует во внутренней деятельности религий, доходит даже до того, что оно определяет условия для набора священнослужителей.

Государство также усилило внешний надзор за религиозными объединениями. Правительственный контроль их деятельности был ужесточен новыми мерами статьи 69, которая требует, чтобы эти объединения каждые пять лет возобновляли свою декларацию о статусе у префекта, предоставляя ему новые возможности для ее отзыва. Существуют также более строгие обязательства по отчетности для религиозных объединений и более строгий надзор за любыми зарубежными пожертвованиями, которые они могут получать.

Следует напомнить, что в 2021 году только 10 % французских мечетей управлялись религиозными объединениями. Остальные действовали в соответствии с законами, регулирующими обычные объединения[20], и Закон 2021 года вносит дальнейшие новшества, подчиняя это подавляющее большинство «гибридных» объединений новым правилам, применимым к религиозным объединениям, и, следовательно, подвергая их более пристальному контролю со стороны правительства.

В сущности, Закон 2021 года легитимировал форму секулярного галликанства. Под предлогом борьбы с фундаментализмом административным органам были предоставлены новые способы вмешательства в религиозные дела. Им разрешено определять

---

[19] *Законопроект об укреплении уважения к принципам Республики*, отчет № 454 (2020–21) Жаклин Эсташ-Бриньо и Доминик Верьен от имени Комиссии по законодательству, представлено 18 марта 2021 года, режим доступа: http://www.senat.fr/rap/l20-454-1/l20-454-1_mono.html.

[20] Сесиль Шамбро, «Мечети, имамы... Предложения Макрона об исламе, "освобожденном от иностранных влияний"», *Le Monde*, 3 октября 2020 года, режим доступа: https://www.lemonde.fr/societe/article/2020/10/03/mosquees-imams-les-propositions-de-macron-pour-un-islam-libere-des-infuences-etrangeres_6054621_3224.html.

и контролировать структуру этих организаций с заданными интервалами. Эти особенности Закона передают ощутимое недоверие к коллективному религиозному выражению, которое не было столь объективно сильным с 1990-х годов, когда правительство было втянуто в борьбу с образованиями, которые оно считало откровенно чуждыми для страны: образованиями, широко известными как «культы».

2. «Культы» и «псевдорелигии»

В 1982 году премьер-министр Пьер Моруа направил члену парламента Алену Вивьену письмо о сотрудничестве с просьбой «изучить проблемы, создаваемые религиозными и псевдорелигиозными культами»[21]. Текст этого письма примечателен, поскольку исходит от одного из высших представителей секулярного государства. С одной стороны, он подразумевает, что государство компетентно отличать «культ» или «псевдорелигию» от «религии». С другой стороны, он предполагает, что группы, обозначенные как «культы», являются источником проблем, которые необходимо проанализировать[22].

В письме были изложены условия дебатов: а именно, что правительство отказывается от своего обязательства сохранять нейтралитет по отношению к религиозным меньшинствам, носящим названия и представляющим собою «культы». Оно начало кампанию против этих движений, отныне считая их «препятствиями к гражданству» [Luca 2010].

Замечания премьер-министра и отчет Вивьена не получили поддержки. Только в 1990-х годах, после массовых убийств нескольких десятков членов Ордена солнечного храма в Швейцарии, Франции и Квебеке, правительственная кампания против культов

---

[21] Письмо Пьера Моруа Алену Вивьену, 1 сентября 1982 года, режим доступа: https://www.viepublique.fr/sites/default/fles/rapport/pdf/124000514.pdf, с. 3.

[22] Доклад под названием «Секты во Франции: выражение моральной свободы или факторы манипуляции? Отчет представлен премьер-министру» (режим доступа: https://www.vie-publique.fr/sites/default/fles/rapport/pdf/124000514.pdf) был представлен Национальному собранию в феврале 1983 года.

достигла пика. Эти убийства, совершенные в период с октября 1994 года по март 1997 года, вызвали такой резонанс, что стали началом многолетнего крестового похода французского правительства против определенных религиозных меньшинств.

2.1. Идентификация культов

Это были не единственные драматические и шокирующие преступления, совершенные культоподобными группами. За 16 лет до этой драмы, 18 ноября 1978 года, заголовки СМИ захлестнули сообщения о массовом убийстве 909 членов Храма Бога в Джонстауне, Гайана. Но какими бы герметичными они ни были, не все религиозные меньшинства совершают такие преступления.

Это не помешало многим религиозным группам, независимо от того, демонстрировали ли они эффективно (социологически) культоподобное поведение или нет, быть заклейменными одним ярлыком. Эти группы были обвинены в индоктринации, ментальных манипуляциях, вымогательстве и т. д. Массовые убийства Ордена солнечного храма быстро превратились из изолированного инцидента в предмет общественного беспокойства, способствуя «социальному конструированию проблемы культов во Франции» [Champion, Cohen 1999: 7; Luca 2004]. Правительство решило действовать.

Но не так просто было понять, как именно надлежит действовать. Как правительство может бороться с чем-то, чего оно не понимает? Как секулярное государство может бороться с врагом, которого принцип секуляризма запрещает ему называть собственным именем? «Культ» был неопознанным религиозным объектом. Закон и юриспруденция молчали об этой концепции [Florand, Séguy 1986: 18]. Некоторые юристы даже утверждали, что, поскольку культы ускользают от всех попыток юридического определения, «для государства они не существуют» [D'Onorio 1988: 3336].

Правительство не беспокоило себя такими соображениями. Через год после первого массового убийства члены Национальных ной ассамблеи Ален Жест и Жак Гюйяр представили доклад от имени комиссии по расследованию культов[23]. Доклад начинался с подчеркивания того, что термин «культ» не может быть легко определен в законе без ослабления свободы совести и религии (и, следовательно, секуляризма). Вместо определения Жест и Гюйяр представили «критерии опасности», на основе которых можно идентифицировать такие группы: «ментальная дестабилизация», «более или менее антиобщественная речь», «нарушение общественного порядка», «прекращение контактов членов с их родной средой» и «идеологическая обработка детей». Затем Жест и Гюйяр приступили к составлению списка из более чем 170 групп, которые, как утверждается, можно квалифицировать как «культы». Можно утверждать, что неточные, произвольные критерии, использованные для составления списка, применимы к большому количеству религиозных конфессий, таких как пятидесятники, адвентисты и баптисты — последняя была группой, с которой отождествлял себя тогдашний президент США Билл Клинтон.

Несмотря на вопиющее отсутствие нейтралитета в отношении религиозных дел, и даже полное отсутствие строгости, этот список был приложен к двум министерским циркулярам (от 29 февраля 1996 года и 1 декабря 1998 года) относительно нападений на людей и имущество, совершенных культоподобными движениями. Церковь сайентологии Иль-де-Франс поспешила оспорить законность этих циркуляров. После длительных разбирательств Государственный совет постановил, что приложение использовалось «только в информационных целях и не [отражало] намерение принять или ратифицировать содержание этого списка»[24].

---

[23] Национальное собрание, Доклад от имени Комиссии по расследованию культов, 22 декабря 1995 года, режим доступа: https://www.assemblee-nationale.fr/rap-enq/r2468.asp.

[24] CE, 18 мая 2005 года, Духовная ассоциация Церкви сайентологии Иль-де-Франс, № 259982; выводы комиссара правительства Донната см. CE, 18 мая 2005 года, Духовная ассоциация Церкви сайентологии Иль-де-Франс, № 259982.

Тем не менее ситуация оставалась проблемной. Даже после того, как этот циркуляр — каталог неприемлемых религиозных групп — утратил статус закона, он продолжал выступать источником справочной информации для официальных органов на всех уровнях. Более 15 лет спустя Ален Жест гордился тем, что он «оказал неоценимую помощь судьям, муниципалитетам, сталкивающимся с просьбами о предоставлении или аренде помещений… вплоть до департаментских советов, чьи социальные работники казались беззащитными перед лицом культов»[25]. О дискриминационном потенциале списка он, похоже, не задумывался.

После доклада Жеста и Гюйяра правительство взяло на себя ответственность за решение «проблемы». Межведомственный наблюдательный совет по культам (*Observatoire interministériel sur les sectes* — OIS) был сформирован указом от 9 мая 1996 года[26]. Через два года его заменила межведомственная миссия по борьбе с культами (*Mission interministérielle de lutte contre les sectes* — MILS)[27]. Воинственная лексика (*lutte*, борьба), использованная в названии этого агентства, не является чем-то безобидным; совсем наоборот, это похоже на то, будто государство с готовностью признает, что оно должно сражаться на религиозном поле битвы, где ему не место.

Межведомственная миссия по борьбе с культами, в свою очередь, была заменена в 2002 году новым межминистерским органом — межведомственной миссией по мониторингу и борьбе с сектантскими эксцессами (*Mission interministérielle de vigilance et de lutte contre les dérives sectaires* — MIVILUDES)[28], что является

---

[25] MIVILUDES, Отчет премьер-министру 2011–2012, с. 70, режим доступа: http://www.derivessectes.gouv.fr/sites/default/fles/publications/francais/rapport_annuel_2011_miviludes.pdf.

[26] *Указ № 96–387 от 9 мая 1996 года о создании межведомственного наблюдательного совета по культам*, JO, 11 мая 1996 года, с. 7080.

[27] *Указ № 98–890 от 7 октября 1998 года о создании межведомственной миссии по борьбе с культами*, JO, 9 октября 1998 года, с. 15286.

[28] *Указ № 2002–1392 от 28 ноября 2002 года о создании межведомственной миссии по мониторингу и борьбе с сектантскими эксцессами*, JO № 278, 29 ноября 2002 года, с. 19646.

примером нового фокуса на установлении более объективных и однозначных отношений с религиозной сферой. Подразумевалось, что государство намерено сосредоточиться на апостериорном наказании за преступления, совершенные культоподобными группами, а не на борьбе с этими движениями. Но придерживались этого подхода недолго. Вскоре ряд парламентариев выступили против более либеральной ориентации Миссии по мониторингу и борьбе с сектантскими эксцессами. Депутат Филипп Вюйк, председатель исследовательской группы Национальной ассамблеи по культам, выразил сожаление в связи с тем фактом, что «ощущение феномена культов имеет тенденцию трансформироваться в беспокойство по поводу религиозных меньшинств [= равенство и свобода религии], тогда как секулярное, республиканское понимание феномена уже достигнуто [= определенная концепция блага]» [Vuilque 2007: 18]. Ужесточение позиции Миссии по мониторингу и борьбе с сектантскими эксцессами привело к отставке некоторых из его академических назначенцев. Одной из них была антрополог Натали Лука, которая возражала против антинейтральной позиции властей. Она выразила сожаление по поводу того, что свобода совести и религии «наталкивается на... культурные принципы господствующей морали, делая саму идею ограничения [этой свободы] весьма эластичной» [Luca 2004: 79].

Помимо нескольких инициированных парламентом исследований[29], в 1990-е и 2000-е годы эти три агентства выпустили обширную собственную литературу, свидетельствующую о растущем интересе правительства к этим религиозным группам. Миссия по борьбе с культами опубликовала три ежегодных отчета, в то время как Миссия по мониторингу и борьбе с сектантскими эксцессами предоставила около 15 отчетов, посвященных отклонениям культов, а также шесть практических руководств для правительств, предприятий и граждан.

---

[29] Государственный совет уточнил, что эти исследования не являются источниками права; выводы комиссара правительства Кристин Моге см. в: CE, 30 марта 2001 года, *Ассоциация триумфальной ваджры*, № 211419.

Работа этих агентств постоянно ссылается на уязвимость тех, кого необходимо защищать от «психологической манипуляции», что стало темой симпозиума, проведенного Миссией по мониторингу и борьбе с сектантскими эксцессами 27 октября 2014 года[30]. Предотвращение психологической манипуляции дало повод для возрождения республиканской риторики вокруг философской роли эмансипаторного государства. Еще в 2000 году в своем ежегодном отчете Миссия по борьбе с культами заявила, что,

> борясь с культами… Франция следует чистейшему направлению своей республиканской традиции: защищает права человека, которым угрожают современные формы мракобесия, поощряет эти права при каждом удобном случае и постоянно призывает граждан соблюдать закон[31].

Эти документы являются местом для многочисленных семантических сдвигов. Они прямолинейно дистанцируются от всего, что напоминает нейтральную позицию, постоянно используя воинственную лексику («борьба», «арсенал»), описывая «борьбу», которую Республика должна отныне вести против того, что воспринимается как инородные включения в стране. Такое отношение было предсказано в докладе Жеста и Гюйяра 1995 года: «государство не может… позволить чему-то развиться внутри него, что во многих отношениях напоминает подлинное бедствие… опасное для демократических принципов, на которых основана Республика»[32]. Борьба была и остается республиканской борьбой. Государство присвоило себе право определять религи-

---

[30] MIVILUDES, *Психологическое влияние в основе сектантского дрейфа: угроза демократии? Национальный симпозиум, Париж, 23 ноября 2013 года*, режим доступа: https://www.derives-sectes.gouv.fr/publications-de-la-miviludes/colloques-et-s%C3%A9minaires/lemprise-mentale-au-coeur-dela-d%C3%A9rive-sectaire.

[31] Межведомственная миссия по борьбе с культами, *Отчет 2000 года*, с. 9, режим доступа: https://www.vie-publique.fr/sites/default/fles/rapport/pdf/004000552.pdf.

[32] Национальное собрание, *Отчет от имени Комиссии по расследованию сект*, 22 декабря 1995 года, режим доступа: https://www.assemblee-nationale.fr/rapenq/r2468.asp.

озную приемлемость любой группы со ссылкой на политические принципы, которые, как предполагается, являются высшими, рискуя ограничить сферу фундаментальных прав, а следовательно, и сам секуляризм.

2.2. Борьба с культами

Законодательные дебаты вокруг культов в начале 2000-х годов особенно интересно рассматривать как испытание и подкрепление республиканской риторики вокруг секуляризма, которая затем начиная с 2003 года должна была быть мобилизована против проявлений веры в форме ислама. Эта тенденция возникла из парламентских дебатов, предшествовавших принятию законопроекта 2001 года, который стал краеугольным камнем антикультовой кампании («Закон 2001 года»)[33]. Этот законопроект предусматривал роспуск

> любого юридического лица, независимо от правовой формы или объекта, которое занимается деятельностью, целью или следствием которой является *создание, поддержание или эксплуатация психологического или физического подчинения лиц*, участвующих в этой деятельности.

Согласно этому закону, культоподобные группы виновны в психологических манипуляциях. Дебаты в Национальном собрании выявили многочисленных членов, утверждающих, что они работают в рамках великой философской традиции Просвещения. Жан-Пьер Брар утверждал, что закон «верен Просвещению в борьбе с культами, этими современными бичами мракобесия и угнетения»[34]. Возможно, он верен Просвещению, но гораздо больше Вольтеру, чем Локку! Дебаты были приправлены антиклерикаль-

---

[33] *Закон № 2001–504 от 12 июня 2001 года, направленный на усиление профилактики и пресечения сектантских движений, нарушающих права человека и основные свободы*, JO № 135, 13 июня 2001 года, с. 9337.

[34] Национальное собрание, парламентские дебаты, полные протоколы заседаний среды, 30 мая 2001 года, JORF, 31 мая 2001 года, с. 3662.

ными и антирелигиозными замечаниями; Филипп Вюйк даже процитировал автора «Писем об Англии», который, как известно, писал, что «всякая секта, в какой бы сфере она ни была, является точкой сбора *сомнений и заблуждений*»[35]. Кэтрин Пикар утверждала, что такие группы по своей природе не религиозны, скорее, они представляют собой «не что иное, как интеллектуальные, псевдодуховные, псевдофилософские или религиозные мошенничества»[36].

Отрицание религиозности этих групп облегчило парламентариям уклонение от их обязательства быть нейтральными и защищать свободу совести и религии. Доминик Бассеро заявил, что, хотя «государство, безусловно, нейтрально по отношению ко всем религиозным убеждениям... пришло время... называть вещи своими именами, вытащить головы из песка; все, что мы делаем, — это поощряем некую разновидность терпимости или благожелательности»[37]. Руди Салль выступил с речью в поддержку борьбы и попросил парламент «дальнейшим образом развивать антикультовый правовой арсенал»[38].

Многие из парламентариев подчеркивали форму свободы, — называемую ими «свободой мысли» (*liberté de penser*) — «воспринимаемую как освобождение от любой всеобъемлющей доктрины» и как отказ от любого догматизма, лишающего людей индивидуальной воли [Baubérot 1999: 316]. Замечания министра по парламентским связям по этому поводу показательны:

> общая решимость [бороться с культами] не нарушает фундаментальные свободы, признанные и гарантированные Республикой... Напротив, не мы те, кто убивает свободу. Это те, кто пытается ограничить индивидуальную свободу

---

[35] Национальное собрание, парламентские дебаты, полные протоколы заседаний среды, 30 мая 2001 года, JORF, 31 мая 2001 года, с. 5725.

[36] Национальное собрание, парламентские дебаты, полные протоколы заседаний среды, 30 мая 2001 года, JORF, 31 мая 2001 года, с. 3662.

[37] Национальное собрание, парламентские дебаты, полные протоколы заседаний среды, 30 мая 2001 года, JORF, 31 мая 2001 года, с. 5727.

[38] Национальное собрание, парламентские дебаты, полные протоколы заседаний среды, 30 мая 2001 года, JORF, 31 мая 2001 года, с. 3686.

людей, которые попадают под их чары, кто их индоктринирует, будь то сами культы, их лидеры или кто-либо, кто занимается прозелитизмом от их имени[39].

Эти дебаты вокруг Закона 2001 года свидетельствуют о росте нарративного секуляризма, колеблющегося между галликанством и антирелигиозным дискурсом. Они выдают недоверие к религиям меньшинств, которое якобы оправдывает санкционированные государством ограничения свободы совести и религии, чтобы лучше защитить автономию и свободу воли граждан. Это отношение к религиям меньшинств и это противопоставление «свободы мысли» и «свободы совести и религии» приобретут новую значимость в дискурсе о секуляризме, возникшем в отношении ислама в 2003 году (см. главы 6, 7 и 8).

3. Религия, культура и наследие

Сегодня все общественные здания являются внеконфессиональными, но это не означает, что все следы религии исчезли. Движимые артефакты, такие как кресты, распятия и статуи, были удалены из этих зданий, но символы остаются выгравированными на их стенах, свидетельствуя о доминировании католической церкви в истории Франции.

Удаление первых религиозных символов из общественных зданий относится к секуляризации государственного образования *Законом Ферри от 28 марта 1882 года* (один из «законов Жюля Ферри»)[40]. Министерство образования проявило примирительное отношение к католической религии, охладив энтузиазм тех, кто ревностно удалял распятия из классов. В циркуляре от 2 ноября 1882 года оно подчеркнуло, что удаление распятий должно следовать «желаниям народа» и в идеале должно происходить во время каникул, чтобы не провоцировать никаких ин-

---

[39] Национальное собрание, парламентские дебаты, полные протоколы заседаний среды, 30 мая 2001 года, JORF, 31 мая 2001 года, с. 5738.

[40] *Закон № 11–696 от 28 марта 1882 года об обязательном начальном образовании*, JO, 29 марта 1882 года.

цидентов [Baubérot 2004: 24]. Это приспособление было призвано смягчить конфликт «двух Франций», секулярной и католической, в конце XIX века. Аналогичным образом была сделана явная попытка изобразить Закон 1905 года как попытку умиротворить католиков: несмотря на их секуляризацию, общественным зданиям было разрешено сохранять многочисленные религиозные символы. Сегодня приспособления происходят на уровне юриспруденции, а не законодательства.

3.1. Правовая секуляризация христианских символов

Формулировка статьи 28 Закона 1905 года отражает намерение парламента примирить религиозную историю страны с ее секуляризацией. Одним из способов, которым закон это делает, является установление ряда исключений, материальных и временных, из его запрета на «закрепление религиозных символов или эмблем на общественных памятниках или в любом общественном месте». Этими материальными исключениями являются «здания, используемые для богослужения, места захоронения на кладбищах, надгробные памятники, музеи или выставки»[41].

Вскоре после окончания Первой мировой войны Государственный совет попросили вынести решение о законности религиозного символа, посвященного солдатам, погибшим на войне, который был прикреплен к памятнику на городской площади. В своих решениях от 4 июля 1923 года и 9 июля 1924 года Совет разъяснил значение термина «надгробный памятник», написав, что он «применяется ко всем памятникам, призванным напоминать о погибших, даже если они не находятся на местах захоронений и где бы они ни были воздвигнуты»[42]. В недавнем

---

[41] *Закон от 9 декабря 1905 года об отделении церкви от государства*, режим доступа: http://www.legifrance.gouv.fr/affchTexte.do;jsessionid=50F9A1D92B16952B6AC1DB7CF83B3D3E.tpdjo07v_2?cidTexte=LEGITEXT000006070169&dateTexte=20100125.

[42] CE, 4 июля 1923 года, аббат Герль, № 75410; CE, 9 июля 1924 года, муниципалитет Фуйуа. Для недавнего применения см. CAA Lyon, M.A., 16 марта 2010 года, № 07LY02583.

решении, запрещающем крест, прикрепленный к входу на кладбище, Совет ясно дал понять, что прецедент, созданный этими старыми решениями, не предполагал широкого применения. Аргументация Совета состояла в том, что кладбища находятся в общественном пользовании, и их внешние двери не охватываются ни одним из исключений, предусмотренных в статье 28 (места захоронений, надгробные памятники, здания, используемые для богослужения)[43].

Временное исключение, изложенное в Законе 1905 года, заключается в том, что статья 28 применяется только с момента ее вступления в силу (9 декабря) и не имеет обратной силы. В то время как новые религиозные украшения были запрещены, ранее существовавшие разрешалось оставить на месте. Это положение было равносильно секуляризации ранее существовавших символов, которые, таким образом, стали частью общего наследия. Многие последующие судебные решения усилили это четкое временное разграничение. 20 декабря 2001 года административный трибунал Безансона постановил, что «прикрепление религиозной эмблемы к общественному зданию после вступления в силу Закона 1905 года... придает зданию в целом вид религиозного сооружения»[44]. В другом деле, завершенном в 2017 году, местная ассоциация свободомыслящих оспорила законность установки в 2006 году статуи Иоанна Павла II, увенчанной аркой и большим крестом, на общественной площади в деревне Плоэрмель. Суд разрешил оставить статую Иоанна Павла II, главы государства, на месте, но постановил убрать крест на ее вершине, как нарочито религиозный символ[45].

---

[43] CE, мнение, 28 июля 2017 года, № 408920; также см. Административный трибунал Пуатье (TA Poitier), 23 ноября 2017 года, № 1500305.

[44] TA Besançon, 20 декабря 2001 года, г-н Гийемино против города Безансон.

[45] TA Rennes, 30 апреля 2015 года, Федерация свободной мысли Морбиана, г-жа С...В... и г-н А...D..., № 1203099, 1204355, 1204356; CA Nantes, 15 декабря 2015 года, коммуна Плоэрмель, № 15NT02053, 15NT02054; CE, мнение, 25 октября 2017 года, Федерация свободной мысли Морбиана, г-жа С...В... и г-н А...D..., № 396990.

3.2. Судебная секуляризация христианских символов

К двум исключениям, установленным Законом 1905 года, со временем юриспруденция добавила третье: исключение культуры и наследия.

3.2.1. Исключение культуры и наследия

Суды неоднократно выносили решения, что символы религии большинства, прикрепленные к общественным зданиям после 1905 года, могут оставаться там как «культурные» символы или символы «наследия». Административный апелляционный суд Нанта, например, сослался на католическую историю региона Вандея, подтвердив наличие католического символа на фронтонах некоторых средних школ. «Этот логотип, — постановил суд, — не был создан с целью религиозной демонстрации и не предназначен для пропаганды религии; *его единственная функция — идентифицировать посредством исторических точек отсчета и стилизованного дизайна действия департамента Вандея*»[46].

В двух других решениях административный апелляционный суд Нанта вынес решение против установки в зале заседаний мэрии распятия, приобретенного муниципалитетом в 1938 году[47], но разрешил оставить распятие в здании, если оно будет храниться «под витриной как часть исторического наследия коммуны». Суд постановил, что даже если витрина находится в помещении, открытом для широкой публики, «*тогда распятие не может рассматриваться как религиозная эмблема*, установленная в общественном месте»[48]. Эта переклассификация распятия как символа наследия, даже если оно было приобретено после 1905 года, вытекает из уловки в толковании Закона 1905 года, и ее следствием является легитимация символической ценности этого религиозного объекта для коммуны. Постановление суда,

---

[46] CAA Nantes, 11 марта 1999 года, Ассоциация «Вандея для всех вандейцев», № 98NT00357.

[47] CAA Nantes, 4 февраля 1999 года, M. Georges G., № 98NT00337.

[48] CAA Nantes, 12 апреля 2001 года, M. Georges G., № 00NT01993.

по сути, лишило религиозную сферу ее сущности; оно секуляризовало религиозный объект и ввело его в культуру. Оно отождествило его с общим наследием, а значит, и с общими ценностями.

В середине 2010-х годов многие мэры рьяно занялись установкой рождественских яслей в муниципальных зданиях во время рождественских праздников. Это происходило в традиционно католических регионах, таких как Вандея, но также и в муниципалитетах, управляемых правыми или ультраправыми партиями, пытающимися восстановить то, что они считали находящейся под угрозой христианской идентичностью. Апелляции в административные трибуналы не заставили себя долго ждать. В конце 2014 года эти трибуналы вынесли несколько противоречивых решений, посеяв путаницу относительно статуса закона в этой области.

Административный трибунал Нанта постановил 14 ноября 2014 года, что рождественские ясли

> представляют собой, в силу своего содержания, иллюстрирующего рождение Иисуса Христа и сопутствующего подготовке к христианскому празднику Рождества, особую религиозную эмблему, символика которой выходит за рамки типичного и традиционного... домашнего представления этого праздничного периода[49].

Если это не оправдано «местным партикуляризмом», написал суд, экспозиция рождественских яслей в общественном здании будет незаконной[50]. С этой фразой суд разрешил отнести ясли к категории культуры, отмести их религиозный характер и законно демонстрировать их в общественных учреждениях. Апелляционный суд отменил постановление о незаконности 13 октября 2015 года, постановив, что небольшой размер яслей таков, что они «вписываются в традицию, связанную с подготовкой семейного рождественского праздника, и не являются по

---

[49] TA Nantes, 14 ноября 2014 года, Федерация свободной мысли Вандея, № 1211647.

[50] Там же.

своей природе "религиозным символом или эмблемой"»[51]. Вскоре после этого, 22 декабря 2014 года, административный трибунал Мелёна постановил, что

> хотя рождественский праздник долгое время был объединен с христианским праздником рождения Христа, он утратил свой религиозный характер в секуляризированном обществе и стал традиционным семейным праздником... Поэтому рождественские ясли представляют собой одно из украшений, традиционно связанных с Рождеством, как рождественские елки и гирлянды[52].

Доктрина резко критиковала это решение, и оно было отменено административным апелляционным судом Парижа 8 октября 2015 года; ясли, по словам суда, несомненно носят религиозный характер [Hochmann 2016; Prélot 2006][53].

Другие решения, признавая религиозный характер рождественских яслей, ссылались на музейное исключение статьи 28 Закона 1905 года, чтобы оправдать их присутствие в общественных учреждениях. Одно из них, датированное 16 июля 2015 года, касалось яслей, выставленных в мэрии Безье. Трибунал постановил, что муниципальные власти всегда представляли эту инсталляцию как «выставку, проходящую в контексте культурных мероприятий, проводимых в связи с рождественским праздником», и что в этом контексте «показ этих яслей не может рассматриваться как имеющий характер символа христианской религии»[54].

По состоянию на конец 2015 года царила полная путаница в юриспруденции, и несколько апелляционных юрисдикций спорили о том, как классифицировать рождественские ясли.

---

[51] CAA Nantes, 13 октября 2015 года, Департамент Вандея, № 14NT03400.

[52] TA Melun, 22 декабря 2014 года, Федерация свободной мысли департамента Сена и Марна, № 1300483.

[53] CAA Paris, 8 октября 2015 года, Федерация свободной мысли департамента Сена и Марна, № 15PA00814.

[54] TA Montpellier, 16 июля 2015 года, M. G. и Лига прав человека, № 1405625.

3.2.2. Религия или культура? Рождественские ясли, «гибридный объект»

Государственный совет разъяснил юриспруденцию в двух решениях, вынесенных 9 ноября 2016 года. Он начал с указания того, что «рождественские ясли являются изображением, которое может иметь множество значений»: религиозное, поскольку они являются «сценами христианской иконографии»; культурное, поскольку рождественские ясли «являются украшениями и иллюстрациями, традиционно сопровождающими праздники конца года, без придания им религиозного значения»[55]. Государственный совет согласился с замечаниями общественного докладчика по этим делам. Последний сказал следующее: «Рождественские ясли были как бы унесены с собой всеобщей секуляризацией Рождества, которую французское общество, как и другие, претерпело с XIX века, пока они не стали в определенной степени связанными с протоколом этого праздника». Сегодня рождественские ясли стали «гибридным объектом, пронизанным множеством значений»[56]. Совет сослался на эту «множественность значений», постановив, что сам факт того, что рождественские ясли имеют религиозное значение, недостаточен для того, чтобы наложить на них запрет, установленный статьей 28. Религиозный символ может быть разрешен, если он *временно* прикреплен к общественному зданию, при условии, что он представлен как *культурный, художественный или праздничный и не выражает признание религии или религиозных предпочтений* со стороны муниципальных властей[57].

---

[55] CE, ass., 9 ноября 2016 года, Федерация свободной мысли Сены и Марны, № 395122; CE, ass., 9 ноября 2016 года, Федерация свободной мысли Вандея, № 395223.

[56] Заключения общественного докладчика см. CE, ass., 9 ноября 2016 года, *Условия установки рождественских яслей в общественном месте*, режим доступа: https://actu.dalloz-etudiant.fr/fleadmin/actualites/pdfs/09.2017/Lebon_concl._creche.pdf.

[57] CE, ass., 9 ноября 2016 года, Федерация свободной мысли Сены и Марны, № 395122; CE, ass., 9 ноября 2016 года, Федерация свободной мысли Вандея, № 395223.

Таким образом, постоянные инсталляции запрещены. Только временные инсталляции «гибридного символа», имеющего несколько значений, включая религиозное, могут быть разрешены в зависимости от обстановки.

В казуистическом подходе Совета, вдохновленном американским прецедентным правом, нет общего запрета на временные демонстрации яслей в общественных учреждениях — только на те, что «выражают признание религии или религиозных предпочтений»[58]. Основным критерием того, демонстрирует ли муниципалитет такое предпочтение, является отсутствие прозелитизма, но суды также должны учитывать «конкретные условия инсталляции, наличие или отсутствие местных обычаев, а также место инсталляции»[59]. По этому последнему критерию Совет проводит различие в зависимости от того, демонстрируется ли символ в общественном здании (ратуша, школа и т. д.) или в «общественном месте» (площадь, парк, улица и т. д.).

Эти два решения весьма сомнительны. Во-первых, они принимают ограниченное толкование статьи 28, текст которой тем не менее ясен: «Отныне запрещается возвышать или прикреплять любой религиозный символ или эмблему к общественным памятникам». Государственный совет дополнил закон, создав новое исключение в отношении культурного и исторического наследия, которое парламент не планировал [Pauliat 2017; Camguilhem 2018].

Во-вторых, что, вероятно, более проблематично, рассуждение основано на ложной предпосылке; а именно, что множественность значений яслей каким-то образом лишает его «неустранимого, внутреннего религиозного значения» [Slama 2017: 2; Hochmann 2016: 53]. Это особенно верно в свете заявлений многих мэров о том, что целью демонстрации яслей была защита христианских ценностей Франции. Аргументация тем более удивительна, что многие другие решения, касающиеся исламского

---

[58] Там же.
[59] Там же.

платка, игнорировали его «множественность значений», несмотря на то что говорили сами его носительницы об этой практике (см. главу 6)[60].

В-третьих, новый критерий, определяющий, «выражает ли муниципалитет признание религии или религиозных предпочтений», является дискриминационным. Он приносит пользу более старым устоявшимся религиозным традициям и наносит ущерб новым. Конфессия, недавно появившаяся в пределах муниципалитета, не имеет возможности воспользоваться таким «местным обычаем». Этот критерий сам по себе благоприятствует видимости устоявшихся религиозных символов, и в особенности христианских, в общественных местах. Эти символы могут быть разрешены в связи с рождественским праздником, бесспорно религиозным, даже если некоторые утверждают, что он был сведен к традиции или обычаю, принадлежащим общему наследию Франции.

После этих двух решений суды выслушали многочисленные жалобы на религиозные символы, выставленные в общественных учреждениях, и должны были определить понятие «местный обычай» в конкретных терминах. Одна из таких жалоб, касающаяся рождественских яслей в шахтерском городе Энен-Бомон на севере Франции, привела к решению административного трибунала Лилля о том, что

> персонажи рождественских яслей никоим образом не связаны с конкретной шахтерской традицией… одновременное проведение выставки в зале, реконструирующем шахтерский район Дарси, было недостаточным, чтобы считать экспозицию яслей продолжением этой выставки или даже отдельным культурным проявлением.

Трибунал добавил, что, «хотя коммуна и включила эту экспозицию в календарь праздничных мероприятий, организованных муниципалитетом на конец года, не было установлено, что она

---

[60] См., в частности, CE, 5 декабря 2007 года, г-н и г-жа Бессам Газаль, № 295671.

коренится в уже существующей местной традиции»⁶¹. В другом месте административный трибунал Лиона постановил, что даже если ясли изготовлены региональными мастерами и экспозиция позволяет выставлять их ремесло, ясли не могут быть законно выставлены в общественном учреждении, поскольку не соответствуют «местному обычаю»⁶². Напротив, административный апелляционный суд Нанта постановил в 2017 году, что ясли, демонстрируемые каждое Рождество в течение последних 20 лет, действительно соответствуют «местному культурному обычаю и праздничной традиции»⁶³.

Во всех этих случаях аргументы, выдвинутые политическими властями, были направлены на универсализацию рождественского вертепа как символа, они утверждали, что вертеп является частью общей культуры, и представляли его как символ «совместной жизни» или сосуществования (*vivre-ensemble*) [Beaman 2020: 89]. «Рождество празднуется всей нацией», — сказал один чиновник⁶⁴. Следует отметить, что подобные аргументы также звучали и в других национальных контекстах. Во время пандемии COVID-19 несколько глав государств смягчили меры общественного здравоохранения во время рождественских праздников, чтобы позволить людям праздновать. Такие повторные утверждения христианских символов как элементов общего наследия являются реакцией на видимость других, часто исламских сим-

---

⁶¹ TA Lille, 30 ноября 2016 года, Коммуна Энен-Бомон, № 1509979. Это решение было оставлено в силе по апелляции CAA Douai, 16 ноября 2017 года, Коммуна Энен-Бомон, № 17DA00054; в том же ключе см. TA Nîmes, приказ от 21 декабря 2016 года, Французская лига защиты прав человека и гражданина, № 1603877, оставлено без изменения после апелляции CAA Marseilles, 3 апреля 2017 года, Коммуна Безье, № 15MA03863.

⁶² TA Lyon, 5 октября 2017 года, Федерация свободной мысли и социального действия Роны, № 1701752.

⁶³ CAA Nantes, 6 октября 2017 года, Федерация свободной мысли Вандея, № 16NT03735. Государственный совет отклонил апелляцию; см. CE, 14 февраля 2018 года, Федерация свободной мысли Вандея, № 416348.

⁶⁴ См., например, доводы в деле CAA Nantes, 13 октября 2015 года, Департамент Вандея, № 14NT03400.

волов, которые не нормализованы в культуре. Результатом стало постепенное перекраивание границ национального сообщества. Лори Биман прямо комментирует это: «Нарратив, который настаивает на том, что все французы празднуют Рождество, создает довольно эксклюзивное видение принадлежности, а также делает невозможным положение тех, кто не чувствует себя частью этих "всех"» [Ibid.: 90].

В конечном счете судебное переосмысление сферы действия статьи 28 Закона 1905 года усиливает дифференциалистскую форму националистического секуляризма (см. главу 2), явно благоприятствующую тем религиозным традициям, которые имеют многовековые корни на французской земле. Эти традиции теперь считаются частью культуры и наследия страны. Любой член новой национальной общности должен их разделять.

4. Государство и «главные духовные семьи»

Участие религиозных традиций, давно устоявшихся во Франции, в построении национальной общности также происходит посредством сотрудничества с государством, каким бы секулярным оно ни считалось, в сочетании с определенной политической деятельностью. Религиозные традиции регулярно сотрудничают с французским государством, наряду с другими движениями гражданского общества, в попытках найти ответы на современные общественные вопросы. Как отмечает Ален Буайе, «государство считает обязательным выслушивать мнение теологов и религиозных деятелей на многочисленных форумах» [Boyer 2005: 45]. То есть эти лица часто взаимодействуют с государством на этапах, предшествующих законодательному процессу. Они консультируют и дают рекомендации в контексте советов мудрецов и специальных комиссий.

Например, Национальный совет по этике (*Conseil national d'éthique*), миссия которого заключается в «консультировании по этическим проблемам и общественным вопросам, возникающим в связи с прогрессом знаний в области биологии, медицины и здравоохранения»[65], состоит из 39 членов, включая 5 членов, принадлежащих к «*главным* философским и духовным семьям». Несколько членов этих «семей» выбираются для работы в совете, который выносит заключения по поправкам к правилам паллиативной помощи[66] и торговле человеческими стволовыми клетками[67]. Аналогичным образом, Национальный совет по СПИДу и вирусному гепатиту, миссия которого заключается в «консультировании по всему комплексу общественных проблем, вызванных СПИДом, и предоставлении рекомендаций правительству», также включает пять членов указанных «семей».

Более чем удивительно обнаружить, что государство ищет совета у «духовных семей» по этическим вопросам, которые во многих случаях связаны с разделением религиозных и гражданских нормативов (следовательно, с разделением церкви и государства), но слово «главные» также вызывает недоумение. Как секулярное государство подходит к выявлению духовных семей? Какие критерии оно затем использует для определения «главных» семей, которые пользуются привилегированным статусом в публичных дебатах? Следует напомнить, что религиозная статистика во Франции запрещена. Взгляд на состав комитетов показывает, что «главные духовные семьи» соответствуют старым устоявшимся религиям, с добавлением мусульман и буддистов[68], что не обеспечивает эгалитарного представительства всем «духовным семьям» Франции.

---

[65] *Закон № 2004–800 от 6 августа 2004 года о биоэтике*, JORF № 182, 7 августа 2004 года.

[66] Национальный консультативный этический комитет по биологическим наукам и здравоохранению, заключение № 108, *Мнение по этическим вопросам, связанным с развитием и финансированием паллиативной помощи*, 12 ноября 2009 года, режим доступа: https://www.ccne-ethique.fr/sites/default/fles/publications/avis_108.pdf.

[67] Там же, заключение № 93, *Коммерциализация человеческих стволовых клеток и других клеточных линий*, 22 июня 2006 года, режим доступа: https://www.ccne-ethique.fr/sites/default/fles/publications/avis093.pdf.

[68] Присутствие представителя буддизма оправдывало использование термина «духовный».

Такие процессы указывают на институционализацию диалога между государством и определенными «духовными семьями» или привилегированными религиями. В 2002 году премьер-министр Лионель Жоспен организовал ежегодные встречи с представителями католической церкви для обсуждения таких тем, как внутреннее управление церковью, политика в отношении культовых сооружений и управление религиозными объединениями [Ibid.: 44]. Премьер-министр Жан-Пьер Раффарен подтвердил эти встречи и привлек иудейскую религию в лице главного раввина (*grand rabbin*) и Французского совета еврейских учреждений (иначе — Представительный совет еврейских учреждений Франции. — *Прим. ред.*; *Conseil représentatif des organizations juives*).

Те же соображения привели к местным инициативам по координации и диалогу с религиями, в которых приняли участие многие города [Lamine 2005: 83]. Мэры проводили публичные встречи с местными представителями различных традиций. Эти встречи получили распространение после войны в Персидском заливе; с начала 1990-х до середины 2000-х годов число межрелигиозных объединений выросло с нескольких десятков до более чем 300 [Ibid.: 87]. Эти города используют как ассоциативный, так и культурный аспект для привлечения религиозных групп к организации общественных мероприятий, будь то посвященные религии выставки, проводимые в общественных зданиях, реставрация культовых сооружений или содействие миру во всем мире [Aveline 2005: 220].

Одна из громких инициатив была реализована ассоциацией «Надежда Марселя» (Marseille Espérance), которая с 1991 года выступает в качестве связующего звена между мэрией и местными конфессиями, выбранными городом [Frégosi 2006: 81]. Секретариат «Надежды Марселя» находится в мэрии, и организация проводит симпозиумы, конференции и информационные встречи по общественным вопросам. Ее миссия заключается в достижении «истинного соглашения между представителями различных духовных семей так, чтобы [отныне в Марселе] никто не мог ссылаться на авторитет какого-либо религиозного лидера для оправдания нетерпимости к другим религиям» [Aveline 2005: 236].

Такие мероприятия иногда представляются как отвечающие «общественным интересам коммуны» и, следовательно, заслуживающие муниципальной финансовой поддержки. К такому выводу пришел Государственный совет в решении от 4 мая 2012 года. Федерация свободной мысли и социального действия Рона (*Fédération de la libre pensée et d'action sociale*) подала заявку на отмену гранта, предоставленного городом Лион католической ассоциации *Communauté Sant'Egidio*, планирующей провести международную встречу по вопросам мира[69]. Совет постановил, что эта встреча не имеет религиозного характера и что город Лион может ее финансировать. Он пришел к такому выводу, несмотря на то что в ней участвовали представители религиозных групп, проводились сессии на религиозные темы и предлагался гибкий график, «чтобы члены разных конфессий могли... участвовать в молитвах в культовых сооружениях по своему выбору». Совет установил, что эта деятельность

> соответствовала принципу нейтралитета по отношению к вере; [что она] была, ввиду участия большого количества людей, включая иностранцев, национальных и международных деятелей в круглых столах, *положительной для имиджа коммуны Лион, и что она, вероятно, внесет полезный вклад в экономику города*[70].

Эти примеры показывают, что даже в секулярной Франции некоторые политические представители считают, что религия является источником демократии. Это действительно было одним из аргументов президента Республики Николя Саркози в речи в Латеранском дворце 20 декабря 2007 года:

> В светской республике политик, которым я являюсь, должен воздерживаться от принятия решений, основанных на религиозных соображениях. Но важно, чтобы его мышление

---

[69] CE, 4 мая 2012 года, *Федерация свободной мысли и социального действия Роны,* № 336462.

[70] Там же.

и его совесть были просвещены мнениями, ссылающимися на нормы и убеждения, не обремененные непосредственными обстоятельствами. Все разумные люди, все духовные традиции, существующие в нашей стране, должны принять в этом участие. Мы будем мудрее, если объединим ресурсы наших различных традиций[71].

Для меня это «социальное признание религий» проблематично, поскольку оно подрывает нейтралитет государства и равенство религиозных групп двумя способами [Willaime 2005: 80].

Во-первых, это сотрудничество между религиями и французскими государственными органами часто имеет последствия для регулирования деятельности религиозных меньшинств, как отметила социолог Энн-Софи Ламин. Она показала, как

> признание государственными властями религиозных групп идет рука об руку с неявным определением «религиозно приемлемого» и, таким образом, имеет вторичный эффект категоризации групп, не выбранных в качестве собеседников, как «фундаменталистских» или «опасных», чей публичный имидж, таким образом, будет еще больше испорчен [Lamine 2004: 101; Lamine 2005: 90].

Вторая проблема заключается в том, что «в этих практиках отношений церкви и государства во Франции мы далеки от того, чтобы сводить религию к простому частному, индивидуальному выбору» [Willaime 2005: 72]. Ценность, придаваемая религии, нарушает равенство, которое должно быть между верующим и неверующим, ставя секулярное государство в противоречие с его обязательством не давать привилегий и не обесценивать никакую систему убеждений.

Тем не менее государственное сотрудничество с духовными или религиозными семьями в настоящее время широко распространено как на национальном, так и на местном уровне. Это

---

[71] Выступление Президента Республики, Станца делла Сеньятура, Палаццо дель Латерано, Рим (Италия), 20 декабря 2007 года. Эта позиция была нюансирована в речи в Эр-Рияде 14 января 2008 года.

дает новые доказательства того, как секулярное государство принимает многовалентный, дифференцированный подход к религии, тем самым способствуя ситуации, в которой секуляризм принимает две разные формы.

В первой форме привилегированные группы и/или группы большинства, которые считаются общественно полезными, неявно признаются имеющими коллективные права. Их коллективные выражения убеждений считаются связанными с наследием общества, ставшими «общими» или «разделяемыми» ценностями. Усиленная государством известность в публичных дебатах и повышенная видимость еще больше укрепляют их статус в своего рода положительной обратной связи. Государство не просто демонстрирует свою осведомленность о религии — оно признает ее. Такое регулирование религиозной сферы напоминает секуляризм сотрудничества (см. главу 2), в котором определенные системы убеждений признаются государством в качестве законных ресурсов — более законных, чем другие — для «совместной жизни» в обществе.

Во второй форме признание религий обусловлено лояльностью к республиканскому пакту. Но старейшие религиозные традиции не должны проходить этот тест; они считаются лояльными, настолько они тесно связаны с республиканской национальной идентичностью. Ситуация напоминает то, что Жан Боберо назвал «республиканским секуляризмом (гражданской религией)», в котором государство считает, что «дополнение к душе, предоставляемое верой во что-то трансцендентное, необходимо для социальной связи» [Baubérot 2009: 17, 21].

Между тем не все группы пользуются такой благосклонностью со стороны французского государства; трансцендентность, которую они воплощают, необязательно пользуется выгодой нормализации во французской республиканской культуре. Годы с 1990-х засвидетельствовали возрождение антирелигиозного секуляризма, выраженного в недоверии к группам меньшинств, воспринимаемым как «инородные тела» во французской нации, и сопутствующих ограничениях их свободы. Хотя это недоверие изначально затрагивало группы, называемые в публичных дебатах «культами», в последующее десятилетие, отмеченное всплеском террористических атак, оно быстро распространилось и на ислам. С тех пор растущее влияние ультраправых партий сыграло важную роль в ускорении этого сдвига. Ислам все чаще исключается из национального нарратива как несовместимый с французскими «ценностями» и «идентичностью». Дебаты, состоявшиеся во время президентской кампании 2021–2022 годов, на самом деле стали наиболее яркой иллюстрацией этой недавно приемлемой исламофобии, о которой заговорили некоторые из высших представителей французского государства.

Библиография

Aveline 2005 — Aveline J.-M. Le dialogue interreligieux: médiation pour la paix? // La religion dans la sphère publique / Édité par S. Lefebvre. Montreal: Presses de l'Université de Montréal, 2005. P. 220–239.

Basdevant-Gaudemet 1998 — Basdevant-Gaudemet B. Droit et religions en France // Revue internationale de droit compare. 1998. Vol. 50. № 2. P. 335–366.

Baubérot 1999 — Baubérot J. Laïcité, sectes, société // Sectes et démocratie / Édité par F. Champion, M. Cohen. Paris: Seuil, 1999. P. 313–327.

Baubérot 2004 — Baubérot J. Laïcité 1905–2005, entre passion et raison. Paris: Seuil, 2004.

Baubérot 2009 — Baubérot J. L'évolution de la laïcité en France: entre deux religions civiles // Diversité urbaine. 2009. Vol. 9. № 1. P. 9–25.

Baubérot 2015 — Baubérot J. Les 7 laïcités françaises: le modèle français de laïcité n'existe pas. Paris: Maison des Sciences de l'Homme, 2015.

Beaman 2020 — Beaman L. G. The Transition of Religion to Culture in Law and Public Discourse. London: Routledge, 2020.

Bokdam-Tognetti 2016 — Bokdam-Tognetti É. Le fnancement des cultes dans la jurisprudence du Conseil d'État // Les Nouveaux Cahiers du Conseil constitutionnel. 2016. Vol. 4. № 53. P. 33–52.

Boussinesq 1994 — Boussinesq J. La laïcité française. Paris: Seuil, 1994.

Boyer 2005 — Boyer A. Comment l'État laïque connaît-il les religions? // Archives de sciences sociales des religions. 2005. Vol. 129. P. 37–49.

Camguilhem 2018 — Camguilhem B. Ménager l'âne et le bœuf: retour sur la neutralité du service public // Les Annales de droit. 2018. Vol. 12. P. 123–140.

Champion, Cohen 1999 — Champion F., Cohen M. Sectes et démocratie. Paris: Seuil, 1999.

Commission Machelon 2006 — Commission Machelon. Les Relations des cultes avec les pouvoirs publics. Paris: La Documentation française, 2006.

D'Onorio 1988 — D'Onorio J.-B. Les sectes en droit public français // JCP. 1988. Vol. 1. № 6. P. 3336.

Durand-Prinborgne 2004 — Durand-Prinborgne C. La laïcité. Paris: Dalloz, 2004.

Fath 2005 — Fath S. De la non-reconnaissance à une demande de légitimation: le cas du protestantisme évangélique // Archives de sciences sociales des religions. 2005. Vol. 129. P. 151–162.

Florand, Séguy 1986 — Florand J.-M., Séguy O.-L. L'émergence judiciaire du phénomène des sects // Les Petites Affiches. 1986. Vol. 124. P. 28–29.

Frégosi 2006 — Frégosi F. Regards contrastés sur la régulation municipale de l'islam // Les cahiers de la sécurité, Revue trimestrielle de sciences sociales. 2006. Vol. 62. P. 71–92.

Gonzalez 2001 — Gonzalez G. Les témoins de Jéhovah peuvent constituer des associations cultuelles // Revue trimestrielle des droits de l'homme. 2001. Vol. 48. P. 1208–1219.

Hochmann 2016 — Hochmann T. Le Christ, le père Noël et la laïcité, en France et aux États-Unis // Les Nouveaux Cahiers du Conseil constitutionnel. 2016. Vol. 53. № 4. P. 53–61.

Kaltenbach, Tribalat 2002 — Kaltenbach J.-H., Tribalat M. La République et l'Islam: entre crainte et aveuglement. Paris: Gallimard, 2002.

Lamine 2004 — Lamine A.-S. La cohabitation des dieux: pluralité religieuse et laïcité. Paris: Presses Universitaires de France, 2004.

Lamine 2005 — Lamine A.-S. Mise en scène de la "bonne entente" interreligieuse et reconnaissance // Archives de sciences sociales des religions. 2005. Vol. 129. P. 83–96.

Le Vallois 2003 — Le Vallois P. Les mouvements religieux socialement controversés en France // Traité de droit français des religions / Édité par F. Messner, P.-H. Prélot, J.-M. Woehrling. Paris: Litec, 2003. P. 156–166.

Liogier 2010 — Liogier R. La distinction sociocognitive et normative entre bonne et mauvaise religion en contexte européen: le cas de l'Islam et du bouddhisme // Pluralisme religieux et citoyenneté / Édité par M. Milot, P. Portier, J.-P. Willaime. Rennes: Presses Universitaires de Rennes, 2010. P. 99–122.

Luca 2004 — Luca N. Les sectes. Paris: Presses Universitaires de France, 2004.

Luca 2010 — Luca N. Les "sectes": une entrave à la citoyenneté? Politiques européennes et états-uniennes // Pluralisme religieux et citoyenneté / Édité par M. Milot, P. Portier, J.-P. Willaime. Rennes: Presses Universitaires de Rennes, 2010. P. 123–136.

Pauliat 2017 — Pauliat H. Installation des crèches dans un emplacement public: des critères fous // Revue du droit des religions. 2017. Vol. 4. P. 67–82.

Portier 2005 — Portier P. L'Église catholique face au modèle français de laïcité: histoire d'un ralliement // Archives de sciences sociales des religions. 2005. Vol. 129. P. 117–134.

Prélot 2006 — Prélot P.-H. Définir juridiquement la laïcité // Laïcité, liberté de religion et Convention européenne des droits de l'homme / Édité par G. Gonzalez. Brussels: Bruylant, 2006. P. 115–149.

Robert 1994 — Robert J. La liberté religieuse // Revue internationale de droit comparé. 1994. Vol. 46. № 2. P. 629–644.

Rolland 2003 — Rolland P. Le droit devant le nouveau fait social: les sects // Traité de droit français des religions / Édité par F. Messner, P.-H. Prélot, J.-M. Woehrling. Paris: Litec, 2003. P. 179–194.

Schwartz 2007 — Schwartz R. Un siècle de laïcité. Paris: Berger-Levrault, 2007.

Slama 2017 — Slama S. Jésus revient au Palais Royal ou quand le Conseil d'État fait obstacle à la séparation de l'État et de l'étable // Revue des droits de l'homme. 2017. Vol. 11. P. 1–7.

Vuilque 2007 — Vuilque P. Avant-propos // Les difficultés de la lutte contre les dérives sectaires / Édité par N. Guillet. Paris: L'Harmattan, 2007. P. 17–19.

Willaime 2005 — Willaime J.-P. 1905 et la pratique d'une laïcité de reconnaissance sociale des religions // Archives de sciences sociales des religions. 2005. Vol. 129. P. 67–82.

Woehrling 2003 — Woehrling J.-M. Défnition juridique de la religion // Traité de droit français des religions / Édité par F. Messner, P.-H. Prélot, J.-M. Woehrling. Paris: Litec, 2003. P. 12–21.

Глава 4
«Совместная молитва»
Секулярный вызов?

Аннотация: в предыдущей главе обсуждалась правовая база, внедренная французским правительством в 1905 году, и ее последствия для коллективного выражения убеждений. Как уже упоминалось, она вращалась вокруг признания религиозных объединений, но также включала особый правовой режим, применимый к культовым сооружениям. Этот режим, который ставил католическую, протестантскую и иудейскую религии в равные условия, не прошел проверку временем; в результате он привел к неравенству между «старыми религиями» и новоприбывшими религиозными группами. Более того, эта ситуация находит отклик в организации капелланских служб в некоторых государственных учреждениях (больницах, тюрьмах, армии и т. д.), где религиозные меньшинства, часть из которых менее приняты обществом, теперь оказались в невыгодном положении.

В течение 2020 года католические общины проводили уличные молитвы во многих городах Франции в ответ на политику общественного здравоохранения, запрещающую чтение мессы в церквях во время пандемии COVID-19[1]. К уличным церемониям,

---

[1] См., например, «Были ли законными уличные молитвы в эти выходные в Версале и Нанте?», *France Info*, режим доступа: https://www.francetvinfo.fr/sante/maladie/coronavirus/confnement/les-prieres-derue-ce-week-end-a-versailles-et-nantes-etaient-elles-legales_4175051.html; «Экскурсии: уличная мо-

хотя они были незаконны и часто прерывались полицией, государственные органы отнеслись довольно снисходительно. Некоторые представители местных органов власти закрывали на них глаза, в то время как министр внутренних дел Жеральд Дарманен заявил, что ему придется обеспечить соблюдение закона, если уличные церемонии продолжатся, но что он предпочел бы не «отправлять полицию или армию, чтобы штрафовать верующих перед церковью, что *очевидно*»[2].

Желательность терпимости к религиозным протестам была совсем неочевидной несколько лет назад, когда мусульмане молились на улицах по пятницам вечером, потому что у них не было достойных культовых мест. Споры разразились в начале 2010-х годов, когда мусульмане молились на открытом воздухе в Клиши, Ницце, Марселе и Ланьи-сюр-Марн. Их оппоненты утверждали, что молитвы были уловкой, призванной обратить целые кварталы в ислам, и что на эти действия необходимо дать ответ. В последовавших дебатах часто использовались метафоры оккупации и сопротивления, отсылающие ко Второй мировой войне [Khemilat 2018: 86]. Люди призывали к секулярной республиканской мобилизации и вмешательству правительства, чтобы положить конец этим практикам. Полемика возобновилась в 2017 году, когда уличные молитвы прошли перед зданием мэрии Клиши-ла-Гаренн в пригороде Парижа[3]. Политическое решение было окончательным и бесповоротным: «Это несанкционированные молитвы», — заявил мэр Реми Мюзо[4]. «Они оскорбляют

литва о возвращении мессы», *La Nouvelle République*, 16 ноября 2020 года, режим доступа: https://www.lanouvellerepublique.fr/tours/tours-une-priere-dans-la-rue-pour-le-retour-du-culte.

[2] «Уличные молитвы запрещены в воскресенье перед церковью Сен-Сюльпис», *Libération*, 14 ноября 2020 года, режим доступа: https://www.liberation.fr/france/2020/11/14/les-prieres-de-rue-interdites-dimanche-devantsaint-sulpice_1805616/.

[3] «Уличные молитвы: разгоревшаяся полемика», *France Info*, режим доступа: https://www.francetvinfo.fr/societe/religion/prieres-de-rue-la-polemique-ravivee_2461634.html.

[4] Там же.

Республику», — заявил сенатор Филипп Пемезек[5]. «Государство не должно отступать, Республика не должна склонять голову», — заявила Валери Пекресс, президент региона Иль-де-Франс[6], перед лицом того, что она описала как «намерение радикальных мусульман и сторонников политического ислама утвердить превосходство религиозного закона над нашими республиканскими законами»[7].

Диагноз был алармистским и неверным. Мусульманские уличные молитвы не были симптомом агрессивного прозелитизма или намерения организовать оккупацию мужчинами общественного пространства, или, в более общем плане, намерения обратить общество в ислам. Скорее, они вытекали из устаревших законов Франции 1905 года, регулирующих культовые места. Эти законы не поспевали за общественными преобразованиями, что приводило к дискриминационным последствиям в отношении религиозных меньшинств.

В предыдущей главе обсуждалась правовая база, внедренная французским правительством в 1905 году, и ее последствия для коллективного выражения убеждений. Как уже упоминалось, она вращалась вокруг признания религиозных объединений, но также включала особый правовой режим, применимый к культовым местам. Этот режим, который ставил католическую, протестантскую и иудейскую религии в равное положение, со временем привел к неравенству между «старыми религиями» и новоприбывшими религиозными группами. Более того, эта ситуация находит отражение в организации капелланских служб

---

[5] «Стоит ли нам запретить уличные молитвы?», *Capital*, 21 ноября 2017 года, режим доступа: https://www.capital.fr/economie-politique/faut-il-interdire-les-prieres-de-rues-1256879.

[6] «Уличные молитвы: для Валери Пекресс "государство не должно отступать"», *Europe 1*, 12 ноября 2017 года, режим доступа: https://www.europe1.fr/politique/prieres-de-rue-pour-valerie-pecresse-il-ne-fautpas-que-letat-recule-3490097.

[7] «Уличные молитвы: "Вера — это хорошо, но только если она не заменяет наши законы"», *Le Figaro*, 8 декабря 2017 года, https://www.lefgaro.fr/vox/politique/2017/12/08/31001–20171208ARTFIG00176-prieresde-rue-la-foi-oui-aussi-loin-qu-elle-ne-se-substitue-pas-a-nos-lois.php.

в некоторых государственных учреждениях (больницах, тюрьмах, армии и т. д.), где религиозные меньшинства, часть из которых менее приемлемы в обществе, теперь оказываются в невыгодном положении.

1. Церкви, храмы, синагоги и мечети: кто платит?[8]

Правовой статус религиозной собственности сегодня, и, в частности, статус зданий, используемых для богослужений, «больше похож на продукт исторических случайностей, чем на результат рациональных рассуждений» [Conseil d'État 2004: 299]. Это происходит потому, что созданная Законом 1905 года система делает этот статус зависящим от даты их постройки.

1.1. Неэгалитарный режим

Правовая основа для культовых мест, реализованная законами о секуляризации начала 1900-х годов, вытекает как из исторических событий, так и из отношений, которые государство поддерживало с религиями, в первую очередь с католической церковью.

Этот режим берет свое начало во Французской революции, когда многочисленные культовые сооружения, подавляющее большинство из которых были католическими, были «предоставлены в распоряжение нации». Одним словом, они были национализированы; они стали собственностью государства, которое взяло на себя финансовую ответственность за организацию культа[9]. Парламент не изменил эту ситуацию в 1905 году, и сегодня эти культовые сооружения и связанное с ними движимое имущество предоставляются религиозным объединениям бесплатно.

С Конкордатом 1801 года (см. главу 2) Наполеон Бонапарт внедрил систему признанных религий и создал явление, извест-

---

[8] В этом разделе рассматривается только режим общего права, регулирующий культовые места, за исключением особых режимов, таких как Эльзас-Мозель.

[9] Указ Учредительного собрания, 2 ноября 1789 года.

ное как «публичное религиозное учреждение» (см. главу 3). Культовые сооружения, уже построенные на муниципальной земле, стали муниципальной собственностью, в то время как построенные на земле, принадлежащей публичным религиозным учреждениям, стали собственностью этих учреждений. С созданием законно зарегистрированных религиозных объединений согласно Закону 1905 года здания, принадлежавшие старым публичным религиозным учреждениям, были переданы этим новым объединениям (статья 8). Протестантские и иудейские религии (которые были публичными религиозными учреждениями) быстро присоединились к новому режиму и получили соответствующее движимое и недвижимое имущество. По оценкам, 344 протестантских здания и 58 иудейских зданий были затронуты этими положениями [Delsol et al. 2005: 228]. В Законе также указывалось, что культовые сооружения, построенные после 1905 года, являются собственностью групп, которые их построили.

Однако, как обсуждалось в предыдущей главе, только в 1924 году католическая церковь (также бывшее публичное религиозное учреждение) приняла статус религиозного объединения. Тем временем закон от 2 января 1907 года[10] предусматривал, что культовые сооружения, не востребованные религиозным объединением, становятся государственной собственностью [Boyer 2005: 42]. Таким образом, все здания, принадлежавшие католической церкви между 1802 и 1905 годами, были национализированы в 1907 году. После 1924 года государство сохранило право собственности на эти здания и несло расходы на их содержание, но предоставило их католической церкви для религиозного использования.

Как можно видеть, исторические церкви являются победителями в этой лотерее. Католическая церковь, в частности, получает огромные преимущества, поскольку подавляющее боль-

---

[10] *Закон от 2 января 1907 года о публичном отправлении культа*, JORF, 3 января 1907 года, с. 34, режим доступа: http://www.legifrance.gouv.fr/affchTexte.do?cidTexte=JORFTEXT000000877839&dateTexte=19070103.

шинство зданий, в которых она проводит религиозные службы, принадлежат государству и обслуживаются им. Более новым религиозным группам приходится строить и содержать свои культовые сооружения самостоятельно; рассмотрим, например, первую мечеть, построенную в 2005 году в пригороде Парижа Сена-Сен-Дени, которая обошлась ее прихожанам в 1 миллион евро[11].

Правительство было предупреждено об этой неэгалитарной ситуации рядом официальных органов. Опасения стали особенно актуальными в 2000-х годах, когда многие из растущего населения практикующих мусульман не могли проводить молитвенные службы в достойных условиях. В 2006 году Комиссия Машелона (см. главу 4) отметила, что евангельская молитвенная комната открывалась каждую неделю, а мусульманское культовое сооружение — каждые десять дней [Commission Machelon 2006: 20]. Комиссия воззвала к «принципу, согласно которому "Республика уважает все верования", в контексте, когда верующие двух недавно расширившихся конфессий, ислама и евангельского христианства, сталкиваются с реальными трудностями при отправлении своей религии» [Ibid.]. В докладе об исламе во Франции Высший совет по интеграции (*Haut conseil à l'intégration* — HCI) писал о «кризисе сепарации», отмечая, что Закон 1905 года привел к

> замораживанию во времени общественного религиозного наследия, существовавшего в начале XX века, [что сделало невозможным] предоставление государственной помощи для компенсации... неравенства в сфере недвижимости, созданного таким образом [HCI 2001: 15, 39].

Государственный совет в том же ключе писал в 2004 году, что «правовая база, регулирующая места поклонения, [является]

---

[11] «Бонди открывает первую мечеть, построенную в Сене-Сен-Дени», *Le Monde*, 17 марта 2005 года, с. 10, режим доступа: https://www.lemonde.fr/societe/article/2005/03/16/bondy-inaugure-la-premieremosquee-edifee-en-seine-saint-denis_401779_3224.html.

источником неравного обращения между различными религиями» [Conseil d'État 2004: 317].

Тем не менее в течение XX века правовая база, регулирующая деятельность культовых сооружений, претерпела некоторые изменения в результате своих попыток идти в ногу с общественными преобразованиями. Закон последовательно смягчался, чтобы позволить различным коммунам принимать прагматичные альтернативы. Некоторые юристы даже утверждали, что эти уступки привели к «безудержной нейтрализации принципа, согласно которому государственное финансирование религий запрещено» [Delsol et al. 2005: 263].

Одно из таких соглашений имело место 25 декабря 1942 года, когда был принят закон, разрешающий местным сообществам вносить вклад в ремонт культовых сооружений, которые им не принадлежали, даже если здания не были историческими памятниками[12]. Другое, содержащееся в статье L. 1311–2 *Общего кодекса местных органов власти* (CGCT), позволяло коммунам подписывать бессрочные договоры аренды (*baux emphytéotiques*) с религиозными объединениями на недвижимое имущество, принадлежащее коммуне, чтобы здания могли использоваться в качестве мест для богослужений. Однако такой договор аренды мог быть предоставлен только религиозному объединению. Государственный совет обеспечил взимание рыночной арендной платы и отсутствие скрытых субсидий. Наконец, статьи L. 2252–4 и 3231–5 CGCT разрешали коммунам и департаментам «гарантировать займы, взятые для финансирования в развивающихся городских районах строительства местными группами или религиозными объединениями зданий, отвечающих коллективным потребностям религиозного характера». Действительно, Государственный совет постановил в решении от 16 марта 2005 года, что принцип секуляризма сам по себе не исключает «предоставление определенных субсидий на деятельность или объекты,

---

[12] *Закон № 42-1114 от 25 декабря 1942 года о внесении изменений в закон от 9 декабря 1905 года об отделении церкви от государства*, JO, 2 января 1943 года.

находящиеся под контролем религий, когда это отвечает общественным интересам и осуществляется на условиях, определенных законом»[13].

Все эти правовые положения касаются только религиозных объединений, то есть религиозных конфессий, признанных государством в качестве таковых (см. главу 3). В отношении мусульманских общин и других конфессий, имеющих вместо этого статус гибридных объединений, эти положения не действуют. Более того, коммуны часто произвольно решают, кому они будут оказывать эту косвенную помощь, сохраняя надзор за деятельностью, осуществляемой религиозными объединениями. Эта процедура усиливает пространственное многообразие секуляризма, поскольку религиозные группы могут пользоваться различным отношением в зависимости от муниципалитета, в котором они находятся. Бывший мэр Монпелье сделал несколько весьма показательных замечаний в оправдание помощи своего города религиозным объединениям: «Мы можем отозвать это соглашение в любое время, если будет нарушен республиканский секулярный пакт. Мы хорошо знакомы с президентом ассоциации, который разделяет позицию города по секуляризму — это важно»[14].

Таким образом, правовой режим, регулирующий культовые сооружения, в начале нового тысячелетия охватывал «разнородные ситуации фактов и права» и, по-видимому, был плохо приспособлен к растущему религиозному разнообразию [HCI 2001: 17]. Он больше не служил, если когда-либо служил, гарантией равного права для всех коллективно выражать свои религиозные убеждения.

---

[13] Хотя это решение касалось финансирования культовых сооружений во Французской Полинезии, изложенный здесь принцип применяется на всей территории Франции; см. CE, *Министр заморских территорий*, 16 марта 2005 года, № 265560.

[14] «Города помогают строить культовые сооружения без предоставления финансирования», *Les Échos*, 16 июня 2004 года, с. 9.

1.2. Тернистый путь к равенству

Круг полномочий Комиссии Машелона (см. главу 4) включал задачу выдачи рекомендаций по необходимым корректировкам режима, регулирующего культовые сооружения.

Начало отчета комиссии за 2006 год было необычным: в нем утверждалась легитимность определенных преимуществ, которыми пользуются «исторические религии». Члены комиссии писали: «Не может быть и речи о том, чтобы отрицать или скрывать законную представленность, которой пользуются религии, связанные с историей французской нации и укоренившиеся в ее почве на протяжении веков» [Commission Machelon 2006: 14]. Они добавили, что «стремление к совершенному равенству между религиями, каким бы желательным оно ни было, кажется иллюзорным в теории и недостижимым на практике» [Commission Machelon 2006: 17].

С этими замечаниями комиссия, в силу самого факта их вынесения, сузила сферу любых рекомендаций, которые она могла бы предоставить. Тем не менее комиссия предложила несколько поправок к рассматриваемому правовому режиму. Первая из них заключалась в том, чтобы предоставить гибридным объединениям право подписывать бессрочные договоры аренды с коммунами, поставив их в этом отношении в равное положение с религиозными объединениями, регулируемыми Законом 1905 года. Вторая поправка была внесена в связи с тем, что местные сообщества имеют более широкие полномочия по гарантированию кредитов на строительство культовых сооружений; комиссия постановила, что коммунам следует разрешить напрямую субсидировать такое строительство на своих территориях [Commission Machelon 2006: 25]. Третья поправка заключалась в пересмотре закона о городском планировании, который стал «оружием» территориальных сообществ в делах, связанных с культовыми сооружениями [Commission Machelon 2006: 29; Delsol et al. 2005: 251].

Парламент не принял ни одного из предложений Комиссии Машелона и позволил неэгалитарному режиму, управляющему культовыми сооружениями, сохраняться. Впоследствии Государственный совет в пяти важных решениях, вынесенных 19 июля 2011 года по делам, обжалованным в административных судах, попытался разъяснить рассматриваемый закон[15].

Эти усилия привели к тому, что Совет занялся балансированием, пытаясь примирить статью 1 Закона 1905 года («Республика обеспечивает свободу совести. Она гарантирует свободное исповедание религии») со статьей 2 («Республика не признает, не использует и не субсидирует никакую религию»). Совет признал, что местные сообщества могут финансировать проекты, связанные с культовыми сооружениями, при соблюдении трех условий. Во-первых, участие коммуны или департамента должно отвечать *локальным общественным интересам*. Такой интерес может касаться, например, развития культурной, экономической или туристической деятельности или защиты общественного здравоохранения или гигиены. Во-вторых, участие должно быть *напрямую связано с локальными общественными интересами*, то есть оно не должно представлять собой замаскированную субсидию на отправление культа и должно приносить какую-либо пользу муниципалитету. В-третьих, участие должно соответствовать *принципам нейтралитета* и, следовательно, способствовать *равенству между религиями*.

В одном случае суд постановил, что коммуна может организовать временную площадку для забоя баранов на праздник Курбан-байрам, при условии, что это будет сделано только ради обеспечения защиты общественного здравоохранения и безопасности пищевых продуктов и что площадка будет предоставлена «на условиях, включающих справедливое ценообразование, соблюдение принципа нейтралитета по отношению к религиям и принципа равенства»[16]. В другом случае, касающемся покупки

---

[15] CE, 19 июля 2011 года, Муниципалитет Трелазе, № 308544; CE, 19 июля 2011 года, Федерация свободной мысли и социального действия Роны и М. П., № 308817; CE, 19 июля 2011 года, Городское сообщество Ле-Мана — мегаполис Ле-Мана, № 309161; CE, 19 июля 2011 года, муниципалитет Монпелье, № 313518; CE, 19 июля 2011 года, г-жа В., № 320796.

[16] CE, 19 июля 2011 года, Городское сообщество Ле-Мана — мегаполис Ле-Мана, № 309161.

и реставрации органа для деревенской церкви коммуной Трелазе, суд постановил, что это действие имело местный общественный интерес, поскольку его целью было «развитие художественного образования и организация культурных мероприятий»[17]. Суд также повторил условия, при которых коммуны могут подписывать бессрочные договоры аренды[18] или предоставлять общественные здания в распоряжение религиозных объединений[19], не нарушая Закон 1905 года.

Этими решениями Совет прагматично интерпретировал Закон 1905 года в своих попытках обеспечить свободу религии [Slama 2011]. Этот подход вызвал критику со стороны авторов, придерживающихся республиканских взглядов, которые утверждают, что он разрушает секуляризм [Touzeil-Divina 2011]. И все же, хотя эти решения действительно направлены на устранение неравного обращения, возникшего в секулярных законах начала XIX века, они воспроизводят формы дифференцированного обращения на местном уровне, которые можно наблюдать в национальном масштабе. Например, Совет запретил подписание бессрочного договора аренды с организациями, не являющимися религиозными объединениями[20]. В том же духе статья 71 Закона 2021 года предусматривает, что религиозные объединения «не могут ни в какой форме получать субсидии от государства или территориальных сообществ», но добавляет, что «суммы, выделенные на ремонт или на работы по обеспечению доступности зданий, используемых для публичного богослужения, не считаются субсидиями». Последнее положение смягчает ограни-

---

[17] CE, 19 июля 2011 года, Муниципалитет Трелазе, № 308544.

[18] CE, 19 июля 2011 года, г-жа В., № 32079.

[19] CE, 19 июля 2011 года, муниципалитет Монпелье, № 313518. Первоначальное применение этой судебной практики было вынесено временным судьей (*juge des référés*) Государственного совета 26 августа 2011 года в его постановлении об условиях отказа во временном предоставлении принадлежавшего общине помещения мусульманским объединениям для празднования Рамадана; Государственный совет, временное решение (CE, ref.), 26 августа 2011 года, Коммуна Сен-Гратьен, № 352106.

[20] CAA Paris, 26 октября 2015 года, Мэрия Парижа, № 14PA03125.

чения, наложенные Законом 1905 года, хотя и не дискриминирует никакое конкретное религиозное объединение. Но это положение также ограничивает такие субсидии религиозными объединениями, официально признанными государством.

2. Молитвы, ритуалы и капелланство в государственном управлении

В отличие от других западных обществ, особенно в Северной Америке, Франция больше не разрешает проводить религиозные ритуалы, такие как молитвы, в государственных учреждениях. Молитвы при открытии парламентских сессий были отменены конституционным законом от 14 августа 1884 года [Durand-Prinborgne 2004: 41]. Тем не менее есть анекдотические свидетельства того, что заброшенный ритуал — республиканское крещение — был возрожден в нескольких французских мэриях в 200-летие Французской революции в 1989 году и теперь предлагается во многих французских городах[21]. Эта ритуальная служба не предписана никаким законодательным текстом. Ее цель — ввести детей в республиканское сообщество, после чего они символически придерживаются ценностей Республики.

И хотя молитвы исчезли из государственных учреждений, там по-прежнему практикуются многочисленные другие религиозные ритуалы. Например, услуги капелланов разрешены в некоторых учреждениях Законом 1905 года. Статья 2 («Республика не признает, не использует и не субсидирует никакую религию») также предусматривает, что

> расходы, связанные с услугами капелланов и предназначенные для обеспечения свободной практики богослужения в государственных учреждениях, таких как начальные и средние школы, хосписы, приюты и тюрьмы, могут быть включены [в бюджеты штата, департамента и коммуны].

---

[21] Этот ритуал был создан во время Революции Декретом 20 прериаля II года Республики (8 июня 1794 года).

Обязательство государства быть отделенным от церквей должно, таким образом, смягчаться его обязательством гарантировать свободу религии, особенно в ее коллективном измерении. Этот закон был дополнен многочисленными законодательными и регулятивными положениями.

Статья 45 указа от 14 января 1974 года, например, разрешает служение больным в системе госпиталей[22], и это также упоминается в циркулярах от 2 февраля 2005 года, 20 декабря 2006 года и 5 июля 2011 года[23]. Последний из них гласит, что

> государственная служба должна гарантировать религиозную свободу пациентов и разрешать им исповедовать свою религию во время пребывания в больнице. Священники присутствуют в больницах и несут ответственность за обслуживание пациентов, которые этого просят, и за предоставление им возможности исповедовать свою религию.

Что касается начальных и средних школ, *Закон Дебре от 31 декабря 1959 года* повторяет, что должности капелланов должны быть созданы там, где это необходимо для обеспечения свободы вероисповедания учащихся. Присутствие капелланов фактически является обязательным в школах-интернатах [Conseil d'État 2004: 316].

Государственный совет либерально интерпретировал Закон 1905 года (статья 2) и его преемников[24]. Он постановил, что такие законы не нарушают принцип нейтралитета государства, если их целью не является содействие выражению определенной религии в общественной сфере, и что эти законы оправданы императивом

---

[22] *Указ № 74–27 от 14 января 1974 года о правилах работы больничных центров и местных больниц*, режим доступа: https://www.legifrance.gouv.fr/loda/id/LEGITEXT000006062174/.

[23] *Циркуляр № DGOS/RH4/2011/356 от 5 сентября 2011 года относительно устава капелланов в учреждениях, указанных в статье 2 Закона 86-33 от 9 января 1986 года, содержащего нормативные положения, касающиеся государственной службы в больницах*, режим доступа: http://circulaire.legifrance.gouv.fr/pdf/2011/09/cir_33766.pdf.

[24] CE, ass., 6 июня 1947 года, Католический союз Версальской епархии.

гарантии свободы совести и религии. В случае, когда профсоюз, представляющий персонал пенитенциарного учреждения, возразил против присутствия католических монахинь в тюрьме, Совет написал, что «пока участие членов [религиозной группы] исключает любой прозелитизм, нельзя считать, что принцип секуляризма или принцип нейтралитета государственной службы нарушен»[25].

Присутствие католических монахинь в капелланских службах государственных учреждений, часто по историческим причинам, тем не менее поднимает вопрос о том, представлены ли религиозные традиции в капелланских службах в равной степени. Ответ на этот вопрос — нет. Религии, соответствующие старым государственным религиозным учреждениям (католицизм, иудаизм, лютеранство и реформатский протестантизм), доминируют в этих образованиях, особенно в случае армии и тюрем.

2.1. Пример армии

Солдаты, как и все граждане, пользуются свободой совести и вероисповедания. Статья L. 4121–2 *Кодекса обороны* предусматривает, однако, что они могут выражать личные религиозные убеждения только «вне службы и с оговорками, требуемыми военным статусом». При этом статья гарантирует коллективное выражение убеждений внутри самих военных учреждений и, в частности, «свободу вероисповедания внутри военных объектов и на борту кораблей флота».

До 2005 года в военных учреждениях были представлены только католическая, протестантская и иудейская религии. На 2005 год числились 254 католических, 71 протестантский и 49 иудейских действующих капелланов, то есть на капелланской службе состояло всего 374 служителя церквей [Conseil d'État 2004: 315]. В 1920 году в армии был мусульманский капеллан, который

---

[25] CE, 27 июля 2001 года, Национальный тюремный профсоюз тюрем FO-Direction, № 215559; CE, 27 июля 2001 года, Национальный профсоюз тюрем FO, № 220980.

был назначен в североафриканские подразделения, откомандированные в Сирию на короткий период в три года, а также 15 «гражданских имамов» во время Второй мировой войны, чтобы «укрепить патриотический дух пехотинцев» [Settoul 2017: 110–111]. Помимо этих случаев, до 2006 года в армии не было мусульманских капелланов, однако в конце 1990-х годов было много мусульманских солдат: фактически 5800, что составляло 2,5–3 % пехотинцев, 1 % морских пехотинцев, 0,6 % военнослужащих ВВС и 1 % военной полиции [Settoul 2012: 276]. Циркуляр министра обороны Пьера Жокса от 1992 года был одной из попыток удовлетворить потребности мусульманских солдат. Он предлагал такие удобства, как выходные для соблюдения религиозных праздников, гибкие графики во время Рамадана и халяльные блюда. Этот текст применялся весьма неравномерно на протяжении всей службы и не способствовал достижению каких-либо результатов [Settoul 2017: 110–111]. В 1996 году министр обороны предпринял попытку внедрить мусульманскую капелланскую службу в армии в сотрудничестве с Мусульманским институтом Парижской мечети, но этот проект также оказался неудачным [Settoul 2012: 276].

В нескольких исследованиях, некоторые из которых были проведены в самой армии, была выражена обеспокоенность по поводу отсутствия мусульманского представительства. Подобную обеспокоенность также выразила Комиссия Стази (см. главу 6). В 2003 году Комиссия предложила «назначить общего мусульманского капеллана на тех же условиях, на которых устроены капелланы других религий» [Commission Stasi 2003: 64]. 16 марта 2005 года министр обороны Мишель Аллио-Мари приказала создать должность главного мусульманского капеллана для армии[26]. Статья 2 приказа гласит: «Военные капелланы, назначенные при начальнике штаба армии, называются соответственно главным католическим капелланом; главным иудейским

---

[26] *Приказ от 16 марта 2005 года о применении указа № 64–498 от 1 июня 1964 года, касающийся министров, прикрепленных к вооруженным силам*, JO, 18 марта 2005 года.

капелланом; главным протестантским капелланом; главным мусульманским капелланом». Первый главный мусульманский капеллан был назначен в 2006 году — это событие некоторые называют историческим за его вклад в признание и институционализацию ислама во Франции [Settoul 2017: 117]. Это прогрессивное признание ислама в армии также является частью «прагматики секуляризма», которая переопределяет способ, которым республиканская модель применяется к службе мусульман в государственных учреждениях [Bertossi 2017: 83]. Кристоф Бертосси обсуждает пример того, как армия с 2010 года организовывала паломничество в Мекку для мусульманских солдат и их семей [Ibid.: 84].

Это прагматичное управление присутствием мусульман в армии в некоторых отношениях является жестом в сторону более открытого секуляризма; однако это замечание требует некоторых уточнений. Было замечено, что статья 2 приказа от 16 марта 2005 года упоминает только четыре конкретные религии, рискуя исключить другие и наложить ограничения на их приверженцев в армии.

2.2. Пример тюрем

Исправительная система является одной из основных сфер, в которой были приняты специальные меры для лучшего учета религиозного разнообразия. Статья R-57-9-3 Уголовно-процессуального кодекса (*Code de procédure pénale*) гласит:

> Каждый заключенный должен иметь возможность удовлетворять потребности своей религиозной, моральной или духовной жизни. По прибытии в учреждение он должен быть проинформирован о своем праве на встречу со священником и на посещение религиозных служб и молитвенных собраний, организованных *лицами, аккредитованными для этой цели*.

Статья 26 Закона о тюрьмах от 24 ноября 2009 года далее предусматривает, что заключенные имеют право на свободу мнения, совести и религии. Они могут исповедовать религию по своему выбору в условиях, соответствующих организации помещений, без каких-либо других ограничений, кроме тех, которые необходимы для обеспечения безопасности и надлежащего порядка в учреждении[27].

Министерский циркуляр 1997 года предусматривал, что шесть национально аккредитованных религий могут направлять капелланов в тюрьмы: католицизм, протестантизм, иудаизм, православие, ислам и буддизм. Этот ограниченный выбор, по-видимому, является совершенно неэгалитарным. Более того, 6 июля 2007 года административный трибунал Парижа постановил, что незаконно отказывать в аккредитации капеллану, принадлежащему к Свидетелям Иеговы, на том лишь основании, что это движение не фигурирует в рассматриваемом списке[28]. Сегодня священнослужители назначаются правительством по предложению религиозных властей или после их утверждения кандидата. В циркуляре от 20 сентября 2012 года отмечается, что «для аккредитации всего персонала капелланов в пенитенциарных учреждениях требуется совет религиозных властей». Эта процедура связана с обязательством разделения церкви и государства, и государство не может «занимать место религиозных властей при рассмотрении поданных заявлений»[29].

Как обсуждалось ранее в этой главе, государство взаимодействует только с теми конфессиями, которые оно официально признает, то есть с теми, что организованы как религиозные объединения. Другие фактически выведены из-за стола перегово-

---

[27] *Закон о тюрьмах № 2009–1436 от 24 ноября 2009 года*, JORF № 0273, 25 ноября 2009 года, с. 20192.

[28] TA Paris, 6 июля 2007 года, Религиозное объединение Свидетелей Иеговы Франции, № 0613450/7; TA Paris, 6 июля 2007 года, г-н Альфред Б., № 0613454/7; TA Paris, 6 июля 2007 года, г-н Дэвид Ф., № 0613453/7.

[29] *Циркуляр от 20 сентября 2012 года относительно утверждения оплачиваемых или добровольных капелланов, добровольных помощников капелланов в пенитенциарных учреждениях и случайных сопровождающих капелланов*, NOR: JUSK1240021C, с. 3, режим доступа: http://www.textes.justice.gouv.fr/art_pix/JUSK1240021C.pdf.

ров. При этом дискриминационные меры исправительной системы, особенно в отношении Свидетелей Иеговы, были отклонены судами. 22 февраля 2010 года Высший орган по борьбе с дискриминацией и за равенство (HALDE) постановил, что отказ в аккредитации тюремного капеллана, являющегося Свидетелем Иеговы, «по-видимому, ограничивает право [заключенного] исповедовать свою религию и представляет собой вмешательство в его свободу выражать свои убеждения»[30]. Это было еще менее оправданно, поскольку рассматриваемая церковь была признанным религиозным объединением. Решение было поддержано административным трибуналом Лилля 4 февраля 2011 года, а затем административным апелляционным судом Дуэ 25 октября 2011 года[31]. Это последнее решение было одним из серии постановлений апелляционного суда[32], разъясняющих, что критерием для утверждения назначения капелланов не является количество заключенных, принадлежащих к соответствующей конфессии и, вероятно, использующих службу[33]. Государственный совет подтвердил эту судебную практику в девяти решениях от 16 октября 2013 года: «недостаточное количество заключенных, идентифицирующих себя как принадлежащих к Свидетелям Иеговы, не может быть основанием для отказа в аккредитации в качестве капеллана»[34]. В другом случае админи-

---

[30] HALDE, *Обсуждение относительно отказов в просьбах заключенного о духовной помощи от священнослужителя Свидетелей Иеговы*, № 2010–43, 22 февраля 2010 года, с. 5.

[31] CAA Douai, 1-я палата, 25 октября 2011 года, № 11DA00554.

[32] CAA Douai, 1-я палата, 25 октября 2011 года, № 11DA00554; CAA Douai, 1-я палата, 25 октября 2011 года, № 11DA00555; CAA Douai, 1-я палата, 25 октября 2011 года, № 11DA00556; CAA Nancy, 13 октября 2011 года, № 11NC00211; CAA Lyon, 4-я палата, 24 мая 2012 года, № 11LY01352; CAA Paris, 27 июня 2011 года, № 10PA03749.

[33] CAA Douai, 1-я палата, 25 октября 2011 года, № 11DA00554; CAA Douai, 1-я палата, 25 октября 2011 года, № 11DA00555; CAA Douai, 1-я палата, 25 октября 2011 года, № 11DA00556.

[34] CE, 16 октября 2013 года, Министр юстиции против г-на Н... и др., № 351115; № 351116; № 351152; № 351153; № 351220; № 354484; № 354485; № 354507; № 354508. О применении этой судебной практики см. CAA Bordeaux, 22 октября 2013 года, № 12BX01613.

стративный апелляционный суд Бордо рассмотрел дело об отказе директора пенитенциарной службы Шатору выдать разрешение на посещение служителю Свидетелей Иеговы. Суд подтвердил, что одного лишь факта того, что Свидетели Иеговы определены как сектантское движение в отчете межведомственной миссии по мониторингу и борьбе с сектантскими эксцессами (MIVILUDES; см. главу 4), недостаточно для вывода о том, что визиты таких служителей могут помешать возвращению осужденного в общество[35].

Самой важной проблемой, с которой столкнулась администрация исправительных учреждений, является проблема представительства мусульманских капелланов. Она стала особенно острой в 2010-х годах с радикализацией некоторых мусульманских заключенных во время содержания под стражей. В середине 2000-х годов, когда мусульмане составляли 50–80 % всех заключенных в тюрьмах, было назначено всего 80 мусульманских тюремных капелланов. Однако эта ситуация быстро изменилась: к 2013 году число мусульманских капелланов увеличилось более чем вдвое, до 164. В том же году число капелланов других конфессий составляло: католики — 668; иудеи — 75; православные — 30; протестанты — 339; другие конфессии — 35[36].

Другая проблема заключается в том, что сохраняются многочисленные формы дискриминации в отношении возможности заключенных выражать свои убеждения. Владение ритуальными предметами, такими как молитвенные коврики[37], и доступ к халяльной пище затруднены. В своем уведомлении от 24 марта 2011 года главный тюремный комиссар (*Contrôleur général des lieux de privation de liberté*) Жан-Мари Делярю выразил тревогу по

---

[35] CAA Bordeaux, 20 октября 2009 года, Министр юстиции, № 08BX03245.

[36] *Ключевые цифры по тюремной администрации по состоянию на 1 января 2013 года*, Министерство юстиции, Управление тюремной администрации, с. 10, режим доступа: http://www.justice.gouv.fr/art_pix/Chiffres_cles_2013_opt.pdf.

[37] Статья R. 57-9-7 Уголовно-процессуального кодекса: «Задержанным разрешается получать или оставлять у себя любые предметы религиозной практики и книги, необходимые для их духовной жизни».

этому поводу и призвал администрацию пенитенциарного учреждения выполнять свои обязанности:

> Заключенным должно быть разрешено хранить религиозные предметы, которые вряд ли поставят под угрозу безопасность. *Такие предметы должны уважаться, независимо от вероисповедания лица, владеющего ими (нейтралитет как выражение секуляризма), и независимо от убеждений персонала, отвечающего за содержание под стражей (нейтралитет государственного служащего)*[38].

Он добавил, что должностные лица пенитенциарных учреждений «очевидно, не сами определяют, какая заявленная группа или конфессия является или не является религией», и

> не должны принижать статус ее капелланов на том основании, что эта религия исповедуется меньшинством. С того момента, как религия рассматривается как таковая применимым законом, *ее капелланам должны быть предоставлены те же прерогативы, что и всем другим капелланам*, и они не могут быть ограничены, например, в пенитенциарных учреждениях, статусом посетителей, что приводит к статусу «гостевой комнаты религии»[39].

Два года спустя, в 2013 году, главный тюремный комиссар остался крайне критичным, особенно в отношении возможностей заключенных получать пищу, приготовленную в соответствии с надлежащими обрядами[40]. Он упрекнул администрацию, написав, что применение закона не может быть подчинено прихотям общества:

---

[38] *Уведомление главного тюремного комиссара от 24 марта 2011 года относительно отправления культа в местах лишения свободы*, NOR: CPLX1110094V, JORF № 0091, 17 апреля 2011 года.

[39] Там же.

[40] Статья R. 57-6-18 Уголовно-процессуального кодекса: «Каждому задержанному лицу должно быть предоставлено разнообразное, хорошо приготовленное и поданное питание, соответствующее... в максимально возможной степени его философским или религиозным убеждениям».

> Позиции администрации, которые можно считать нерешительными, на самом деле не помогают прояснить спор, решение которого можно вывести из принципов применимого права. Верно, что он, несомненно, казался бы менее сложным, *если бы вопрос не касался главным образом конфессии, публичные проявления которой, по-видимому, возмущают общественное мнение и, следовательно, связывают руки ответственным государственным должностным лицам*[41].

Таким образом, нейтралитет администрации требует от нее оградить себя от общественных дебатов и их давления, чтобы лучше оценить конкретные требования каждого заключенного, используя порядок и общественное здоровье в качестве единственных критериев[42]. Он добавил: «Принцип секуляризма никоим образом не противоречит... приготовлению или распределению "конфессиональной" пищи в исправительных учреждениях — совсем наоборот»[43]. Эта рекомендация была отражена в нескольких судебных решениях[44], хотя Государственный совет подчеркнул, что обязанность администрации пенитенциарного учреждения прежде всего должна быть согласованна с имеющимися в распоряжении средствами. В решении от 10 февраля 2016 года он постановил, что администрация пенитенциарного учреждения не обязана давать заключенным пищу в соответствии с их религиозными убеждениями при любых обстоятельствах, поскольку необходимо учитываться материальные ограничения каждого учреждения. На этом основании Совет поддержал предоставление всем заключенным в одном учреждении блюд без свинины или вегетарианских блюд, при этом заключен-

---

[41] *Главный тюремный комиссар: рабочий отчет за 2013 год* (Paris: Éditions Dalloz, 2014), с. 247, режим доступа: http://www.cglpl.fr/wp-content/uploads/2014/04/CGLPL_rapport-2013_version-WEB.pdf.

[42] Там же, с. 249.

[43] Там же, с. 255.

[44] См., например, TA Grenoble, 7 ноября 2013 года, № 1302502; CAA Lyon, 20 марта 2014 года, № 14LY00115.

ным-мусульманам разрешено приобретать халяльные пищевые добавки и запрашивать особое питание во время религиозных праздников[45].

После атак 2015 года администрация пенитенциарной системы вложила огромные средства, хотя и с опозданием, в мусульманское капелланство. Эти инвестиции были обусловлены не только заботой о восстановлении равенства между религиями; скорее, они соответствовали логике национальной безопасности, в которой мусульманский капеллан стал оплотом против экстремизма и радикализации [Béraud, De Galember 2019: 133]. Число мусульманских капелланов было увеличено до 231 в 2018 году, и ислам стал религией, получающей наибольшее тюремное финансирование [Ibid.: 28]. Мусульманские капелланы теперь воспринимались как «"полезные" участники борьбы с радикализацией», от которых ожидалось, что они будут заниматься «эффективной защитой республиканских принципов» [Ibid.: 133–134].

Будучи государственными служащими, мусульманские капелланы с 2016 года обязаны проходить гражданский курс обучения, финансируемый Министерством внутренних дел, и получать университетский диплом по светскому и гражданскому образованию [De Galember et al. 2016: 79][46]. Это обучение вооружает их «риторическими боеприпасами», которые опираются как на республиканский репертуар, так и на исламскую теологию, а сама идея заключается в том, чтобы они использовали религиозные аргументы для борьбы с «видениями ислама, в частности, его джихадистскими и салафистскими версиями, которые считаются девиантными» [Béraud, De Galember 2019: 134]. Здесь мы снова видим возникновение формы галликанского секуляризма, в которой государство «косвенно контролирует легитимную религиозную речь» через капелланов; оно вмешивается в рели-

---

[45] СЕ, мнение, 10 февраля 2016 года, М.А.В. против Пенитенциарного центра Сен-Квентен-Фаллавье, № 385929.

[46] Эти учебные занятия не ограничиваются исправительными учреждениями, но также являются обязательными в больницах и военных частях гражданской службы.

гиозную сферу, выдвигая то, что оно считает приемлемыми ее толкованиями [Fregosi 2018: 36]. Некоторые авторы описали версию «религиозного утилитаризма», которая тем более удивительна, учитывая, что администрация пенитенциарного учреждения утверждает, что в тех случаях, когда она отказывает в определенных условиях заключенным-мусульманам, она поддерживает принцип разделения церкви и государства [De Galember et al. 2016]. То, что предположительно секулярное французское государство должно «управлять исламом» таким образом, может показаться парадоксальным [Fregosi 2018]. Но в контексте, глубоко отмеченном терроризмом, государство постоянно усиливает контроль над этой религией и ее публичным выражением. Мусульманские капелланы становятся агентами «социального контроля», чья роль заключается в регулировании мусульманской речи, а также в предотвращении или исправлении радикализации молодых заключенных-мусульман [De Galember et al. 2016: 77; Fregosi 2018: 47].

Проблема особенно важна, поскольку некоторые из террористических атак были подготовлены, поддержаны или совершены молодыми мусульманами, которые встали на путь радикализации в тюрьме. Угроза стала олицетворяться в общественном сознании молодыми мусульманами, потерянными детьми Республики, которые забрели в самые фундаменталистские уголки своей религии. Эти атаки привели к достижению общественного недоверия к мусульманам самой высокой точки за последние 30 лет. Они также подпитывали возобновленное общественное порицание практик мусульманских женщин, которые стремятся выразить свои убеждения, посредством ношения исламского платка, буркини или полностью закрывающей лицо вуали.

Библиография

Béraud, De Galember 2019 — Béraud C., De Galember C. La fabrique de l'aumônerie musulmane des prisons en France. Paris: Mission de recherche Droit et justice, 2019.

Bertossi 2017 — Bertossi C. Raisonnements publics et appartenance à une institution: les musulmans dans les armées françaises // Migrations Société. 2017. Vol. 169. № 3. P. 81–102.

Boyer 2005 — Boyer A. Comment l'État laïque connaît-il les religions? // Archives de sciences sociales des religions. 2005. Vol. 129. P. 37–49.

Commission Machelon 2006 — Commission Machelon. Les Relations des cultes avec les pouvoirs publics. Paris: La Documentation française, 2006.

Commission Stasi 2003 — Commission Stasi. Commission de réflexion sur l'application du principe de laïcité dans la République: rapport au Président de la République. Paris: La Documentation française, 2003.

Conseil d'État 2004 — Conseil d'État. Un siècle de laïcité — Rapport public 2004. Paris: La Documentation française, 2004.

De Galembert et al. 2016 — De Galembert C., Béraud C., Rostaing C. Islam et prison: liaisons dangereuses? // Pouvoirs. 2016. Vol. 158. № 3. P. 67–81.

Delsol et al. 2005 — Droit des cultes: personnes, activités, biens et structures / Édité par X. Delsol, A. Garay and E. Tawil. Lyon: Dalloz — Juris Associations, 2005.

Durand-Prinborgne 2004 — Durand-Prinborgne C. La laïcité. Paris: Dalloz, 2004.

Frégosi 2018 — Frégosi F. De quoi le gouvernement de l'islam en France est-il le nom? // Confluences Méditerranée. 2018. Vol. 106. № 3. P. 35–51.

HCI 2001 — Haut Conseil à l'Intégration. L'Islam dans la République. Paris: La Documentation française, 2001.

Khemilat 2018 — Khemilat F. La construction des prières de rue comme problème public // Confuences Méditerranée. 2018. Vol. 106. № 3. P. 81–94.

Settoul 2012 — Settoul E. Contribution à la sociologie des forces armées: analyse des trajectoires des engagements des militaires issus de l'immigration. PhD diss. Paris: Institut d'Études Politiques, 2012.

Settoul 2017 — Settoul E. 2006–2016, 10 ans d'aumônerie militaire du culte musulmane // Hommes et migrations. 2017. Vol. 13–16. P. 109–117.

Slama 2011 — Slama S. Test jurisprudentiel de résistance de la loi de 1905 à l'épreuve du temps et de l'intérêt public local // Revue des droits de l'homme. 2011. Vol. 1. P. 1–6.

Touzeil-Divina 2011 — Touzeil-Divina M. Laïcité latitudinaire. Toulouse: Dalloz, 2011.

Часть 3

СЕКУЛЯРНОЕ ГОСУДАРСТВО И ИНДИВИДУАЛЬНЫЙ ВЕРУЮЩИЙ

Глава 5
Раскрытие Марианны
*Религиозные символы в школе
и новая секулярная грамматика*

Аннотация: хотя споры вокруг ношения религиозных символов в школах возникли в конце 1980-х годов, только в 2004 году парламент вмешался, чтобы прояснить применимую политику. С тех пор публичные дебаты о французском секуляризме приняли новый оборот, касаясь почти исключительно видимости религиозных символов в общественной сфере. В данной главе мы обратимся к рассмотрению этих дебатов, а также правовой базы, касающейся ношения религиозных символов учениками государственных школ с 1989 года. Это поможет раскрыть обоснование, — как предшествующее принятию Закона от 15 марта 2004 года, так и последующее — которое привело к появлению «нового французского секуляризма».

Хотя споры вокруг ношения религиозных символов в школах возникли в конце 1980-х годов, только в 2004 году парламент вмешался, чтобы прояснить применимую политику[1]. С тех пор публичные дебаты о французском секуляризме приняли новый оборот, касаясь почти исключительно видимости религиозных символов в общественной сфере. Здесь я несколько подробнее

---

[1] В данной главе не рассматривается вопрос ношения религиозных символов учителями, которым это запрещено в силу их статуса государственных служащих (см. следующую главу).

остановлюсь на этих дебатах, а также правовой базе, касающейся ношения религиозных символов учениками государственных школ с 1989 года. Это поможет раскрыть обоснование — как предшествующее принятию Закона от 15 марта 2004 года, так и последующее — которое привело к появлению «нового французского секуляризма» [Hennette Vauchez, Valentin 2014].

Этот период засвидетельствовал наиболее систематическое развитие риторики, в которой секуляризм ассоциируется с идеей того, что долг государства — эмансипировать индивидуальный ум. Конечно, такая риторика всегда акцентировалась в дебатах о французском секуляризме, как это было продемонстрировано дебатами 1990-х годов о культах (см. главу 4). Однако в начале 2000-х годов аргументация стала особенно сложной, появившись в правительственных отчетах о секуляризме и задав развитие нового секулярного мышления, в котором закон не мог быть не заинтересован.

1. Режим авторизации (1989–2004)

Во французской концепции секуляризма, как мы видели, обязанность нейтралитета, возложенная на государственных служащих, идет параллельно праву граждан проявлять свою свободу религии. В сфере образования[2], например, учащиеся имеют право выражать свои религиозные убеждения в школе. Статья 10 закона от 10 июля 1989 года предусматривает, что «в средних школах учащиеся пользуются свободой информации и свободой выражения мнения при соблюдении плюрализма и принципа нейтралитета. Осуществление этих свобод ограничено и не может мешать преподавательской деятельности»[3]. Такова была действующая правовая база, когда в 1989 году разразился первый спор по поводу исламского платка.

---

[2] CE, 3 мая 2000 года, г-жа Марто, № 217017.

[3] *Закон о политике в области образования* (№ 89–486 от 10 июля 1989 года), JO, 14 июля 1989 года.

1.1. Либеральный уклон правового секуляризма

В 1989 году разгорелся ожесточенный спор, когда девушек, носящих платок, исключили из колледжа в Крее, в северном пригороде Парижа. Лионель Жоспен, министр национального образования, передал этот вопрос в Государственный совет, попросив его вынести решение о том, совместимо ли с секуляризмом ношение в школе религиозных символов, таких как исламский платок. Совет вынес подробное заключение, в котором изложил условия, при которых это разрешено[4].

Он отметил, что свобода совести и самовыражения, которой пользуются учащиеся, «включает право выражать и проявлять свои религиозные убеждения в образовательных учреждениях, с соблюдением плюрализма и свободы других». Учащиеся могут носить такие символы в школе, но всегда с уважением к «образовательной деятельности [и] содержанию учебной программы», а также к более общим целям республиканского образования: «приобщение ребенка к культуре, его подготовка к профессиональной жизни и принятие на себя обязанностей как человека и гражданина... развитие его личности... равенство между полами»[5].

Особенно важный отрывок из решения гласит следующее:

> Ношение учащимися символов, посредством которых они стремятся продемонстрировать свою принадлежность к религии, *само по себе* не является несовместимым с принципом секуляризма, в той мере, в какой оно представляет собой осуществление свободы самовыражения и проявления своих религиозных убеждений.

Свобода, хотя, возможно, и ограниченная ее форма, является действующим принципом. Совет постановил, что свобода выражения и религии должна быть согласована с правом на здоровье и свободу образования, а также с принципами общественного порядка: человеческим достоинством и общественной безопас-

---

[4] CE, ass., *Intérieur*, мнение, 27 ноября 1989 года, № 346893.

[5] Там же.

ностью[6]. Администрация образовательного учреждения должна рассматривать отдельно каждый случай, в котором учащийся носит религиозный символ, чтобы определить, совместимо ли это поведение с секуляризмом.

И сам Государственный совет, как государственный институт, связан принципом нейтралитета. Он не может выносить решения о значении, которое следует приписывать религиозному символу [Kessler 1993a: 99]. Более того, опасность такого толкования была бы велика, поскольку девушки, носящие платки, придают своему действию не однозначное значение, а скорее широкий спектр символических толкований. По этой причине Совет не мог бы считать религиозные символы несовместимыми с секуляризмом *сами по себе*. Чтобы прийти к такой позиции, ему пришлось бы принять априорное толкование символа, чтобы вывести его апостериорную несовместимость с принципами, привитыми республиканской школой. Говоря более прямо, это было бы равносильно выводу о том, что ценности, лелеемые исламом, которого придерживается большая община иммигрантов во Франции, несовместимы с принципом секуляризма и ценностями Республики.

В последующие 14 лет судебная практика по вопросу ношения религиозных символов в государственных школах находила обоснования в этом решении от 1989 года.

В связи с широко обсуждаемым решением Государственного совета по делу *Керуа* от 2 ноября 1992 года[7] правительственный

---

[6] Государственный совет постановил, что «эта свобода не может толковаться как разрешение учащимся демонстрировать символы религиозной принадлежности, которые по своей природе, по условиям, в которых они носят индивидуально или коллективно, или по своей показной или протестной природе представляли бы собой акт давления, провокации, прозелитизма или пропаганды, ущемляли бы достоинство или свободу учащегося или других членов образовательного сообщества, ставили бы под угрозу их здоровье или безопасность, нарушали бы ход учебной деятельности и образовательную роль учителей или нарушали бы спокойствие учреждения или нормальную работу государственной службы».

[7] СЕ, 2 ноября 1992 года, г-н Керуаа и г-жа Качур, г-н Бало и г-жа Кичич, № 130394.

комиссар Дэвид Кесслер четко сформулировал либеральный характер юриспруденции. Он писал:

> Секуляризм больше не выглядит как принцип, оправдывающий запрет любой религиозной принадлежности. Образование является секулярным не потому, что оно запрещает выражение различных вер, а, наоборот, потому что оно терпит их все. Я считаю важным этот переворот перспективы, в котором свобода становится принципом, а запрет — исключением [Kessler 1993b: 114].

Исключения, таким образом, должны определяться в каждом конкретном случае [Kessler 1993b: 117].

Это решение привело к состоянию юридического равновесия, в котором все запреты на религиозную символику в средних школах были отменены[8]. Более того, Государственный совет прямо подчеркнул незаконность любого такого всеобъемлющего запрета на религиозную символику, осудив, например, министерский циркуляр от 20 сентября 1994 года, призывающий директоров школ запретить символы, считающиеся *показными*, и при этом оставаться терпимыми к тем, кто «более сдержан в своем выражении приверженности личным убеждениям»[9]. Напротив,

---

[8] Поэтому директору школы запрещено, за исключением особых обстоятельств, издавать правило, запрещающее прием в школу учащихся, «носящих головной убор», поскольку такой запрет в силу своей перманентности нарушит свободу выражения мнения учащихся; см. CE, 2 ноября 1992 года, г-н Керуа и г-жа Качур, г-н Бало и г-жа Кичич, № 130394; CE, 14 марта 1994 года, Меллес Неслинур и Йылмаз, № 145656; CE, 20 мая 1996 года, Министр национального образования, № 170343; CE, 27 ноября 1996 года, г-н и г-жа Мечали, № 172663; CE, 27 ноября 1996 года, г-н и г-жа Жеуи, № 172686; CE, 27 ноября 1996 года, Министр национального образования, № 172719; CE, 27 ноября 1996 года, Министр национального образования, № 172787; CE, 27 ноября 1996 года, г-н и г-жа X, № 170941. Принцип свободы студентов выражать свои религиозные убеждения является также правилом в университетах; см. CE, 26 июля 1996 года, Университет Лилля II, № 170106.

[9] *Циркуляр от 20 сентября 1994 года относительно ношения вызывающих знаков в учебных заведениях*, Официальный вестник национального образования, № 35, 29 сентября 1994 года.

он без колебаний поддержал отчисление в каждом конкретном случае учащихся, ношение хиджаба которыми мешало определенным курсам[10].

До 2004 года все подобные споры вокруг ношения религиозных символов в государственных школах касались учениц-мусульманок, и в каждом случае соблюдался нейтралитет государственных учреждений. Не было никакой юридической интерпретации символов, и, пока сохранялся порядок, моральное право личности прийти к собственному пониманию хорошей жизни преобладало над любой поддерживаемой государством философией эмансипации. Свобода совести и религии была на первом плане и в центре внимания.

1.2. Нарративный секуляризм и семантические споры

Спор в Крее и мнение Государственного совета 1989 года в последующие годы привели к обострению общественных дебатов по поводу секуляризма и даже спровоцировали раскол среди организаций, выступающих за секуляризм. Например, Лига образования, популярное образовательное движение с почти 20 000 местных ассоциаций-членов, вскоре была обвинена (иногда ее собственными членами) в измене за поддержку либерального мнения Совета [Tournemire 2014]. Если измена и была, то она была направлена против того, что эти комментаторы считали «аутентичной», «истинной» или «республиканской» формой секуляризма — единственной подлинной формой, по их мнению. Они критиковали Лигу за игнорирование основополагающих текстов и уступку современным проявлениям религиозного мракобесия. Чрезмерно либеральная позиция Совета, заявляли эти критики, извратила принципы республиканского пакта, заменив их новым, «открытым» или «плюралистическим» секуляризмом [Balibar 1991].

---

[10] CE, 10 марта 1995 года, г-н и г-жа Аукили, № 159981; CE, 27 ноября 1996 года, г-н и г-жа X, № 170209; CE, 20 октября 1999 года, Министр национального образования, высшего образования и науки, № 181486.

Однако Государственный совет не сделал ничего нового; все, что он сделал, — использовал свои консультативные полномочия для разъяснения состояния закона. Судья Жан-Поль Коста позже разъяснил эту позицию, написав относительно формы решения, что это было «мнение правительства по проблеме, сформулированной в абстрактных терминах», а относительно содержания, что «способ рассуждения... был столь же обычным... стремясь, как всегда, примирить свободу с общественным порядком, выступить арбитром между различными свободами в конфликте» [Costa, Marcou 1995].

То, что возникло в 1989 году, было битвой за «истинный смысл» секуляризма, стравливающей сторонников и противников запрета на исламские платки в школе [Fiala 1991: 52]. Обе стороны ссылались на одни и те же правовые тексты, — Закон 1905 года и Конституцию 1958 года — но интерпретировали их по-разному. Эти многочисленные экзегетические интерпретации секулярного правового аппарата укладывались в новые рамки, которые обязывали «общество, которое выстраивало свой политический словарь в течение многовекового конфликта между католицизмом и свободомыслием, размышлять о теологических, политических и социологических фактах противостояния с исламом» [Balibar 1991: 74].

Французские граждане, конечно, всегда спорили об «истинном» значении секуляризма, порой ожесточенно [Kheir 2014]. Новизна 1989 года, по сути, заключалась в возросшей видимости ислама. Новые действующие лица (феминистские движения, правые и ультраправые политические партии и т. д.) теперь защищали форму республиканского секуляризма, которую они считали находящейся под угрозой, и ее реабилитация стала их главной целью, о чем свидетельствует появление новых префиксов и суффиксов («катосекулярный», «ультрасекулярный», «антисекулярный», «псевдосекулярный») и фраз, включающих полемические прилагательные («открытый секуляризм», «новый секуляризм») [Bonnafous 1991: 66–67]. Дебаты за и против «нового» секуляризма не только не прекращались, но и набирали обороты.

2. Запрет (2004 — наши дни)

Вопрос о ношении религиозных символов в школах принял новый оборот на рубеже тысячелетий из-за ряда драматических инцидентов, как на международном уровне, так и во Франции, которые глубоко затронули общественное сознание. Теракты Вооруженной исламской группы Алжира в 1995 и 1996 годах в Париже, а также теракт Аль-Каиды 11 сентября 2001 года в Нью-Йорке, стали для многих сигналом о том, что (мусульманская) угроза вырвалась за пределы географической зоны, в которой она, казалось, была заточена, и распространилась на Запад. Внешняя угроза (исламский терроризм) нашла отклик в представлениях о внутренней угрозе (мусульманский коммунитаризм), которая была усилена возросшей заметностью религии в обществе. Французское общество было еще больше травмировано президентскими выборами в мае 2002 года, на которых ультраправый лидер Жан-Мари Ле Пен вышел во второй тур. Многие восприняли это событие как новую веху в углубляющемся социальном и политическом расколе во Франции, и все эти события имели долгосрочные последствия для новой секулярной конфигурации.

2.1. Нарративный секуляризм: к идейному «новому секуляризму»[11]

Подготовка ряда отчетов, как парламентариями, так и специальными комиссиями, в этом напряженном политическом и социальном контексте помогла определить новый нарративный подход к французскому секуляризму, который оказал влияние на последующие изменения в законодательстве.

2.1.1. Отчеты Баруэна, Стази и Дебре

В 2003 году депутат Франсуа Баруэн представил министру Жан-Пьеру Раффарену отчет, в котором утверждалось, что с развитием коммунитаризма и исламизма «секуляризм стал

---

[11] О «новом секуляризме» см. [Hennette-Vauchez, Valentin 2014].

политическим вопросом», и республиканские правые, представленные Союзом за народное движение (UMP), не должны позволять левым партиям монополизировать секуляризм. Он утверждал, что мнение Государственного совета 1989 года было «*неправильным толкованием ситуации*... [и] последствий принятия исламского платка для работы *нашей республиканской модели*» [Baroin 2003]. Он призвал к «реполитизации» секуляризма, к его превращению в «ценность правых в их борьбе с левыми, которые в значительной степени перешли к мультикультурализму и не смогли принять вызов коммунитаризма» [Baroin 2003].

В отчете Баруэна под названием «К новому секуляризму» (*Pour une nouvelle laïcité*) предлагалось подтвердить конститутивные принципы секуляризма, чтобы лучше «отреагировать на шок 21 апреля [избирательный прогресс Ле Пен]» и «оживить республиканскую динамику» [Baroin 2003]. «Новый секуляризм» Баруэна был направлен на достижение четырех основных целей: «подтвердить важность секуляризма в нашем обществе»; «гарантировать религиозную свободу и свободу совести»; лучше «признать роль религии в нашем обществе»; и достичь «республиканского возрождения». Эта политическая повестка вскоре была сужена до первой из этих целей и видимости ислама в общественной сфере. Она стремилась достичь этого, продвигая все более максималистскую концепцию обязательства нейтралитета, которая должна была применяться к индивидуальному выражению религиозных убеждений.

Воспринимаемая социальная напряженность во Франции была усилена рядом громких инцидентов в этот период, что привело к тому, что президент Жак Ширак возобновил дебаты о секуляризме. Он назначил высокопоставленного чиновника, Бернара Стази, председателем комиссии по внедрению версии секуляризма, «которая могла бы гарантировать национальную сплоченность и уважение к различиям» [Chirac 2003].

В итоговом отчете с самого начала говорилось о том, что школы должны делать возможным конструирование «общей судьбы» для всех французских граждан [Commission Stasi 2003: 17]. Хотя в отчете подчеркивалась общественная ценность религиозного разнообразия и он был направлен против воинствующего секуляризма, который, по утверждениям некоторых, необходим для построения прочного фундамента Республики, в отчете также было установлено, что республиканская повестка была оспорена ведущей к исключению формой коммунитаризма. В отчете также говорилось, что «принцип нейтралитета является основным условием секуляризма» [Ibid.: 22]. Это следствие принципа равенства граждан, подразумевающего, что все пользователи государственных услуг должны рассматриваться одинаково со стороны государственной службы, «которая отвечает перед политическими властями... [Она должна не только] гарантировать нейтралитет, [но и обеспечить] *его видимость, чтобы пользователи не могли сомневаться в нейтралитете государственной службы*». Тем не менее в докладе установлено, что «требования абсолютного нейтралитета смягчаются "разумными условиями", позволяющими каждому человеку осуществлять свою религиозную свободу» [Ibid.: 23].

И такие условия, как отмечалось в отчете, уже предлагались в государственном секторе: государственные служащие могли брать отпуск на работе, чтобы соблюдать религиозные праздники; общественные помещения могли сдаваться в аренду организациям общин для празднования этих праздников[12]; и часто принимались меры для удовлетворения религиозных диетических потребностей. Более того, муниципалитеты все чаще были готовы одобрять строительство культовых сооружений и, в некоторых случаях, подписывать бессрочные договоры аренды с религиозными объединениями на общественные здания (см. главу 4). В отчете рекомендовался ряд условий, таких как предложение

---

[12] Государственный совет разрешил «предоставлять индивидуальные отпуска студентам, необходимые для отправления религиозных обрядов или празднования религиозных праздников, если такие отсутствия совместимы с выполнением учебных задач и с соблюдением общественного порядка в учреждении»; см. CE, 14 апреля 1995 года, Центральная консистория израильтян Франции, № 125148. И наоборот, систематические исключения из обязанности присутствовать в субботу не допускались; см. CE, 14 апреля 1995 года, г-н Йонатан Коэн, № 157653.

«заменителей свинины и рыбы по пятницам... в кафетериях», при условии, что такие меры не мешали нормальной работе государственной службы [Ibid.: 64].

Однако в докладе не упоминается тот факт, что члены этих общин могут быть освобождены от соблюдения нормы или практики, которая будет дискриминировать их, мешая им свободно выражать свои религиозные убеждения. Совсем наоборот: он выразил поддержку запрету на ношение религиозных символов, которые считаются заметными в государственных образовательных учреждениях. В нем говорится:

> *Императив секуляризма требует... чтобы каждый человек работал над собой...* Благодаря секуляризму граждане завоевывают свободу совести; взамен они должны уважать общественное пространство, которое все могут разделить. Требование государственного нейтралитета, по-видимому, нелегко согласовать с проявлениями агрессивного прозелитизма, особенно в школьной среде. *Согласие смягчить публичное выражение своих конфессиональных особенностей и наложить ограничения на утверждение своей идентичности позволяет всем встречаться друг с другом на публичной арене* [Ibid.: 16].

На этих основаниях в отчете предлагалось ограничить выражение верований учащихся (и, следовательно, ношение ими религиозных символов) в государственных учебных заведениях, что якобы способствовало «встрече всех на публичной арене». В этом повествовании секуляризм представлен как «республиканская ценность», которая «не может быть сведена к государственному нейтралитету» [Ibid.: 10, 12]. Отчет заметно дистанцировался от позиции нейтралитета, заняв откровенную позицию относительно природы нескольких религиозных символов — большого креста, кипы (ермолки), исламского платка, — которые «[вероятно] нарушат спокойствие школьной среды» [Ibid.: 41].

В отчете пошли еще дальше, прибегнув к риторике эмансипации в обсуждении исламского платка:

> Сегодня проблема уже не в свободе совести, а в общественном порядке. Контекст изменился всего за несколько лет... на девочек, не достигших совершеннолетия, оказывается давление с целью заставить их носить религиозный символ. Семья и социальная среда порой навязывают им выбор, который им не принадлежит. Республика не может оставаться глухой к крику отчаяния этих девочек. *Школьная среда должна оставаться для них местом свободы и эмансипации* [Ibid.: 58].

Нарративный секуляризм, возникающий в этом отчете, находится на отрезке между секуляризмом признания, с одной стороны, и идентаристским или ассимиляционно-националистическим секуляризмом, с другой (см. главу 2). Отчет ссылается на свободу совести и религии, предлагая лучшее признание религиозного разнообразия в государственных учреждениях. Но он также предлагает ограничения («проблема уже не в свободе совести, а в общественном порядке») ради эмансипации, очень четко обозначая различие между публичной сферой (республиканской школой) и частной сферой.

Пока заседала комиссия Стази, президент Национальной ассамблеи Жан-Луи Дебре сформировал миссию по установлению фактов о религиозных символах в школах [Debré 2003]. В итоговом отчете подчеркивались исторические основы эмансипаторного республиканского секуляризма и курс, которому он следовал во Франции. Далее в нем утверждалось, что эта форма секуляризма сейчас находится под угрозой:

> Утверждение плюрализма вытесняет государственный нейтралитет. Секуляризм больше не рассматривается как эмансипаторный принцип *par excellence*. Логика права на различие вытесняет логику общего интереса, тогда как когда-то они рассматривались как взаимодополняющие. Утверждение особой идентичности осуществляется путем ношения религиозных символов, которые разделяют, а не объединяют нас [Ibid.].

В этом отчете ношение платка рассматривается как «отступление в коммунитаризм» и как символ неполноценности женщин:

«Многие из выступавших перед комиссией, особенно женщины, утверждали, что социальная обусловленность женщин и их ограничение статусом неполноценности по отношению к мужчинам являются основой требования или "рекомендации", выдвигаемой некоторыми проповедниками, чтобы они носили платок» [Ibid.].

В этом отчете, опубликованном 4 декабря 2003 года (за неделю до представления отчета Комиссии Стази), критиковалась правовая база, вытекающая из мнения Государственного совета 1989 года, и содержался призыв к принятию закона, который «неизбежно будет более защитным и освободительным, чем действующие законы» [Ibid.]. Целью этого закона стал бы запрет на видимое ношение всех религиозных символов, «всех символов, которые можно увидеть глазом» [Ibid.]. Очевидно, что масштаб запрета, предложенный в докладе Дебре, вышел далеко за рамки бросающихся в глаза символов, в сравнении с чем доклад Стази кажется умеренным.

В таком контексте, когда «эксперты» сошлись во мнении как о диагнозе (ведущий к исключению безудержный коммунитаризм), так и о решении (воинствующий, эмансипаторный, освобождающий разум секуляризм), не оставалось никаких сомнений относительно того, как будут развиваться дебаты среди политических властей.

2.1.2. Парламентские дебаты

Через несколько месяцев после отчетов Стази и Дебре французские парламентарии в значительной степени опирались на них, принимая закон, который представлял собой историческую веху для французского секуляризма: Закон от 15 марта 2004 года о ношении символов, явно демонстрирующих религиозную принадлежность в государственных школах («Закон 2004 года»)[13].

---

[13] *Закон № 2004–228 от 15 марта 2004 года, запрещающий, в соответствии с принципом секуляризма, ношение в государственных школах, колледжах и лицеях знаков или одежды, демонстрирующих явную религиозную принадлежность, JO № 65, 17 марта 2004 года, с. 5190.*

Закон был явно продиктован философией эмансипации, как можно увидеть в предшествовавших ему парламентских дебатах, в рамках которых обсуждали значение исламского платка, и защитную роль Республики по отношению к девочкам, носящим его.

Толчком к этим событиям послужило выступление премьер-министра Жан-Пьера Раффарена, в котором он представил законопроект Национальному собранию 3 февраля 2004 года. Ценности секуляризма, сказал он, необходимо защищать, поскольку они вытекают из истории. Он напомнил палате, что «секуляризм имеет решающее значение для нашей Республики. Это одновременно традиция, образ жизни, но также — для французов — обещание свободы»[14]. В этой концепции республика и секуляризм имеют мало или совсем не имеют пространства между собой, ценности первого полностью отражены во втором[15]. Раффарен призвал парламентариев создать условия для совместного использования этих ценностей, под которыми он подразумевал «свободу — следовательно, свободу совести; равенство — следовательно, равенство между полами; братство, эту гуманистическую ценность, которая является как духовной, так и подлинно секулярной»[16].

Учитывая этот нарратив, с его призывом к особенной версии французской истории и необходимостью сохранения ее специфических черт, включая определенные сопутствующие концепции общественного блага, стало необходимым предпринять действия в условиях растущей видимости религии — «отступления в коммунитаризм», как выразился Раффарен, приписывая ей контрреспубликанские, а значит, и контрсекулярные ценности. Реше-

---

[14] Национальное собрание, парламентские дебаты, очередная сессия 2003–2004 годов, 148-я сессия, полные протоколы второй сессии вторника, 3 февраля 2004 года, JORF, 4 февраля 2004 года, с. 1288.

[15] Премьер-министр заявил, что «ценности нашей Республики полностью воплощены в секуляризме». Национальное собрание, парламентские дебаты, очередная сессия 2003–2004 годов, 148-я сессия, полные протоколы второй сессии вторника, 3 февраля 2004 года, JORF, 4 февраля 2004 года, с. 1286.

[16] Там же.

нием было выступать за республиканское братство, продвигать и защищать республиканские ценности. Тем не менее он добавил, что секуляризм «*также* несет в себе идею справедливости для верующих всех религий»[17].

До сих пор можно было сделать вывод, что премьер-министр имел в виду свободу и равенство, первые две секулярные ценности, которые он упомянул в своей речи. Но это был не его аргумент. Для него секуляризм был не просто правовой предпосылкой для свободы учащихся; он был скорее философским условием их освобождения. Он сказал:

> Поскольку [государство] является хранителем свободы совести, оно обязано вмешаться, когда прозелитизм, отход к коммунитаризму и отрицание равенства между полами угрожают этой фундаментальной свободе, лежащей в основе нашего республиканского пакта[18].

Он завершил свою речь заявлением о том, что Республика «должна высказаться и подтвердить собственные убеждения» перед лицом этих угроз[19]. Эта значимая речь содержала в микрокосме зарождающийся национальный дискурс, обозначающий смутные, развивающиеся и, следовательно, нестабильные границы верности французской республиканской национальной идентичности [Korteweg, Yurdakul 2014: 15].

Итак, что же было предполагаемым источником угрозы? Предварительная работа по составлению законопроекта и парламентские дебаты не теряли времени на его выявление. Дебаты в основном были сосредоточены на целевой группе населения, мусульманах, и на значении, которое следует придать ношению платка мусульманскими женщинами. Многочисленные законодатели пытались интерпретировать этот символ. Для Мари-Жорж Бюффе это было равносильно «невыносимому нападению

---

[17] Там же, с. 1288.
[18] Там же, с. 1287.
[19] Там же, с. 1305.

на целостность и достоинство женщин; отрицанию их тел, желаний и личности». Франсуа Байру утверждал, что это «означает, что женщина не заслуживает уважения сама по себе»[20]. Для другого парламентария, Оливье Жарде, платок символизировал «неполноценность, отсутствие равенства между полами, но также и отсутствие личной свободы». Рене Дозьер добавил, что платок «свидетельствует о социальной обусловленности женщин и их ограниченности более низким статусом по отношению к мужчинам»[21].

Парламентские дебаты вскоре приобрели оттенок борьбы, и секуляризм был представлен как решение, щит против религиозного символа (платка), политически сконструированного как контрреспубликанская ценность. Докладчик по законопроекту Паскаль Клеман написал в поразительных выражениях, что законопроект был «актом веры во Францию, в Республику, в ее ценности уважения к другим и радости совместной жизни»[22].

Хотя дебаты в основном касались ислама, законопроект распространил запрет на все «заметные» символы. Однако, что примечательно, он включал только сокращенный их список: те

> символы и одежда, ношение которых приводит к немедленному признанию религиозной принадлежности носителя. Такие символы — исламский платок, как бы он ни назывался; кипа; явно негабаритный крест — не имеют места

---

[20] Там же, с. 1303.

[21] Национальное собрание, парламентские дебаты, очередная сессия 2003–2004 годов, полные протоколы сессии среды, 4 февраля 2004 года, JORF, 5 февраля 2004 года, с. 1377, 1381. Каждый из упомянутых парламентариев проголосовал за законопроект; см. Национальное собрание, *Анализ бюллетеня № 436 — Заседание 10 февраля 2004 года, публичное голосование по всему законопроекту, касающемуся применения принципа секуляризма в государственных школах, колледжах и средних школах*, режим доступа: http://www.assemblee-nationale.fr/12/scrutins/jo0436.asp.

[22] Премьер-министр заявил, что «ценности нашей Республики полностью воплощены в секуляризме». Национальное собрание, парламентские дебаты, очередная сессия 2003–2004 годов, 148-я сессия, полные протоколы второй сессии вторника, 3 февраля 2004 года, JORF, 4 февраля 2004 года, с. 1292.

в пределах государственных школ. Напротив, дискретные знаки религиозной принадлежности, естественно, остаются возможными[23].

В целом как правительственные отчеты, так и парламентская работа, которая напрямую вдохновлялась ими, воплощали в себе усиление воинствующего подхода к нарративному секуляризму. Вскоре это было воспроизведено и в правовой системе, что в свою очередь привело к нарушению ее нейтралитета.

2.2. Правовой секуляризм: «новый секуляризм» укореняется в праве

Закон 2004 года был принят подавляющим большинством голосов в Национальном собрании (494 голоса за, 36 против, 31 воздержался). Законопроект был одобрен Сенатом, а затем подписан 15 марта 2004 года Президентом Республики без рассмотрения Конституционным советом. Эта ситуация заслуживает упоминания, поскольку кажется, что Собрание могло обойти Совет, чтобы избежать осуждения нового закона.

2.2.1. Закон 2004 года

Первоначальный текст закона вызвал гораздо меньше споров, чем можно было бы ожидать в ходе предшествующих дебатов. Первый взгляд на текст даже создает впечатление нейтральности: не упоминаются никакие конкретные религиозные символы и нет никаких напоминаний о республиканских ценностях, требующих защиты от видимости религии. Статья 1 гласит: «В государственных начальных и средних школах запрещено ношение символов или одежды, посредством которых учащиеся явно демонстрируют религиозную принадлежность». Но не заблуждайтесь: эта

---

[23] При этом он напрямую ссылался на список, который ранее фигурировал в отчете Стази; см. Национальное собрание, *Законопроект о применении принципа секуляризма в школах, государственных колледжах и средних школах*, № 1378, 28 января 2004 года, с. 3, режим доступа: https://www.assemblee-nationale.fr/12/projets/pl1378.asp.

нейтральность является лишь формальной. Текст закона неизбежно кивает в сторону принципов разделения церкви и государства и нейтралитета, которые запрещают государству вмешиваться в религиозную сферу с целью определения или переопределения ее смысла или символов.

Как мы видели, этот закон явно черпает свое обоснование из правительственных отчетов и парламентских дебатов, которые (формально) не были связаны тем же обязательством нейтралитета[24]. Эти отчеты и дебаты не являются частью позитивного права, как и не являются обязательными для государства в той же мере, что и законодательные тексты. Но на самом деле новый правовой секуляризм нейтрален только внешне. Он опирается на версию нарративного секуляризма, которая содержит в себе концепции блага, предположительно превосходящего принципы справедливости, тем самым перерисовывая контуры республиканских ценностей. То, что докладчик назвал «актом веры», лишь смутно указывает на позицию нейтралитета. Этот акт можно сравнить с разновидностью секуляризма «идентаристской веры» или ассимиляционно-националистического секуляризма (см. главу 2), в котором невидимость выражений веры представляет собой непреложный критерий верности республиканским принципам [Baubérot 2015: 103].

2.2.2. Расширенное толкование закона

В четырех решениях, вынесенных 5 декабря 2007 года, Государственный совет вынес свои первоначальные постановления о применении Закона 2004 года. Три из этих решений касались

---

[24] Далее следует отметить, что в министерском циркуляре по применению Закона 2004 года, который имел только интерпретирующий статус и не имел правового, также упоминаются запрещенные символы (используя термины, аналогичные законопроекту). Но этот текст не был формальным обязательством правительства и не вытекает из секуляризма в чисто правовом смысле; см. *Циркуляр от 18 мая 2004 года о реализации Закона № 2004–228 от 15 марта 2004 года, запрещающего, в соответствии с принципом секуляризма, ношение в государственных школах, колледжах и лицеях знаков или одежды, демонстрирующих явную религиозную принадлежность*, JORF № 118, 22 мая 2004 года.

учеников-сикхов[25], четвертое — девочки-мусульманки, исключенной из государственной школы за отказ снять бандану[26]. Необходимо сделать два замечания.

Во-первых, хотя до этого момента закон (формально) молчал о природе религиозных символов, которые могут считаться заметными, теперь Государственный совет определил их:

> Учащиеся начальных и средних школ могут носить дискретные религиозные символы... [но] символы или одежда, в частности исламская вуаль или платок, кипа или большой крест, ношение которых *само по себе* явно демонстрирует религиозную принадлежность, запрещены.

С этим уточнением Государственный совет определил религиозное измерение символа и сделал выводы о его заметности. Такая позиция весьма удивительна для юрисдикции, связанной принципом нейтралитета. Это тем более так, поскольку Совет вынес решение по поводу символа, который даже не упоминался парламентом того времени: сикхский кеш. Совет постановил, что

> хотя [этот символ] имеет более скромные размеры, чем традиционный тюрбан, и темного цвета, его нельзя считать сдержанным и... заинтересованная сторона, просто надев этот символ, явно продемонстрировала свою принадлежность к сикхизму.

Эти решения отражают форму судебного активизма, поскольку Совет дополнил Закон 2004 года, изложив религиозную природу некоторых символов. Следует подчеркнуть, что это был не единственный орган, который следовал этому курсу. В удивительном повороте событий Высший орган по борьбе с дискриминацией и за равенство (HALDE), который ранее смягчал столь

---

[25] Это был первый случай ношения религиозных символов в государственных школах учениками-немусульманами; см. CE, 5 декабря 2007 года, г-н Чейн Сингх, № 285394; CE, 5 декабря 2007 года, г-н Гурдиал Сингх, № 285395; CE, 5 декабря 2007 года, г-н Бикрамджит Сингх, № 285396.

[26] CE, 5 декабря 2007 года, г-н и г-жа Бессам Газаль, № 295671.

широкие толкования Закона 2004 года (см. главу 6), согласился с его аргументами в 2008 году, ошибочно процитировав при этом статью L. 145-5-1 Кодекса об образовании.

Согласно Высшему органу по борьбе с дискриминацией и за равенство, эта статья

> вытекает из Закона № 2004–228 от 15 марта 2004 года [и] предусматривает, что «символы или одежда, в частности исламская вуаль или платок, кипа или большой крест, ношение которых само по себе явно свидетельствует о религиозной принадлежности, запрещены, равно как и те, ношение которых явно свидетельствует о религиозной принадлежности только в силу поведения учащегося»[27].

Такое прочтение статьи L. 145-5-1 является ошибочным, поскольку эта статья просто переносит положения Закона 2004 года и нигде не указывает, какие религиозные символы следует считать заметными.

Во-вторых, в дополнение к обозначению тех религиозных символов, которые могут считаться заметными *сами по себе*, Государственный совет добавил, что некоторые могут считаться таковыми *в силу их назначения*; а именно, те, «ношение которых явно демонстрирует религиозную принадлежность только в силу поведения учащегося» [Dord 2004: 1524]. Они, сказал Совет, «не являются по своей природе конфессиональными символами [но] становятся таковыми, когда учащийся демонстрирует их таким образом, который субъективно придает им религиозное значение, делая их выражением конфессиональной принадлежности учащегося» [Ibid.].

Совет продолжил расширять сферу применения термина «заметный религиозный символ», нарушая прецедент, установленный его собственным мнением 1989 года, согласно которому

---

[27] См. HALDE, *Обсуждение № 2008–183 от 1 сентября 2008 года относительно ношения сикхского тюрбана учеником государственной школы*, 1 сентября 2008 года, режим доступа: https://juridique.defenseurdesdroits.fr/index.php?lvl=notice_display&id=793&opac_view=-1.

«ношение учащимися символов, посредством которых они стремятся продемонстрировать свою принадлежность к религии, *само по себе* не является несовместимым с принципом секуляризма». Отныне логика дискреционности переворачивается с ног на голову. Теперь директор образовательного учреждения должен решать, считать ли одежду религиозной и вызывающей, на основании того, что он, по его утверждениям, знает о религии и что, по его утверждениям, он считает противоправным намерением (прозелитизм, нарушение общественного порядка), когда учащийся носит предмет одежды, которому он якобы приписывает религиозное значение [Ibid.].

В четвертом решении от 5 декабря 2007 года о ношении банданы мусульманской девочкой Государственный совет вынес решение непосредственно по поведению ученицы, сделав вывод о религиозности и заметности ее банданы и поддержав ее исключение из школы. Правительственный комиссар оправдал эту форму контроля со стороны административного судьи на том основании, что «впервые *парламент... предоставил администрации полномочия вторгаться на территорию религии и свободы совести, интерпретируя религиозные символы*»[28]. Теперь роль администрации, продолжил он, «проверить демонстративный характер поведения ученицы»[29], из чего можно будет сделать вывод о заметности символа, который тем не менее сам по себе не является религиозным.

Решение Государственного совета может показаться удивительным. Девочка «решила заменить традиционный исламский платок на более привычный многим кусок ткани [в виде банданы]»[30] и поэтому в какой-то степени согласилась на некое приспособление, чтобы остаться в школе. Однако Совет постановил,

---

[28] Выводы правительственного комиссара Реми Келлера см. CE, 5 декабря 2007 года, г-н Чейн Сингх, № 285394; CE, 5 декабря 2007 года, г-н Гурдиал Сингх, № 285395; CE, 5 декабря 2007 года, г-н Бикрамджит Сингх, № 285396; CE, 5 декабря 2007 года, г-н и г-жа Бессам Газаль, № 295671, с. 2.

[29] Там же, с. 3.

[30] Там же.

что и поведение, и символ остаются подозрительными, поскольку «[заявительница] явно по религиозным соображениям носила бандану», которую она отказалась снять, несмотря на просьбы администрации[31].

Редко когда решения Государственного совета по секуляризму демонстрировали столь ничтожную степень нейтральности. С одной стороны, он ввел в закон категорию «символов, заметных в силу своего назначения», которая не была прямо предусмотрена парламентом, а с другой стороны, он вторгся в личную жизнь девушки, классифицировав символ как религиозный на основе смутных, плохо определенных, несомненно субъективных критериев.

Наконец, следует подчеркнуть, что, хотя условность закона (его соответствие положениям ЕКПЧ) оспаривалась в Европейском суде по правам человека, последний отклонил все подобные заявления[32]. В этих решениях он отказался рассматривать пропорциональность спорных мер, вместо этого отступив за доктрину пределов усмотрения, позволив решениям Франции оставаться в силе. Это не означает, что ЕСПЧ одобрил новый французский секулярный словарь, который не фигурирует в этих решениях. Это означает только то, что ЕСПЧ предоставил французскому парламенту свободу действий в принятии решений о том, как конституционный принцип секуляризма должен реализовываться и защищаться в школах [Bribosia et al. 2014; Delgrange 2018].

2.2.3. Новая конфигурация школьного секуляризма

Конечный смысл Закона 2004 года заключается в том, что он усилил эмансипаторную философскую обязанность республиканского государства гарантировать учащимся «свободу мысли»

---

[31] Там же.

[32] См. ЕСПЧ (Пятая секция), Керванчи против Франции [4 марта 2009 года] заявление № 31645/04; Догрю против Франции [4 декабря 2008 года] заявление № 27058/05, § 68–82; ЕСПЧ, решения от 30 июня 2009 года по делам Байрак против Франции, Гамаледдин против Франции, Газаль против Франции, Актас против Франции, Джасвир Сингх против Франции и Ранджит Сингх против Франции.

(см. главу 2), с особым акцентом на мусульманских девушек, которые являются неявными целями закона. Существует явный намек на то, что ограничение свободы совести и религии учащихся является необходимым предварительным условием для их «свободы мысли».

Возникает «больше не плюралистическая концепция свободы, а свобода, воспринимаемая как эмансипация от любой всеобъемлющей доктрины, — освобождение благодаря инструментам, предоставляемым разумом и наукой» [Baubérot 1997: 316]. То есть Закон 2004 года разделяет недавно возрожденную республиканскую и антирелигиозную концепцию, настаивающую на том, что общество должно придерживаться общих ценностей, подавляя любые доказательства партикулярной принадлежности. Здесь в общих чертах излагается мысль философа Анри Пена-Руиса, для которого публичная арена конструируется «через изначальное создание пространства универсальности, конституированного общим интересом всех и, в силу собственного порядка, открывающего горизонт без ограничений различных партикуляризмов» [Pena-Ruiz 2003: 194].

Эта линия мысли нашла отклик во многих важных аспектах. Ее отголоски можно найти в работе Высшего совета по интеграции (HCI) после принятия Закона 2004 года, и, в частности, в проекте документа от 5 августа 2013 года под названием «Религиозное выражение и секуляризм в государственных высших учебных заведениях Франции» [HCI 2013]. Этот текст сосредоточен на «участившихся в университете требованиях коммунитарного характера, чаще всего религиозного, которые ставят под угрозу практику секуляризма, порой оставляя власти в растерянности относительно того, как реагировать» [Ibid.: 3]. После прямой ссылки на Закон 2004 года Высший совет по интеграции выразил обеспокоенность

> [тем] дискомфортом, который испытывают все больше преподавателей, сталкиваясь со студентами, выставляющими напоказ символы религиозной принадлежности, которые [согласно Высшему совету по интеграции] выглядят как

проявления идентаристских и коммунатарных требований, закрытости, даже остракизма, неприятия определенных видов знаний.

Далее в документе предлагается интерпретация рассматриваемого религиозного символа: «Исламский платок кристаллизует эти противоречия, поскольку он представляет собой выдвижение на передний план другой структуры, в которой... женщины оказываются подчиненными» [Ibid.: 12].

Основываясь на том факте, что многие университеты уже ввели запреты на ношение заметных религиозных символов (но забыв упомянуть, что эти правила незаконны!), Высший совет по интеграции рекомендует премьер-министру «законодательно установить, что символы и одежда, явно демонстрирующие религиозную принадлежность, должны быть запрещены в классах и других учебных и исследовательских помещениях в государственных высших учебных заведениях» [Ibid.: 15]. Хотя эти практики со стороны французских университетов в настоящее время незаконны, ряд депутатов и сенаторов хотели бы, чтобы они были введены повсеместно; примерами служат законопроекты, внесенные в 2015[33], 2018[34] и 2020[35] годах. Все они опираются на аргументы Высшего совета по интеграции о распространении запрета на ношение заметных символов на университеты, некоторые заходят так далеко, что предлагают распространить его на всех пользователей французских государственных услуг.

---

[33] Национальное собрание, *Законопроект о распространении принципа секуляризма на государственные высшие учебные заведения*, № 2595, 18 февраля 2015 года, режим доступа: http://www.assembleenationale.fr/14/propositions/pion2595.asp.

[34] Сенат, *Законопроект о запрете прозелитизма и знаков, противоречащих равному достоинству мужчин и женщин в университете*, № 622, режим доступа: https://www.senat.fr/leg/ppl17-622.html.

[35] Национальное собрание, *Законопроект о распространении правил секуляризма на всех пользователей государственных услуг*, № 3559, 17 ноября 2020 года, режим доступа: https://www.assemblee-nationale.fr/dyn/15/textes/l15b3559_proposition-loi.

Более того, эти аргументы выходят далеко за рамки нарративного поля, которым они должны были быть ограничены. В то время, когда многочисленные французские предприятия и ассоциации перенесли положения Закона 2004 года в свои внутренние правила, Высший орган по борьбе с дискриминацией и за равенство (HALDE) часто вынужден был играть роль сторожевого пса, подчеркивая пределы применимости закона. В одном случае он обнаружил, что имела место дискриминация, когда отель применил Закон 2004 года, отказавшись сдать номер клиентке в платке[36]. В другом случае Высший орган по борьбе с дискриминацией и за равенство пришел к такому же выводу в отношении инструктора по вождению, который отказался давать уроки студентке в платке[37].

Омбудсмен (*Défenseur des droits*), административный орган, существующий с 2011 года, показал себя столь же бдительным в отношении чрезмерно широких толкований закона. Например, 5 марта 2013 года он отменил исключение мусульманки, носившей платок, из программы получения диплома на том основании, что этот символ был запрещен в помещениях государственной средней школы[38].

Переместив вопрос о платке на религиозную территорию, а затем субъективно обозначив границы этой территории, Франция «противопоставила определенную идентичность исторически сконструированной модели республиканского секуляризма» [Lacroix 2007: 27]. Тем самым она дистанцировалась от гарантий индивидуальных прав и приняла националистическую концепцию секуляризма.

---

[36] HALDE, *Обсуждение по поводу отказа владельца гостиницы сдать клиентке номер на том основании, что она носит платок*, № 2006–133, 5 июня 2006 года.

[37] HALDE, *Обсуждение по поводу отказа инструктора автошколы давать уроки вождения кандидатке, которая отказывается снять платок*, № 2005–25, 19 мая 2005 года.

[38] Омбудсмен, *Решение № MLD-2013-7 от 5 марта 2013 года об исключении из школы из-за ношения заметного религиозного символа*, принятое 5 марта 2013 года, рекомендация, режим доступа: https://juridique.defenseursdesdroits.fr/index.php?lvl=notice_display&id=9899&opac_view=-1.

Что касается индивидуального выражения религиозных убеждений, то этот секулярный нарратив с 2003 года служил основой для нового правового секуляризма. Закон 2004 года привел две формы секуляризма, нарративную и правовую, в большее соответствие, тем самым изменив конфигурацию французского секулярного ландшафта. Эта взаимосвязь также несет в себе семена будущих сдвигов к секуляризму, который больше не будет ассоциироваться исключительно с государством или ограничиваться публичной сферой, но станет обязательством, лежащим на каждом. В этом формирующемся мире секуляризм вторгнется в частную сферу, от которой он до недавнего времени был отделен.

Библиография

Balibar 1991 — Balibar É. Faut-il qu'une laïcité soit ouverte ou fermée? // Mots. 1991. Vol. 27. P. 73–80.

Baroin 2003 — Baroin F. Pour une nouvelle laïcité: rapport officiel. Paris: La Documentation française, 2003.

Baubérot 1997 — Baubérot J. La morale laïque contre l'ordre moral. Paris: Seuil, 1997.

Baubérot 2015 — Baubérot J. Les 7 laïcités françaises: le modèle français de laïcité n'existe pas. Paris: Maison des Sciences de l'Homme, 2015.

Bonnafous 1991 — Bonnafous S. Quand la presse catholique parle de "laïcité" // Mots: Les langages du politique. 1991. Vol. 27. P. 66–67.

Bribosia et al. 2014 — Bribosia E., Caceres G., Rorive I. Les signes religieux au cœur d'un bras de fer entre Genève et Paris: la saga Singh // Revue trimestrielle des droits de l'homme. 2014. Vol. 25. P. 495–513.

Chirac 2003 — Chirac J. Lettre de mission du Président de la République à M. Bernard Stasi. Paris: La Documentation française, 2003.

Commission Stasi 2003 — Commission Stasi. Commission de réflexion sur l'application du principe de laïcité dans la République: rapport au Président de la République. Paris: La Documentation française, 2003.

Costa and Marcou 1995 — Costa J.-P., Marcou J. Le Conseil d'État, le droit public français et le "foulard" // Cahiers d'études sur la Méditerranée orientale et le monde turco-iranien. 1995. Vol. 19. P. 55–65.

Debré 2003 — Debré J.-L. Rapport fait au nom de la mission d'information sur la question du port de signes religieux à l'école. Paris: La Documentation française, 2003.

Delgrange 2018 — Delgrange X. Une nouvelle source du droit: le Dress Code // Le droit malgré tout: hommage à François Ost / Édité par Y. Cartuyvels et al. Brussels: Presses de l'Université Saint-Louis, 2018. P. 659–706.

Dord 2004 — Dord O. Laïcité à l'école: l'obscure clarté de la circulaire "Fillon" du 18 mai 2004 // Actualité juridique — Droit administrative. 2004. Vol. 28. P. 1523–1529.

Fiala 1991 — Fiala P. Les termes de la laïcité: différenciation morphologique et conflits sémantiques // Mots. 1991. Vol. 27. P. 41–57.

HCI 2013 — Haut Conseil à l'Intégration. Expression religieuse et laïcité dans les établissements publics d'enseignement supérieur en France. Paris: La Documentation française, 2013.

Hennette Vauchez, Valentin 2014 — Hennette Vauchez S., Valentin V. L'affaire Baby Loup, ou, La nouvelle laïcité. Issy-les-Moulineaux: LGDJ, 2014.

Kessler 1993a — Kessler D. Laïcité: du combat au droit // Les Débats. 1993. Vol. 77. P. 95–101.

Kessler 1993b — Kessler D. Neutralité de l'enseignement public et liberté d'opinion des élèves (À propos du port de signes distinctifs d'appartenance religieuse dans les établissements scolaires): conclusions sur Conseil d'État, 2 novembre 1992, M. Kherouaa et Mme Kachour, M. Balo et Mme Kizic // Revue française de droit administratif. 1993. Vol. 9. № 1. P. 113–118.

Kheir 2014 — Kheir M. Le vocabulaire de la laïcité de Guizot à Ferry. L'Atelier du Centre de recherches historiques, PhD thesis in History. EHESS, 2014.

Korteweg, Yurdakul 2014 — Korteweg A. C., Yurdakul G. The Headscarf Debates: Conflicts of National Belonging. Stanford, CA: Stanford University Press, 2014.

Lacroix 2007 — Lacroix J. Communautarisme et pluralisme dans le débat français: essai d'élucidation // Éthique publique. 2007. Vol. 9. № 1. P. 50–56.

Pena-Ruiz 2003 — Pena-Ruiz H. Qu'est-ce que la laïcité? Paris: Gallimard, 2003.

Tournemire 2014 — Tournemire P. La Ligue de l'enseignement et la laïcité: un même chemin // Laïcité, laïcités: reconfigurations et nouveaux défs (Afrique, Amériques, Europe, Japon, pays arabes) / Édité par J. Baubérot, M. Milot, P. Portier. Paris: Maison des sciences de l'homme, 2014. P. 33–43.

Глава 6
Государственные служащие

Демонстративная нейтральность и внешние проявления нейтралитета

Аннотация: что характеризует секуляризм, который, как считается, наблюдается во французской государственной службе? Какова его правовая основа и какие обязательства он налагает на государственных служащих? Государственный совет отметил в своей оценке государственного образования от 1972 года, что «конституционные положения, устанавливающие секуляризм государства и образования, предписывают нейтралитет всех государственных служб». В этой главе мы увидим, что запреты на ношение религиозных символов государственными служащими являются заметной формой, в которой навязывается это обязательство нейтралитета. Явное требование демонстративной нейтральности отражает своеобразную концепцию секуляризма, которая свидетельствует о дискомфорте французского государства в связи с видимостью религии в публичной сфере.

В опросе, проведенном в январе 2008 года среди 2553 французских государственных служащих, 38 % респондентов заявили, что секуляризм является второй по важности ценностью государственной службы и управления во Франции[1]. Для 93 % из них секуляризм был настолько неотъемлемой частью государственной и гражданской службы, что он воспринимался как нечто большее, чем просто «ценность», защита которой должна быть приоритетом политического управления[2]. Этот опрос может показаться удивительным в то время, когда определенные религиозные конфессии все еще пользуются привилегиями в государственных учреждениях, как я уже показал это выше. И все же широко распространенно предположение о том, что закрепление секуляризма в Конституции само по себе гарантирует некую *естественную секулярность* государственных учреждений, а также работающих в них должностных лиц.

Что же тогда характеризует секуляризм, который, как говорят, наблюдается во французской государственной службе? Какова его правовая основа и какие обязательства он налагает на государственных служащих?

Государственный совет отметил в своей оценке государственного образования от 1972 года, что «конституционные положения, устанавливающие секуляризм государства и образования, предписывают нейтралитет всех государственных служб»[3]. В этой главе мы увидим, что запреты на ношение религиозных символов государственными служащими являются заметной формой, в которой навязывается это обязательство нейтралитета. Явное требование демонстративной нейтральности отражает своеобразную концепцию секуляризма, которая свидетельствует о дискомфорте французского государства в связи с видимостью религии в публичной сфере.

---

[1] Был задан вопрос: «Какие ценности, по вашему мнению, лучше всего воплощаются сегодня в государственной службе и управлении, то есть в службах и органах, подотчетных государству, больницам и местным сообществам?» [Silicani 2008].

[2] Был задан вопрос: «Какие ценности вы хотели бы видеть разработанными немедленно и в приоритетном порядке в государственной службе и управлении?» [Silicani 2008].

[3] Государственный совет, *Исследование, запрошенное Омбудсменом 20 сентября 2013 года*, принято Генеральной Ассамблеей Государственного совета 19 декабря 2013 года, с. 15.

1. Правовой секуляризм

Во французском законодательстве дискриминация граждан, претендующих на государственную службу, по признаку их религиозных убеждений является незаконной. Однако этот конституционный принцип идет рука об руку с ограничением, налагаемым на государственных служащих после их найма, а именно с запретом на выражение религиозных убеждений в рабочей обстановке.

1.1. Доступ к государственной службе

Статья 6 Декларации 1789 года гласит следующее:

> Закон есть выражение общей воли... Все граждане равны перед законом, а значит, все граждане *имеют равный доступ ко всем должностям и ко всем государственным позициям и занятиям* в соответствии со своими способностями и без различия, за исключением обусловленных их добродетелями и талантами.

Во французском законодательстве государственные служащие могут быть наняты только на основе заслуг; следствием этого является то, что государство должно соблюдать строгий нейтралитет по отношению к кандидатам на наем. Государственный совет выпустил несколько напоминаний об этом обязательстве с 1954 года. Он систематически отменял дискриминацию по признаку религиозных убеждений[4] и даже распространил эту защиту на членов духовенства, которые могут занимать государственную должность, пока этот статус не влияет на выполнение ими своих обязанностей [Prélot 2003: 428].

---

[4] CE, ass., 28 мая 1954 года, *Barel*, Rec. Leb., с. 308; CE, 1948, *Delle. Pasteau*, Rec. Leb., с. 464; CE, 25 июля 1939 года, *Delle. Beis*, Rec. Leb., с. 524; CE, 22 марта 1941 года, *Национальный союз родителей учащихся частных учебных заведений*, Rec. Leb., с. 49; CE, 5 января 1944 года, *Dame Tétaud*, Rec. Leb., с. 1.

Государство в целом проявило такой нейтралитет в этой связи, но со значительным исключением, которое можно найти в сфере образования. Это исключение напрямую связано с эволюцией правопорядка во Франции. Как отмечено в главе 2, только с принятием Конституции 1946 года Декларация 1789 года приобрела силу закона[5]; вот почему юриспруденция до 1946 года не учитывала положения Декларации, а юриспруденция после 1946 года строго им следовала. Однако основные законы и судебные решения, касающиеся образования, существовали до 1946 года и не были связаны с Декларацией 1789 года. Статья 17 *Закона от 30 октября 1886 года об организации начального образования*, например, предусматривает, что «в государственных школах всех уровней образование должно быть поручено исключительно светскому персоналу»[6]. Первоначально этот запрет распространялся только на начальные школы, но Государственный совет в известном решении от 10 мая 1912 года по делу аббата Бутейра распространил его и на средние школы[7].

Хотя я и осознаю, что эти меры были приняты в рамках конкретного исторического контекста секуляризации школы, я считаю это решение сомнительным по двум причинам. Во-первых, со строго правовой точки зрения, распространение ограничения на средние школы перевесило волю парламента, выраженную в 1886 году; более того, предусмотренное этим решением рассмотрение церковного статуса отдельных лиц ввело различие, не встречающееся в праве со времен Закона 1905 года [Waline 1957: 285]. Во-вторых, это решение перекликалось с явно антиклерикальными выводами правительственного комиссара Жака Хельброннера, который заявил следующее:

---

[5] Конституционный статус этой декларации впоследствии был подтвержден Конституционным советом в его решении № 71–44 DC от 16 июля 1971 года в отношении *Закона, дополняющего положения статей 5 и 7 закона от 1 июля 1901 года о договоре товарищества*. Этим решением Совет закрепил конституционный статус преамбулы к Конституции 1958 года и Конституции 1946 года (в которой упоминалась Декларация 1789 года).

[6] *Закон от 30 октября 1886 года об организации начального образования*, режим доступа: http://www.senat.fr/evenement/archives/D42/oct1886.pdf.

[7] CE, 10 мая 1912 года, *Аббат Бутейр*, № 46027.

Можно легко представить, что в зависимости от эпохи и моды тем, кто осуществляет духовную власть, может быть запрещено просить об участии в осуществлении светской власти... в нынешнюю эпоху, в условиях и в духе общего законодательства, интересы службы, [которую министр образования] обязан обеспечивать, по его мнению, не допускают приема священнослужителей в ряды сотрудников государственных средних школ (цит. по: [Conseil d'État 2004: 273]).

Это решение впоследствии было уточнено, в частности, заключением Государственного совета от 21 декабря 1972 года, в котором прямо упоминалась Декларация 1789 года. В заключении вновь рассматривался запрет на преподавание в средней школе священнослужителями[8]:

Хотя конституционные положения, устанавливающие светский характер государства и образования, требуют нейтралитета всех государственных служб и, в частности, нейтралитета образования по отношению ко всем религиям, они сами по себе не являются препятствием для того, чтобы некоторые функции служб были поручены священнослужителям.

Однако Совет добавил, что он не может отменить «титульные обязанности должностного лица или отказать ему в приеме на работу... если не установлено, что это должностное лицо находится в ситуации, несовместимой с осуществлением его деятельности». Поскольку пока нет определения совместимости, а заключение от 21 декабря 1972 года касается принятия религиозных обязанностей учителем средней школы, который *уже* является государственным служащим, участвующим в национальном образовании, степень нюанса еще предстоит уточнить, стоит также отметить, что решение 1912 года не было полностью отменено [Stirn 2004: 107]. В заключении от 19 декабря 2013 года Государственный совет напомнил, что «приобретение должностным

---

[8] CE, ass., мнение, 21 сентября 1972 года, № 309354.

лицом церковного статуса не допускает... его исключения *только по этим основаниям*»[9].

Несмотря на это важное исключение в сфере образования, недискриминация по признаку религиозных убеждений остается правилом в государственной службе. Однако существуют ограничения на выражение религиозных убеждений французскими государственными служащими, когда они поступают на государственную службу [Van Ooijen 2012: 202]. Можно даже предположить, что некоторые граждане воздерживаются от подачи заявлений на такие должности, поскольку знают, что им придется отказаться от своих религиозных символов, чтобы занимать эти должности.

1.1. Работа на государственной службе

1.2.1. Обязанность нейтралитета гражданских служащих

Право каждого гражданина свободно выражать свои религиозные взгляды защищено Конституцией. Оно гарантировано статьей 11 Декларации 1789 года:

> Свободное сообщение идей и мнений является одним из самых драгоценных прав человека. Каждый гражданин может, соответственно, говорить, писать и печатать свободно, но будет нести ответственность за такие злоупотребления этой свободой, которые будут определены законом[10].

Статья 6 *Закона от 13 июля 1983 года с поправками, касающимися прав и обязанностей государственных служащих*, далее предусматривает, что «никакое различие, прямое или косвенное,

---

[9] Государственный совет, *Исследование, запрошенное Омбудсменом 20 сентября 2013 года*, принято Генеральной Ассамблеей Государственного совета 19 декабря 2013 года, с. 15.

[10] Этот принцип подтверждается положениями статьи 10 ЕКПЧ, согласно которым, при условии соблюдения необходимых законодательных норм, свобода выражения мнения соответствует «свободе придерживаться своего мнения и свободу получать и распространять информацию и идеи без какого-либо вмешательства со стороны публичных властей и независимо от государственных границ».

не может проводиться между государственными служащими на основе их политических, общинных, философских или религиозных взглядов»[11].

Свобода выражения религиозных убеждений включает в себя *позитивное измерение*, которое выражается, например, во включении капелланов или кафетериев в государственные учреждения. Государственные служащие также могут пользоваться определенными уступками в расписании для обеспечения своей религиозной свободы, при условии, что такие уступки не нарушают работу государственной службы[12]. Циркуляр министра государственной службы, обновляемый ежегодно, устанавливает неисчерпывающий перечень допустимых религиозных праздников[13]. Однако руководители департаментов не имеют возможности толковать этот список ограничительно; они должны рассматривать просьбы об отпуске для празднования и других религиозных праздников, не упомянутых в министерском циркуляре или в рамках проявления уважения к системам верований[14].

Свобода выражения религиозных убеждений также включает в себя *негативное измерение*, поскольку «государственная власть должна воздерживаться от любых мер, которые могут нарушить свободу выражения государственных служащих, не оправданную требованиями должности» [Prélot 2003: 429]. На основе этих *специфичных для должности требований* конституционный принцип нейтралитета государственной службы[15] был интерпре-

---

[11] *Закон № 83-634 от 13 июля 1983 года о правах и обязанностях государственных служащих, известный как «Закон Ле Порса»*, режим доступа: http://www.legifrance.gouv.fr/affichTexte.do?cidTexte=LEGITEXT000006068812&dateTexte=20100224.

[12] CE, приказ, 16 февраля 2004 года, M. B., № 264314.

[13] Государственный совет, *Исследование, запрошенное Омбудсменом 20 сентября 2013 года*, принято Генеральной Ассамблеей Государственного совета 19 декабря 2013 года, с. 16.

[14] Там же.

[15] Конституционность принципа нейтралитета государственной службы была подтверждена решением Конституционного совета от 18 сентября 1986 года; см. Конституционный совет, *Решение № 86-217 DC от 18 сентября 1986 го-*

тирован расширительно, чтобы налагать ограничения на государственных служащих.

Во-первых, они должны соблюдать строгий нейтралитет при исполнении своих обязанностей и не могут выражать свои убеждения в этом контексте. Политические, философские и религиозные взгляды государственных служащих не могут влиять на их действия или приводить к дифференциации среди пользователей услуг. Государственный совет отметил в этом направлении, что государственный служащий не может использовать средства коммуникации, предоставленные ему в силу его должности, на службе его религиозной конфессии[16], в целях распространения пропаганды[17]. Эти решения, несомненно, налагают ограничения на выражение религиозных убеждений государственными служащими, но они принимаются для достижения гарантии того, что управляемые стороны пользуются равенством и свободой совести; свобода государственных служащих ограничена для лучшей защиты пользователей государственных услуг. Это форма *нейтралитета в действии*.

Во-вторых, более позднее развитие расширило обязанность нейтралитета, налагаемую на государственных служащих, включив в нее *нейтралитет внешнего вида*. Циркуляр действующего на тот момент министра образования Лионеля Жоспена от 12 декабря 1989 года гласит:

> Учителя, исполняя свои обязанности и в силу примера, который они явно или неявно подают своим ученикам, должны настоятельно избегать всех отличительных знаков

да: *Закон о свободе коммуникации*, режим доступа: http://www.conseil-constitutionnel.fr/conseil-constitutionnel/francais/les-decisions/acces-par-date/decisions-depuis-1959/1986/86-217-dc/decision-n-86-217-dc-du-18-septembre-1986.8289.html.

[16] Государственный совет постановил, что «факт использования ведомственных средств связи в интересах Ассоциации за объединение мирового христианства... представляет собой нарушение принципа секуляризма и обязательства нейтралитета, возложенного на любого государственного служащего»; см. CE, 15 октября 2003 года, г-н Жан-Филипп Одент, № 244428, с. 3.

[17] CE, 8 декабря 1948 года, *Delle. Pasteau*, Rec. Leb., с. 464.

философского, религиозного или политического характера, которые нарушают свободу совести детей и признанную воспитательную роль семьи. Учителя, нарушающие это правило, совершают серьезный проступок[18].

Хотя этот циркуляр не имел нормативной (и, следовательно, юридической) силы, он имел значительную символическую силу и, вероятно, применялся во многих учебных заведениях. Та же аргументация содержится в выводах, представленных правительственным комиссаром Реми Шварцем Государственному совету перед тем, как последний вынес решение по делу Делле Марто от 3 мая 2000 года, которое должно было установить принцип, запрещающий ношение религиозных символов государственными служащими:

> Равенство и нейтралитет идут рука об руку, нейтралитет является важнейшим принципом государственной службы... *вы не просто требуете от государственных служащих соблюдения фактического нейтралитета, но вы также требуете, чтобы они демонстрировали нейтралитет. Пользователям государственных услуг не должно быть дано ни малейшего повода усомниться в этом.* С этой целью государственные служащие обязаны своим поведением, своими проявлениями и своим отношением избегать возникновения сомнений у пользователей[19].

На основании этих выводов Государственный совет постановил:

> В то время как работники государственной системы образования пользуются, как и все другие государственные служащие, свободой совести, которая исключает любую дискриминацию при приеме на работу и продвижении по службе

---

[18] Циркуляр, *Секуляризм, ношение религиозных символов учащимися и обязательный характер обучения*, JO, 15 декабря 1989 года, и BO № 46, 21 декабря 1989 года.

[19] Заключения правительственного комиссара Реми Шварца см. CE, 3 мая 2000 года, *Delle. Marteaux*, № 217017; см. также CAA Versailles, 23 февраля 2006 года, *Rachida E. с. Cne Guyancourt*, № 04VE03227.

по признаку их вероисповедания, принцип секуляризма ограничивает использование ими права выражать свои религиозные убеждения в рамках государственной службы[20].

Совет далее уточнил, что этот запрет касается всех государственных служащих, независимо от того, выполняют ли они обязанности преподавателя. Он заявил, что «проявление служащим своих религиозных убеждений при выполнении своих обязанностей, в частности ношение символа конфессиональной принадлежности, является нарушением его обязательств»[21].

Хотя это решение теоретически применимо ко всем религиозным символам, оно открыло новые возможности для правительственных ведомств по-разному интерпретировать и обращаться с такими символами. Они могут, с санкции судьи, интерпретировать «характер и степень демонстративности символа»[22] при определении любых дисциплинарных мер, применяемых к такому неправомерному поведению [Conseil d'État 2004: 275]. Это может привести к тому, что государственные служащие будут получать разное обращение в зависимости от позиции, занятой их ведомством в отношении спорного религиозного символа.

Я считаю это решение Государственного совета проблематичным по двум причинам. Во-первых, оно устанавливает верхний предел свободы совести государственных служащих во имя крайне ограничительной концепции секуляризма, без учета реалий их профессиональных обязанностей. Правительственный комиссар Шварц написал по этому поводу, что «свобода совести не является абсолютной, поскольку *она противоречит принципу секуляризма Республики*, который подразумевает нейтралитет государственной службы... *Этот* принцип *секуляризма подкрепляется республиканской концепцией государства*»[23]. Во-вторых,

---

[20] CE, 3 мая 2000 года, *Delle. Marteaux*, № 217017.

[21] Там же.

[22] Там же.

[23] Вывод правительственного комиссара Реми Шварца см. CE, 3 мая 2000 года, *Delle. Marteaux*, № 217017, с. 2.

это решение заставляет государственных служащих вести себя в соответствии с нормализованным набором социального поведения. Рассуждения административного трибунала Лиона в этом отношении показательны:

> Обстоятельства, при которых государственный служащий... продолжает ритуально носить головной убор на службе для наглядной демонстрации своей религиозной принадлежности и выражения своей преданности религии... таковы, что они вызывают как у его коллег, так и в глазах пользователей [государственных услуг] *сомнение не только в его нейтралитете, но и в его лояльности к учреждениям и его верности французской республиканской традиции*, призванной сохранять свободу совести, включая религиозную свободу, в атмосфере гражданского мира[24].

Сомневающиеся пользователи — это боязливые пользователи. В этом контексте опасения по поводу «внешности» государственного служащего и попытки сделать эту внешность «нейтральной», чтобы сохранить доверие пользователей к государственной службе, основаны на довольно пессимистическом антропологическом мировоззрении. Предполагается, что пользователи испытывают страх и недоверие, когда сталкиваются с служащим, который явно не разделяет их убеждений [Van Drooghenbroeck 2011: 116]. Но, как отмечает юрист Себастьен Ван Дроогенбрук,

> если серьезно относиться к страхам пользователей, то, по-видимому, нет никаких логических оснований ограничивать эту защиту страхами, вызванными «видимым»; «скрытые» связи государственного служащего могут вызывать такую же тревогу, как и его видимые связи, или даже больше. То, что невидимо, необязательно не существует [Ibid.: 118].

---

[24] TA Lyon, 8 июля 2003 года, Делле Наджет Бен Абдалла, № 0201383. Это решение было оставлено в силе после апелляции; см. CAA Lyon, 27 ноября 2003 года, Делле Наджет Бен Абдалла, № 03LY01392.

Обоснование требования демонстративной нейтральности необходимостью защиты пользователей также способствует поддержанию негативных социальных представлений о «видимой» религии, которая позиционируется как, по сути, несовместимая или противоречащая «общим» ценностям Республики, даже конфликтующая с ними.

Эффект запрета на ношение религиозных символов заключается во вполне реальной двойной цене, которую приходится платить государственным служащим. Во-первых, этот запрет ограничивает их свободу совести и религии. Во-вторых, он потенциально влияет на их право на равный доступ к государственной службе, поскольку, хотя это право гарантировано буквой закона, оно фактически гарантировано только тем гражданам, чья религиозная догма не предписывает никаких внешних проявлений. Это выливается в косвенную дискриминацию в отношении тех сикхов и мусульман, в частности, которые решают добиваться государственной должности.

Этот запрет на религиозные символы бросает тень на «лояльность» служащих к государственной службе, которой, следует отметить, они планируют посвятить свою карьеру. Бремя доказывания перекладывают с одних плеч на другие, и верующие (в большей степени, чем неверующие) оказываются обязанными предоставлять предварительные доказательства нейтралитета, тогда как все должностные лица должны пользоваться презумпцией нейтралитета. Такая презумпция должна оставаться в силе, если только объективная апостериорная оценка поведения соответствующего лица не определит иное.

В особенно напряженном социальном контексте, отмеченном, по мнению многих политических деятелей, ростом религиозного коммунитаризма (см. главу 3), правительство летом 2020 года внесло на рассмотрение законопроект «против сепаратизма». После года парламентских дебатов был принят Закон об уважении принципов Республики («Закон 2021 года»)[25]. Статья 3 Закона

---

[25] *Закон № 2021–1109 от 24 августа 2021 года об уважении принципов Республики*, JORF № 0197, 25 августа 2021 года, режим доступа: https://www.legifrance.gouv.fr/jorf/id/JORFTEXT000043964778.

направлена на укрепление секуляризма и нейтралитета, требуя от всех государственных служащих проходить обучение по секуляризму. Каждая правительственная юрисдикция на каждом уровне должна иметь штатного сотрудника (называемого *référent laïcité*), чья работа заключается в консультировании лиц, принимающих решения, по любым вопросам, связанным с секуляризмом, которые могут возникнуть в их компетенции. Этот сотрудник должен проводить ежегодный день секуляризма 9 декабря, в годовщину Закона 1905 года.

1.2.2. Обязанность нейтралитета партнеров по оказанию государственных услуг

До недавнего времени обязательство нейтралитета распространялось только на государственных служащих, тогда как случайные партнеры государственной службы были освобождены от него[26]. Более того, Государственный совет повторил этот принцип в своих решениях от 27 июля 2001 года и 29 мая 2002 года[27]. Однако Закон 2004 года (см. главу 6) открыл ящик Пандоры.

Покрытые матери в роли сопровождающих

Когда в сентябре 2004 года возобновились занятия в школах, Закон 2004 года широко трактовался многими политическими и институциональными деятелями (мэрами и ректорами академий), что привело к тому, что многие учебные заведения запретили ношение заметных символов (платков) тем из родителей, кто добровольно вызвался сопровождать детей на школьных

---

[26] Случайные партнеры государственной службы — это те, кто время от времени принимает участие в миссии государственной службы, даже если они сами не являются государственными служащими. Это касается родителей, сопровождающих учеников на школьные мероприятия, проводимые в школьные часы, но за пределами школьных помещений. См. циркуляр № 91-124 от 6 июня 1991 года с поправками, внесенными циркулярами № 92-216 от 20 июля 1992 года и 94-190 от 29 июня 1994 года, с. 7.

[27] CE, 27 июля 2001 года, *Национальный тюремный союз Force Ouvrière*; CE, 29 мая 2002 года, *Национальный тюремный союз Force Ouvrière*.

экскурсиях [Karimi 2021: 105]. Однако решение Высшего органа по борьбе с дискриминацией и за равенство (HALDE) от 14 мая 2007 года[28] установило, что такие матери не являются «случайными партнерами государственной службы», связанными обязательством нейтралитета.

Политическая реакция не заставила себя долго ждать. 22 июля 2008 года 65 членов Национальной ассамблеи внесли законопроект «о запрете ношения символов или одежды, явно демонстрирующих религиозную, политическую или философскую принадлежность любым лицом, наделенным государственной властью, исполняющим миссию служения обществу или принимающим участие в такой миссии»[29]. Формулировка законопроекта была относительно алармистской; его авторы апеллировали к решению Высшего органа по борьбе с дискриминацией и за равенство, утверждая, что некоторые институциональные гарантии секуляризма, по-видимому, уступают коммунитарному давлению. Они выразили сожаление, что Высший орган по борьбе с дискриминацией и за равенство «вынес решение в пользу матерей студентов, которым было отказано в возможности участвовать в образовательных мероприятиях из-за ношения ими исламского платка»[30]. По их словам, это представляет собой

> вопиющую атаку на принцип секуляризма в образовании, [который] предполагает, что для гарантии абсолютной свободы совести, мысли и слова для всех государство должно гарантировать не только строгий нейтралитет, но и его соблюдение в рамках деятельности по оказанию государственных услуг.

---

[28] HALDE, обсуждение № 2007–117 от 14 мая 2007 года, 16 июня 2009 года.

[29] Национальная ассамблея, *Законопроект о запрете ношения знаков или одежды, которые наглядно демонстрируют религиозную, политическую или философскую принадлежность любым лицом, наделенным государственной властью, ответственным за государственную миссию или одновременно участвующим в таковой*, 22 июля 2008 года, режим доступа: www.assemblee-nationale.fr/13/propositions/pion1080.asp.

[30] Там же, с. 2.

Поэтому они предложили запретить ношение символов, явно демонстрирующих религиозную принадлежность со стороны государственных служащих, выборных должностных лиц и *всех, кто принимает участие в миссии государственной службы*. Они также призвали запретить такие символы «на территории учреждений, в которых осуществляется деятельность по оказанию государственных услуг, где они являются подстрекательскими или противоречат человеческому достоинству»[31].

Законопроект не был принят; тем не менее наблюдается четкая и растущая тенденция в учебных заведениях запрещать случайным партнерам носить религиозные символы. Значительное число парламентариев, многие из которых связаны с правыми партиями, поддержали эти спорадические попытки, следуя примеру министра национального образования Люка Шателя. 27 марта 2021 года он издал циркуляр, направленный на «гарантию секуляризма», в котором он заявляет, что

> принципы светского образования и нейтралитета государственной службы полностью применимы в помещениях государственных школ. Эти принципы могут служить, в частности, для того, чтобы помешать родителям учащихся или кому-либо еще проявлять своей одеждой или речью свои религиозные, политические или философские убеждения во время сопровождения учащихся на школьных экскурсиях и поездках[32].

Циркуляр не имеет нормативного (а следовательно, и юридического) статуса, но он оказал значительное влияние, что привело к внесению многочисленных поправок в школьные уставы, которые распространяют обязанность нейтралитета на людей, сопровождающих школьные экскурсии.

Когда полемика достигла своего пика в 2013 году, омбудсмен Доминик Бодис запросил мнение Государственного совета о статусе применимого права. Совет ответил исследованием, опубликован-

---

[31] Там же.

[32] *Циркуляр № 2012–056 от 27 марта 2012 года, касающийся руководящих принципов и инструкций по подготовке к 2012 учебному году*, режим доступа: https://juridique.defenseurdesdroits.fr/index.php?lvl=notice_display&id=12867.

ным 19 декабря 2013 года, в котором вновь подчеркивается, что родители, которые ходят на школьные экскурсии, не являются ни государственными служащими, ни случайными партнерами государственной службы. Они являются пользователями государственной услуги и, следовательно, не должны подчиняться принципу нейтралитета[33]. Однако Совет также постановил, что в случае риска нарушения общественного порядка родителям может быть предложено воздержаться от проявления своих религиозных убеждений.

Существовало две преобладающих трактовки этого мнения. Некоторые наблюдатели критиковали Совет за то, что они считали его отступлением, повторно санкционировавшим появление исламского платка в учебных заведениях. Другие, в частности школьные заведующие, поспешили заполнить оставленную Советом брешь, введя множество запретов для покрытых родителей по причине «риска нарушения общественного порядка» [Karimi 2021: 105]. Министр образования Наджат Валло-Белькасем осенью 2014 года решительно подтвердила принцип, изложенный Государственным советом менее года назад: родители не связаны обязательством нейтралитета. Эта позиция была позднее изложена в руководстве по секуляризму (*Vademecum pour la laïcité*), разосланном всем школам [Ibid.]. Однако споры с тех пор не утихают. В парламенте продолжают появляться новые законопроекты, направленные на то, чтобы окончательно распространить действие принципа нейтралитета на матерей, желающих сопровождать своих детей во время школьных экскурсий.

Сотрудники частных предприятий, осуществляющих государственную миссию

В 2010-х годах также наблюдалось постепенное распространение обязанности нейтралитета на сотрудников некоторых частных компаний. Эта новая обязанность зародилась в судебной практике, прежде чем обрела юридическую форму.

---

[33] Государственный совет, *Исследование, запрошенное Омбудсменом 20 сентября 2013 года*, режим доступа: https://www.defenseurdesdroits.fr/sites/default/fles/atoms/fles/ddd_avis_20130909_laicite.pdf.

В деле Медицинской страховой кассы Сена-Сен-Дени (*CPAM de Seine-Saint-Denis*), решение от 19 марта 2013 года, Социальная палата Кассационного суда, высшего апелляционного суда Франции[34], подтвердила увольнение медицинской страховой кассой (*Caisse primaire d'assurance maladie*) и департаментом Сена-Сен-Дени «специалиста по медицинскому страхованию» на том основании, что она носила исламский хиджаб в форме чепчика. Сотрудница работала по частноправовому договору в частной организации, которая тем не менее *выполняла миссию государственной службы, что налагало на нее требование о соблюдении нейтралитета*. Суд постановил, что «принципы нейтралитета и секуляризма государственной службы применимы ко всем государственным услугам, в том числе предоставляемым частными организациями». В решении добавлено, что сотрудники таких компаний «*связаны особыми ограничениями в связи с тем, что они участвуют в миссии государственной службы, которые запрещают им проявлять свои религиозные убеждения посредством внешних символов, в частности, в их одежде*». Согласно этому решению, сотрудники частных организаций, осуществляющих миссию государственной службы, должны соблюдать обязательство нейтралитета, «*даже если пользователи не контактируют с ними*». Результатом является значительное расширение обязательства нейтралитета.

Эта юриспруденциальная тенденция была закреплена несколько лет спустя в Законе 2021 года. Статья 1 утверждает, что государство не является единственным носителем обязательства секуляризма и нейтралитета; что эта обязанность возлагается также на организации публичного или частного права, которым поручена миссия предоставления государственных услуг. Закон предусматривает, что такие организации должны гарантировать, что их

> сотрудники или лица, в отношении которых [они обладают] иерархической или управленческой властью, участвуя в предоставлении государственных услуг, *воздерживаются,*

---

[34] Cass. soc., 19 марта 2013 года, Mme X с. CPAM de Seine-Saint-Denis.

в частности, от выражения своих политических или религиозных убеждений, относятся ко всем людям одинаково и уважают их свободу совести и достоинство.

Многочисленные государственные и частные предприятия, включая управление парижского аэропорта (*Aéroports de Paris*), национальную железнодорожную корпорацию SNCF (*Société nationale des chemins de fer*) и корпорации, управляющие жилым фондом для малообеспеченных граждан, явно осуществляют такую миссию и, следовательно, подпадают под действие этого положения. Однако закон идет еще дальше, нацеливая его также на сотрудников предприятий, которым эти организации делегируют часть своих функций по предоставлению государственных услуг. Наконец, закон распространяет требование нейтралитета на любое государственное или частное предприятие, имеющее контракт или соглашение о закупках, в рамках которого оно осуществляет деятельность по предоставлению государственных услуг, будь то полностью или частично.

Закон, ряд положений которого были ужесточены в ходе парламентских дебатов после убийства Самюэля Пати в октябре 2020 года, является частью нового воинственного республиканизма, мобилизующего идеализированную версию секуляризма на борьбу с коммунитаризмом. Ужесточение судебной практики, а затем и законодательства, происходили на фоне обилия дискурсивных материалов о секуляризме, которые с 2003 года способствовали его становлению в качестве республиканского идеала, подлежащего защите.

2. Нарративный секуляризм

На протяжении первого десятилетия нового тысячелетия дебаты о выражении религиозных убеждений в публичной сфере нашли новую мишень в виде видимых религиозных символов в больницах. В ряде правительственных докладов по этому вопросу по-прежнему излагается версия нарративного секуляризма, которая изо всех сил пытается представить некий «секулярный идеал» как находящийся под все большей угрозой. Первым из таких докладов был доклад Комиссии Стази[35]. Позже появились «доклад Россино» от 13 сентября 2006 года[36] и доклад Высшего совета по интеграции (HCI) от января 2007 года[37]. Высший орган по борьбе с дискриминацией и за равенство[38], а позднее Омбудсмен и правительственный консультативный орган, именуемый Обсерваторией по секуляризму (*Observatoire de la laïcité*), заняли более взвешенную позицию, часто публикуя напоминания о тексте закона наряду с либеральными толкованиями основополагающих текстов секуляризма.

---

[35] Хотя в этом докладе и рассматривался вопрос о нейтралитете государственных служащих, он был затронут лишь кратко, в форме предложения, призванного «подтвердить строгое соблюдение принципа нейтралитета государственными служащими» и «включить обязательство о нейтралитете персонала в контракты, заключаемые с предприятиями, являющимися представителями государственной службы, и с предприятиями, оказывающими содействие государственной службе» (Commission de réflexion sur l'application du principe de laïcité dans la République, *Rapport remis au président de la République*, 2003: 6). Я не буду рассматривать этот доклад далее в этом разделе, поскольку предложение не оказало существенного влияния на общественные дебаты и не было принято парламентом. Доклад Стази чаще рассматривается как доклад, касающийся ношения религиозных символов учащимися государственных школ.

[36] Этот доклад был заказан Николя Саркози, председателем Союза за народное движение (UMP). Заинтересованной стороной также был министр внутренних дел и землепользования, занимавший должность, связанную с управлением по вопросам культов. Однако доклад был подготовлен не институциональным органом, а группой политиков.

[37] В тот же период премьер-министр Доминик де Вильпен обратился к Высшему совету по интеграции с просьбой разработать хартию секуляризма государственной службы. Он объяснил это «серьезной обеспокоенностью наших сограждан» по поводу видимости религии в общественной сфере; см. рекомендательное письмо Доминика де Вильпена президенту Высшего совета по интеграции Бландин Кригель от 15 мая 2006 года.

[38] Этот административный орган был создан законом от 30 декабря 2004 года и действовал до 2011 года. Его мандат заключался в вынесении заключений и рекомендаций государственным органам о необходимых улучшениях в антидискриминационных законах. В 2011 году его заменила должность Омбудсмена.

2.1. Доклад Россино

Во введении к докладу Россино постулируется, что «секуляризм *начинается как идеал, прежде чем стать правовой нормой*, создающей права и обязанности»; это не новая идея; скорее, она вытекает из «видения общего блага, сформированного нашей историей и выбором французского народа» [Rossinot 2006: 3]. Это видение «выражает идею того, что государство опирается непосредственно на волю граждан, *без подчинения какой-либо власти, стоящей над этой волей*». В таком прочтении секуляризм не является особой формой политики, направленной на обеспечение лучших гарантий основных прав; он скорее сродни «ценности, которая не может быть навязана, если французы не разделяют ее в подавляющем большинстве» [Ibid.: 13]. В докладе делается вывод, что по этой причине «роль государственной службы [является] решающей. Действительно, именно на государственную службу ложится основная обязанность работать над распространением и продвижением республиканских ценностей, в частности секуляризма, в обществе» [Ibid.].

Далее в докладе анализируется, как обострилась религиозная напряженность в публичной сфере[39], после чего представляются две категории предложений. Первая направлена на закрепление обязанности нейтралитета, возложенной на государственных служащих [Ibid.: 49], и ее распространение «на всех неуставных агентов государства, территориальных образований и их общественных учреждений, а также на сотрудников предприятий, уполномоченных предоставлять государственные услуги, и на партнеров в сфере государственных услуг» [Ibid.: 48]. Вторая

---

[39] В докладе отмечалось возникновение напряженности в школах, где, как сообщается, растет число прогулов, случаев насилия [Rossinot 2006: 17] и других «идентаристских требований», таких как требования халяльной и кошерной еды в столовых [Ibid.: 26]. Подчеркивалось, что эта напряженность затрагивает и больницы, и отмечались случаи отказа в оказании медицинских услуг или непринятия персонала по религиозным мотивам [Ibid.: 21]. Согласно докладу, в больницы также все чаще проникали представители сект [Ibid.: 24].

направлена на возложение обязанности нейтралитета на пользователей государственных услуг, то есть на граждан. Они должны быть обязаны «соблюдать республиканские принципы» в публичной сфере, а именно, воздерживаться от просьб о предоставлении помощи по религиозным мотивам [Ibid.: 24].

Доклад Россино строится на концепции блага (ценности Республики), которую он ставит выше принципов справедливости. В рамках «республиканского секуляризма как гражданской религии», он может рассматриваться как воплощение версии секуляризма, основанной на гражданском исповедании веры, вдохновленной Руссо [Baubérot 2009: 16; Baubérot, Milot 2011: 105]. Эта парадигма призывает всех граждан к присяге на верность «высшим» гражданским (республиканским) принципам; она не видит иного способа укрепления государственного строя, кроме как через практически исключительное соблюдение этих принципов, и подозревает религиозные группы в распространении ценностей, несовместимых с Республикой. Это руссоистское исповедание гражданской веры ясно видно из рассуждений в докладе: «консенсус достигается не уступками, а приверженностью большинства твердо отстаиваемым ценностям» [Rossinot 2006: 35]. Эта приверженность республиканским ценностям, будучи *непременным условием* долгосрочной прочности общественного договора», не подлежит обсуждению [Ibid.: 36].

Вкратце: из этого доклада вытекает максималистская концепция обязательного нейтралитета в публичной сфере. Требование видимого нейтралитета распространилось не только на государственных служащих, но и на всех, кто так или иначе связан с государственной службой и участвует в ее работе.

2.2. Доклад Высшего совета по интеграции (2007)

Похожий максимализм можно обнаружить в докладе Высшего совета по интеграции, опубликованном в январе 2007 года, хотя он основан на иных предпосылках, чем доклад Россино. Тот факт, что подготовка этого второго доклада была поручена комитету, специализирующемуся на вопросах интеграции, свидетельствует о его побудительных мотивах; по всей видимости, здесь прослеживается намерение продвигать нарративный секуляризм за пределами правовой сферы, сосредоточившись на условиях успешной интеграции иммигрантов во французское общество.

С 2002 года в Высшем совете по интеграции произошла практически полная смена его состава, и его позиция в отношении секуляризма радикально изменилась. Теперь Высший совет по интеграции считает себя «секулярным авангардом правительства» [Hajjat, Mohammed 2013: 147]. Вскоре этому органу было суждено внести свой вклад в риторику вокруг того, что все чаще называют «новым секуляризмом» (см. главу 8).

В докладе за 2007 год Высший совет по интеграции отходит от концепции секуляризма как гражданского исповедания веры. Во введении к нему говорится, что «секуляризм — это, по сути, свобода, дарованная каждому, а не ограничение, налагаемое на всех» [Haut conseil à l'intégration 2007: 191]. Однако в докладе он четко помещен в контекст специфически французской истории, кульминацией которой стало «превращение республиканского государства, благодаря своему престижу и нейтралитету, в центр взаимодействия и сосуществования всех французских граждан» [Ibid.: 194]. В докладе отмечается, что этот центр сейчас находится под угрозой:

> В условиях растущих требований идентичности необходимо уважение и преодоление различий — как между религиозными или философскими убеждениями, так и между политическими убеждениями в самом широком смысле этого слова, а также между индивидуальными жизненными выборами. Нельзя допускать сегментации публичной сферы в ответ на фрагментацию личных устремлений. На карту поставлены социальная и национальная сплоченность [Ibid.: 196].

Далее в докладе подробно рассматриваются «границы государственной службы», то есть сфера применения требования государственного нейтралитета [Ibid.: 202]. В докладе также предлагается расширить эту сферу. Как и в докладе Россино, в нем установлено, что сотрудники организаций, которым делегировано предоставление государственных услуг, и частных ассоциаций, финансируемых за счет государственных средств, должны нести те же обязательства по соблюдению нейтралитета, что и государственные служащие. Доклад противоречит правовому секуляризму в отношении случайных партнеров государственной службы[40], призывая, чтобы на них также распространялась та же обязанность. В нем утверждается, что это обязательство должно быть символически закреплено в секулярной хартии государственной службы и распространено на все уровни французской власти.

Что касается пользователей, то в докладе рассматривается дилемма, которую составители доклада попытались разрешить, возлагая на них обязательство, основу которого можно найти не в законе, а в морали и соблюдении ценностей республиканского государства:

> Учитывая обязательные правила, регулирующие поведение государственных служащих, принцип свободы, гарантированной пользователям, несомненно, служит ярким примером двусмысленности принципа секуляризма. Это не означает, что свобода равнозначна невмешательству, и именно поэтому, при отсутствии систематических правовых обязательств, *на пользователей возлагаются моральные обязательства*, организованные вокруг нескольких разумных правил поведения [Ibid.: 203–204].

Как и в докладе Россино, нарративный секуляризм, представленный в докладе Высшего совета по интеграции, практически не демонстрирует нейтральности, поскольку основывается на ярко выраженной республиканской концепции секуляризма. Он больше похож на идеализированный деинституционализирующий секуляризм, чем на секуляризм гражданской веры. Ак-

---

[40] См. CE, 27 июля 2001 года, *Национальный тюремный союз Force Ouvrière*; CE, 29 мая 2002 года, *Национальный тюремный союз Force Ouvrière*.

цент делается прежде всего на ощутимом разграничении частной жизни и государственных институтов. В докладе Высшего совета по интеграции делается следующий вывод:

> Секуляризм сотрясает и превосходит естественные общности происхождения всех людей... Он не требует, чтобы мы отказались от того, кем мы являемся, и не предлагает нам забыть, откуда мы пришли, перестать ценить какую-либо данную культуру, обычай или веру; скорее, он призывает нас *перерасти все партикуляризмы вместе, чтобы объединиться в более широком, более нейтральном, более открытом пространстве* [Ibid.: 209].

После этого доклада премьер-министр 13 апреля 2007 года издал циркуляр, содержащий «Хартию секуляризма в сфере государственной службы», для распространения среди всех государственных организаций[41]. Хартия не имеет юридического статуса, но имеет значительный символический вес. Она не отвечает рекомендации Высшего совета по интеграции о наложении эффективного обязательства нейтралитета на подрядчиков и партнеров государственных услуг. Тем самым циркуляр «создал бы закон» за пределами намерений Парламента и, вероятно, был бы осужден Государственным советом. Нарративный секуляризм может подпитывать правовой секуляризм, но это не делает его источником права. Тем не менее циркуляр от 13 апреля 2007 года указывает на явное намерение возложить обязательства на пользователей государственных услуг. Он полностью поддерживает соответствующие предложения Высшего совета по интеграции, предусматривая, что

> пользователи государственных услуг должны воздерживаться от любых форм прозелитизма [и] не могут отказываться от взаимодействия с государственным служащим или другими пользователями, а также предъявлять требо-

---

[41] *Циркуляр № 5209/SG от 13 апреля 2007 года относительно Хартии секуляризма в сфере государственных услуг*, режим доступа: http://www.dgdr.cnrs.fr/bo/2007/07-07/521-bo0707-cir5209.htm.

вания о внесении каких-либо адаптационных изменений в работу государственной службы или государственной инфраструктуры[42].

2.3. Нарративный секуляризм и его сторожевые псы

Максималистская концепция нейтралитета государственной службы, вытекающая из Хартии, вне всяких сомнений, была обусловлена принятием в 2004 году закона, ограничивающего выражение религиозных убеждений весьма специфической категории пользователей: учащихся государственных начальных и средних школ (Закон 2004 года)[43]. Однако этот закон, запрещающий ношение явной религиозной символики учащимися государственных школ, является исключением.

Высший орган по борьбе с дискриминацией и за равенство неоднократно напоминал, что отказ в доступе в государственное учреждение гражданину, носящему религиозный символ, является актом дискриминации. Он позиционировал себя как сторож, выступающий против расширительного толкования возложенного на государство обязательства нейтралитета. Например, 5 июня 2006 года суд постановил, что исключение из зала заседаний человека, носящего сикхский тюрбан, является дискриминацией, отметив, что «принцип нейтралитета должен соблюдаться только должностными лицами государственной службы, а не ее пользователями... Система правосудия подчиняется тому же режиму»[44]. В тот же день суд занял ту же позицию и во втором постановлении по делу об отказе женщине в доступе на церемонию натурализации, проходившую в здании префектуры[45]. Высший орган по борьбе с дискриминацией и за равенство не

---

[42] Там же.

[43] *Закон № 2004–228 от 15 марта 2004 года, запрещающий, в соответствии с принципом секуляризма, ношение в государственных школах, колледжах и лицеях знаков или одежды, демонстрирующих явную религиозную принадлежность, JO № 65, 17 марта 2004 года, с. 5190.*

[44] HALDE, заключение № 2006–132, 5 июня 2006 года.

[45] HALDE, заключение № 2006–131, 5 июня 2006 года.

наказал больницу за то, что ее работники обеспечили соблюдение дресс-кода, потребовав от женщины снять никаб перед входом в анестезиологическое отделение, где ее дочь проходила предоперационную подготовку[46]. Учитывая этот свод расширенных толкований обязательства нейтралитета в государственных учреждениях, правительству было рекомендовано «принять все необходимые меры для обеспечения того, чтобы все его должностные лица воздерживались от ошибочного применения принципов секуляризма и нейтралитета таким образом, чтобы это приводило к дискриминационной практике».

Ранее в этой главе я обсуждал ограничения, которые Высший орган по борьбе с дискриминацией и за равенство пытался установить вокруг распространения принципа нейтралитета на случайных партнеров государственных услуг[47]. Омбудсмен занял аналогичную позицию. Однако органом, который в последние годы придерживался наиболее либеральной трактовки правовых текстов о секуляризме, является Обсерватория по секуляризму — консультативный орган, созданный в 2007 году для консультирования правительства по соответствующим вопросам.

Обсерватория напомнила, что она на постоянной основе стремится подчеркивать «свободы и запреты, вписанные в секулярные рамки... в хрупком социальном контексте, где наблюдается рост требований, которые либо носят коммунитарный характер, *либо используют секуляризм в целях стигматизации*»[48]. Она приняла основанную на правах точку зрения, соответствующую либеральным истокам этой концепции:

---

[46] HALDE, заключение № 2007–210, 3 сентября 2007 года.

[47] Однако кратковременное пребывание на посту президента Высшего органа по борьбе с дискриминацией и за равенство (HALDE) в 2010 году политика Жанетт Буграб, бывшего члена Высшего совета по интеграции (HCI) и самопровозглашенного «борца за секуляризм», оказало временное влияние на этот либеральный настрой.

[48] Обсерватория по секуляризму, *Свободы и запреты в секулярном обществе*, 3 октября 2016 года, режим доступа: https://www.gouvernement.fr/libertes-et-interdits-dans-le-cadre-laique.

> Секуляризм — это прежде всего свобода совести, то есть свобода верить или не верить. Свобода вероисповедания подразумевает свободу исповедовать религию как в частном порядке, так и публично, при условии, что проявления этой практики не нарушают общественный порядок[49].

Единственная цель, ради которой на государственных служащих могут быть наложены определенные обязательства, включая «строгую обязанность нейтралитета», заключается в обеспечении максимальных гарантий этой свободы. Эти служащие также пользуются гарантиями свободы совести: «они могут брать разрешенные отпуска для празднования религиозных праздников, если это совместимо с обычными требованиями государственной службы»[50]. И эта свобода может быть ограничена только в целях защиты свободы других лиц, а именно пользователей государственных услуг.

Таким образом, на публичной арене сталкиваются несколько различных версий нарративного секуляризма. Одна из них тяготеет к либерализму, отдавая приоритет гарантиям свобод на уровне государства; другая же склоняется к более ограничительному подходу, стремясь сделать проявления религии в государственной сфере все более незаметными под предлогом нейтралитета. Эта последняя версия, задействованная в постоянных попытках расширить обязательство нейтралитета, находит в наши дни определенный отклик в правовой сфере.

Однако эта тенденция характерна не только для Франции. Себастьен ван Дроогенбрук показывает, как бельгийское право, по-видимому, отказалось от доверия «в пользу более строгой концепции нейтралитета», навязываемой государственным служащим. В его анализе новой правовой конфигурации «акты,

---

[49] Обсерватория по секуляризму, *Декларация о секуляризме*, режим доступа: https://www.gouvernement.fr/sites/default/fles/contenu/piece-jointe/2018/07/declaration_pour_la_laicite.pdf.

[50] Обсерватория по секуляризму, *Хартия секуляризма в сфере государственных услуг*, режим доступа: https://www.gouvernement.fr/sites/default/fles/contenu/piece-jointe/2014/07/charte_laicite-sp2007.pdf.

несомненно, остаются важными, но к заявлениям их авторов, а также к опасениям пользователей по поводу этих актов следует относиться столь же серьезно, даже в ущерб неограниченной "свободе выражения мнения" авторов» [Van Drooghenbroeck 2011: 84].

В контексте Квебека аналогичная ситуация наблюдалась в ходе дебатов 2013 и 2014 годов вокруг проекта «Квебекской хартии ценностей» [Koussens, Lavoie 2018]. Законопроект, внесенный правительством провинции, предлагал законодательно закрепить обязанность сдержанности и религиозного нейтралитета для государственных служащих при исполнении ими своих обязанностей, чтобы отразить «отделение религий от государства и его религиозный нейтралитет». В законопроекте также указывалась необходимость запрета на ношение государственными служащими на рабочем месте заметных религиозных символов, поскольку это рассматривается как проявление пассивного или молчаливого прозелитизма, несовместимого с нейтралитетом государства, благой работой его институтов и их секулярностью[51].

Совсем недавно, 16 июня 2019 года, в Квебеке популистское правительство коалиционной партии «Вперед, Квебек» приняло Закон о секулярности государства. Закон возлагает на государственных служащих обязанность соблюдать нейтралитет и, в частности, запрещает некоторым категориям должностных лиц, занимающих руководящие посты в правительстве провинции, носить религиозные символы [Koussens 2020].

В целом резонанс этой концепции «видимого» или «демонстративного» нейтралитета с некоторыми областями национального законодательства способствовал ее все большей институционализации в законодательстве, что привело к ее растущему общественному признанию. Более того, различные национальные

---

[51] Законопроект 60, *Хартия, утверждающая ценности государственного секуляризма, религиозного нейтралитета и равенства между женщинами и мужчинами, а также предоставляющая основу для запросов на убежище*, режим доступа: http://www.assnat.qc.ca/en/travaux-parlementaires/projets-loi/projet-loi-60-40-1.html.

правовые системы способствовали формированию представления о секуляризме как о чем-то, связанном только с видимыми проявлениями религии, что значительно сужает сферу его применения [Koussens et al. 2020]. Как показал Ван Дроогенбрук на примере Бельгии, «эта "главенствующая тенденция" заметна в общественном мнении... в крайне негативной реакции на "отклонения" от стандарта поведения, призванного налагать строгую обязанность соблюдать чистоту по отношению к властям» [Van Drooghenbroeck 2011: 84]. Эта концепция «видимого» нейтралитета также пользовалась широким успехом во Франции, распространяясь за пределы государственной сферы и завоевывая новые территории.

Библиография

Baubérot 2009 — Baubérot J. L'évolution de la laïcité en France: entre deux religions civiles // Diversité urbaine. 2009. Vol. 9. № 1. P. 9–25.

Baubérot, Milot 2011 — Baubérot J., Milot M. Laïcités sans frontières. La couleur des idées. Paris: Seuil, 2011.

Conseil d'État 2004 — Conseil d'État. Un siècle de laïcité. Rapport public 2004, Études et documents. Paris: La Documentation française, 2004.

Hajjat, Mohammed 2013 — Hajjat A., Mohammed M. Islamophobie: Comment les élites françaises fabriquent le "problème musulman"? Paris: La Découverte, 2013.

HCI 2007 — Haut Conseil à l'intégration. Charte de la laïcité dans les services publics et autres avis. Paris: La Documentation française, 2007.

Karimi 2021 — Karimi H. De l'application à l'extension de la nouvelle laïcité: le cas des mères accompagnatrices // Mouvements. 2021. Vol. 3. № 107. P. 104–112.

Koussens 2020 — Koussens D. Une laïcité moindre // Modération ou extrémisme? Regards critiques sur la loi 21 / Édité par L. Ceilis, D. Dabby, D. Leydet, V. Romani. Quebec: Presses de l'Université Laval, 2020. P. 83–96.

Koussens, Lavoie 2018 — Koussens D., Lavoie B. Fondements et effets socio-juridiques de la loi du 17 octobre 2018 favorisant le respect de la neutralité religieuse au Québec // Revue du droit des religions. 2018. Vol. 6. P. 117–137.

Koussens et al. 2020 — Koussens D., Delgrange X., Bertrand L. La neutralité religieuse des fonctionnaires au Québec et en Belgique. Enjeux constitutionnels // Revue belge de droit constitutionnel. 2020. № 4. P. 393–423.

Prélot 2003 — Prélot P.-H. La neutralité religieuse de l'État // Traité de droit français des religions / Édité par F. Messner, P.-H. Prélot, J.-M. Woehrling. Paris: Litec, 2003. P. 427–445.

Rossinot 2006 — Rossinot A. La laïcité dans les services publics. Paris: La Documentation française, 2006.

Silicani 2008 — Silicani J.-L. Livre blanc sur l'avenir de la fonction publique. Paris: La Documentation française, 2008.

Stirn 2004 — Stirn B. Les libertés en question. Paris: Montchrestien, 2004.

Van Drooghenbroeck 2011 — Van Drooghenbroeck S. Les transformations du concept de neutralité de l'État: quelques propositions provocatrices // Le droit et la diversité Culturelle / Édité par J. Ringelheim. Brussels: Bruylant, 2011. P. 75–121.

Van Ooijen 2012 — Van Ooijen H. Religious Symbols in Public Functions: A Comparative Analysis of Dutch, English and French Justifications for Limiting the Freedom of Public Officials to Display Religious Symbols. Utrecht: Intersentia, 2012.

Waline 1957 — Waline M. Les concours de recrutement de la fonction publique en droit français // International Review of Administrative Sciences. 1957. Vol. 23. № 3. P. 281–292.

Глава 7
Лица врага, новые поля сражений

Аннотация: в последние два десятилетия аллегорический конфликт между покрывающими голову молодыми мусульманками и эмансипаторными, освобождающими республиканскими ценностями, унаследованными от эпохи Просвещения, продолжал укореняться в законодательстве. Сейчас невозможно отрицать, что с начала нового тысячелетия правовая система была задействована в попытках обновить иконографию отклонения от республиканского идеала. Такое отклонение все чаще воплощается в фигурах, чье поведение считается враждебным по отношению к Республике, — в первую очередь в мусульманках, носящих платок. То есть инаковость во многом (за исключением радикально настроенной мусульманской молодежи, обратившейся к терроризму) воплощается в женских репрезентациях ислама. Многие в обществе становятся все более нетерпимыми к исламскому платку; в то же время женщины, носящие более пышные религиозные одеяния, стали восприниматься как квинтэссенция коммунитаризма — идеала, который, как считается, все более агрессивно посягает на французское общество и его ценности. Некоторые из самых ожесточенных дебатов 2010-х годов были связаны с этими предметами одежды: в первую очередь с платком, полностью закрывающим лицо, затем с буркини. Параллельно секуляризм выходит на новые территории, куда ранее для него доступ был закрыт, а именно в частный сектор. Как национальные, так и европейские суды все чаще легитимируют обязанность видимого нейтралитета, возлагаемую на предприятия, что еще больше подрывает индивидуальные права, которые они призваны защищать.

В последние два десятилетия аллегорический конфликт между покрывающими голову молодыми мусульманками и эмансипаторными, освобождающими республиканскими ценностями, унаследованными от эпохи Просвещения, продолжал укореняться в законодательстве. Сейчас невозможно отрицать, что с начала нового тысячелетия правовая система была задействована в попытках обновить иконографию отклонения от республиканского идеала. Такое отклонение все чаще воплощается в фигурах, чье поведение считается враждебным по отношению к Республике, — в первую очередь в мусульманках, носящих такой заметный религиозный аксессуар как платок [Amiraux 2008: 54].

То есть инаковость во многом (за исключением радикально настроенной мусульманской молодежи, обратившейся к терроризму) воплощается в женских репрезентациях ислама. Многие в обществе становятся все более нетерпимыми к исламскому платку; в то же время женщины, носящие более пышные религиозные одеяния, стали восприниматься как квинтэссенция коммунитаризма — идеала, который, как считается, все более агрессивно посягает на французское общество и его ценности. Некоторые из самых ожесточенных дебатов 2010-х годов были связаны с этими предметами одежды — платком, полностью закрывающим лицо, и буркини.

Параллельно секуляризм проникает на новые территории, откуда он ранее был исключен, а именно в частный сектор. Как национальные, так и европейские суды все чаще легитимируют обязанность видимого нейтралитета, возлагаемую на предприятия, что еще больше подрывает индивидуальные права, которые они призваны защищать.

1. Бурка и буркини, или Воплощение врага

Для многих в обществе полностью закрывающий лицо платок символически связан с огромным насилием и вызывает в памяти образы ИГИЛ[1] или Талибана; считается, что больше, чем любой

---

[1] ИГИЛ признан в РФ террористической организацией – примеч. ред.

другой религиозный символ, он олицетворяет крайнее и невыносимое подчинение женщин. Такая идентификация практики ношения платка с ситуациями, укоренившимися в конкретных регионах (Афганистан, Сирия, Ирак), подкрепляет веру в то, что угроза, ранее ограниченная Ближним Востоком, вырвалась за пределы своих границ и достигла Запада.

Риторика ряда европейских правопопулистских партий, делающих акцент на национальной безопасности, опиралась на эти образы, представляя полностью закрывающий лицо платок как проблему для западных обществ, хотя такой платок все еще носит незначительное меньшинство [Koussens, Roy 2014; De Galember 2014]. Первые дебаты в Европе, инициированные этими партиями, вращались вокруг инициативы 2005 года голландской «Партии свободы» (*Partij voor de Vrijheid*) и инициативы 2007 года итальянской партии «Народ свободы» (*Popolo della Libertà*)[2]. Во Франции споры возникли главным образом из-за решения суда по делу, широко освещавшемуся в национальных и международных СМИ.

1.1. Проблема «бурки»[3]: *юридическая и политическая конструкция*

Речь идет о решении Государственного совета от 27 июня 2008 года по заявлению о предоставлении гражданства г-же Махбур, которая носила полностью закрывающий лицо платок. Оно привлекло внимание к этой новой для западных обществ

---

[2] Подробнее см.: [Overbeeke, Van Oojien 2014; Moors 2009; Calvi, Fadil 2011; Möschel 2014].

[3] Слово «бурка» играло гораздо более заметную роль в политических и медийных дебатах, чем термины «полностью закрывающий лицо платок» или «никаб». Использование термина «бурка» имело выраженный символический смысл, связанный с ассоциацией этого предмета одежды с деятельностью Талибана в Афганистане и Пакистане. В действительности, во Франции в качестве платка, покрывающего лицо, чаще всего используют никаб — одежду, которая также символизирует значительную степень насилия в отношении женщин, но берет свое начало на Аравийском полуострове.

реальности и вызвало широкую общественную дискуссию, которая привела к принятию 11 октября 2010 года закона, запрещающего «сокрытие лица в общественном месте»[4]. Этот закон был поддержан Европейским судом по правам человека в деле С.А.С. (S.A.S.) против Франции (1 июля 2014 года)[5].

1.1.1. Административный судья и полностью закрывающий лицо платок

В данном случае Государственный совет отклонил заявление о получении гражданства (*déclaration acquisitive de nationalité*)[6] г-жи Махбур, гражданки Марокко, состоящей в браке с французом, матери троих детей. Он постановил, что ее радикальные религиозные убеждения несовместимы с основополагающими ценностями французского общества, в частности с принципом равенства полов[7]. Г-жа Махбур обратилась в Совет с просьбой отменить решение об отказе ей в предоставлении французского гражданства на основании того, что правительство назвало «неспособностью ассимилироваться», как предписано статьями 21–24 Гражданского кодекса[8].

---

[4] *Закон № 2010-1192 от 11 октября 2010 года, запрещающий сокрытие лица в общественных местах*, JORF, 12 октября 2010 года, № 0237, с. 18344, режим доступа: https://www.legifrance.gouv.fr/loda/id/JORFTEXT000022911670/

[5] ЕСПЧ, Большая палата, *S.A.S. против Франции* [1 июля 2014 года], заявление № 43835/11.

[6] Заявление о получении гражданства (*déclaration acquisitive de nationalité*) — один из способов получения французского гражданства. Это «судебный акт, посредством которого иностранный гражданин (или лицо без гражданства) заявляет судье или компетентному консульскому органу о своем желании приобрести французское гражданство на основании брака и совместного проживания с гражданином Франции в течение не менее четырех лет» [Chrestia 2008: 2014].

[7] CE, 27 июня 2008 года, г-жа Махбур, № 286798.

[8] Согласно статьям 21–24 Гражданского кодекса, «правительство может постановлением Государственного совета возразить против получения французского гражданства супругом-иностранцем по причине его унижения или неспособности ассимилироваться, за исключением неспособности освоить язык».

Административная юриспруденция в ее традиционном толковании охватывает два типа ситуаций:

> иностранный гражданин может... проявить [такой недостаток] ввиду того, что можно назвать его «политической активностью» или его личной манерой поведения, соответствующей обычаям или практикам, несовместимым с основополагающими ценностями французского сообщества [Chrestia 2008: 2015].

Для вынесения такого заключения Государственный совет «требует четко изложенных фактов, несомненно и на основе совокупности доказательств демонстрирующих, что заинтересованная сторона радикально враждебно относится к основополагающим [французским] ценностям» [Malaurie 2008: 35]. Он приступает к рассмотрению фактов, которые должны совпасть с выводом о неспособности данного иностранного гражданина ассимилироваться.

Правительственный комиссар начала изложение решения от 27 июня 2008 года с напоминания о том, что заявительница была одета в «женскую одежду Аравийского полуострова — никаб»[9], а не в бурку, как позже сообщалось в СМИ. Она продолжила:

> Хотя г-жа Махбур свободно говорит по-французски, двое ее детей посещают школу коммуны, а во время беременностей ее наблюдал мужчина-гинеколог, она ведет практически замкнутый образ жизни, отрезанная от французского общества: дома она никого не принимает; по утрам занимается домашними делами или гуляет с детьми; днем навещает своего отца или свекра. За покупками она, по ее словам, может ходить одна, но признается, что чаще всего ходит в супермаркет с мужем[10].

Правительственный комиссар сделала на основании этих фактов вывод, что

---

[9] Выводы правительственного комиссара Эммануэль Прада-Борденаве см. CE, 27 июня 2008 года, г-жа Махбур, № 286798, с. 3.

[10] Там же, с. 4.

г-жа Махбур не усвоила ценности Республики, в частности принцип равенства полов. Она живет в полном подчинении мужчинам своей семьи, о чем свидетельствует как ношение ее одежды, так и организация ее повседневной жизни... Она считает это нормальным, и мысль оспаривать это подчинение даже не приходит ей в голову[11].

На этом основании правительственный комиссар постановила отклонить ходатайство, и это предложение было принято другими судьями. Они лаконично заявили, что г-жа Махбур «приняла радикальную религиозную практику, несовместимую с основополагающими ценностями французского общества, в частности с принципом равенства полов».

Это решение требует трех замечаний. Первое заключается в том, что, поскольку в Законе 2004 года не упоминались никакие религиозные символы, Государственный совет старательно избегал указания религии заявительницы и символа, который она носила. Тем не менее формулировка решения не оставляет сомнений в том, что никаб был главным предметом беспокойства судей.

Второе замечание заключается в том, что решение постепенно расширяло сферу действия требования нейтралитета. Закон 2004 года положил начало этому процессу, но в деле г-жи Махбур Совет пошел еще дальше. Его заявление о том, что «радикальная практика» религии заявительницы несовместима с ассимиляцией во французское сообщество, было равносильно вторжению в частную сферу, поскольку требование нейтралитета было предъявлено к человеку, который еще не был гражданином Франции. Чтобы г-жа Махбур могла получить достаточные гарантии своего права на гражданство, ей пришлось бы продемонстрировать определенную степень освобождения от своих религиозных убеждений, ей было бы запрещено исповедовать свою религию вне норм, приемлемых для большинства, то есть способом, видимо ассоциирующимся с радикализмом. Исходя из этого, «не может быть никаких сомнений в том, что Государствен-

---

[11] Там же.

ный совет, хотя и косвенно, сделал себя арбитром "нормальности" религиозных практик и вывел прямые правовые последствия первостепенной важности, касающиеся условий верности "национальному телу"» [Zeghbib 2008: 1997].

Третье замечание заключается в том, что, хотя постановление суда прямо не устанавливает порог радикализма, выше которого можно судить о невозможности ассимиляции, оно и не избегает неявного указания на этот порог. Выводы правительственного комиссара ясно показывают, что г-жа Махбур, заявившая, что носила никаб «скорее по привычке, чем по убеждениям»[12], вела образ жизни, весьма схожий с образом жизни многих других женщин. Совокупность приведенных фактов — дети в республиканской школе, мужчина-гинеколог, работа домохозяйкой, покупки «чаще» с мужем и так далее — вряд ли можно считать свидетельством несоответствия критериям ассимиляции статей 21–24 Гражданского кодекса. Государственный совет в радикализме женщины, несомненно, убедило именно ношение ею никаба.

Такая позиция по поводу одежды и религиозных символов представляет собой ошеломляющий поворот от позиции Совета в заключении 1989 года, в котором он заявил, что

> ношение учащимися символов, посредством которых они стремятся продемонстрировать свою религиозную принадлежность, *само по себе* не является несовместимым с принципом секуляризма, в той мере, в какой оно представляет собой осуществление свободы самовыражения и проявления своих религиозных убеждений[13].

Отныне Совет будет сосредоточиваться на природе религиозных символов или одежды при вынесении решения о несовме-

---

[12] Выводы правительственного комиссара Эммануэль Прада-Борденаве см. CE, 27 июня 2008 года, г-жа Махбур, № 286798, с. 3.

[13] CE, ass., Министерство внутренних дел, мнение по вопросу о том, совместимо ли ношение религиозных символов с принципом секуляризма, 27 ноября 1989 года, № 346893.

стимости с «ценностями французского сообщества». А поскольку никаб носят только женщины, он «вынес категорическое, гендерно-специфическое, этнически обусловленное решение, основанное на религиозном различии [которое, таким образом, становится источником] неравного обращения в общественной сфере и навешивания ярлыков "отклоняющихся" от республиканских норм» [Amiraux 2008: 46]. Это решение, которое следует за множеством других решений об ассимиляции иностранных граждан, удваивает бремя дискриминации, которое вынуждены нести женщины, в данном случае мусульманки.

Таким образом, Государственный совет, установив своего рода республиканскую ортопраксию, принял представление о французском секуляризме, прямо вытекающее из Закона 2004 года, в рамках которого ассимиляционно-националистический секуляризм, делает ненормализованные проявления веры невидимыми. В этом решении можно заметить семантический сдвиг, указывающий на важность такой концепции. Если в предыдущем решении 1998 года[14] Совет рассматривал степень ассимиляции заявителя во «французском обществе», то теперь он писал о «французском сообществе»[15]. Некоторые наблюдатели одобрили это семантическое уточнение. Филипп Крестия писал:

> «Сообщество» подразумевает ассимиляцию (то есть исчезновение различий), в то время как «общество» допускает интеграцию (то есть признание и принятие другого и его различий). Совершенно необходимо было подтвердить, что ассимиляция может происходить только в среде принимающего «сообщества» [Chrestia 2008: 2016].

В конечном счете это решение равносильно судебному одобрению политической концепции секуляризма. В условиях *фактического* плюрализма и опасности, которую он, как утвержда-

---

[14] CE, 14 октября 1998 года, *Amiour*, № 175186, Leb. T. 898.

[15] Однако следует отметить, что Государственный совет выносил решения о степени ассимиляции «во французское сообщество» еще до 1998 года; см., в частности, CE, 28 июля 1989 года, Rec. CE. 1989, с. 680.

ется, представляет для «нарративного секуляризма», ответной реакцией стал «переход из сферы "неявных норм", которые необязательно должны быть зафиксированы для соблюдения, в сферу позитивного права» [Ferrari 2009: 333].

1.1.2. Парламент и полностью закрывающий лицо платок

Решение Государственного совета 2008 года по заявлению одной женщины о предоставлении гражданства вызвало такой резонанс в СМИ, что стало источником серьезной национальной полемики вокруг бурки. Вскоре парламент почувствовал давление и был вынужден включиться в дебаты по этому вопросу.

Первым признаком будущей позиции парламента по этому вопросу стал законопроект, внесенный в Национальное собрание Жаком Миаром 23 сентября 2008 года[16], заявленной целью которого была борьба с «посягательствами на достоинство женщин, вызванными практикой определенных религиозных обрядов». Вопрос о бурке открыто поднимался в тексте законопроекта, и утверждалось, что в нем присутствует обоснование новых законодательных мер: «ношение платка, полностью закрывающего лицо, представляет собой крайнюю форму скатывания к коммунитарианизму и является прямым посягательством на совместную жизнь в разнообразном демократическом обществе, основанном на равенстве полов»[17]. Законопроект предусматривает наказание в виде двух месяцев тюремного заключения и штрафа в размере 15 000 евро для любого, кто выносит «культурное или религиозное предписание кому-либо закрывать лицо в общественных местах; любой человек, передвигающийся по территории Республики, должен иметь открытое лицо, чтобы его можно было легко опознать или идентифицировать»[18].

---

[16] Национальная ассамблея, *Законопроект о борьбе с посягательствами на достоинство женщин в результате определенных религиозных обрядов*, 23 сентября 2008 года, режим доступа: www.assembleenationale.fr/13/propositions/pion1121.asp.

[17] Там же, с. 2.

[18] Там же, с. 2–3.

Высший орган по борьбе с дискриминацией и за равенство (HALDE) также вынес решение по этому вопросу, на этот раз по делу, касающемуся доступа к обязательному языковому обучению для иностранцев, подписавших соглашение о приеме и интеграции. Национальное иммиграционное агентство (*Agence nationale de l'accueil des étrangers et des migrants* — ANAEM) обратилось к Высшему органу по борьбе с дискриминацией и за равенство за консультацией относительно совместимости запрета на ношение бурки в данном контексте с принципом недискриминации[19].

В своем решении от 15 сентября 2008 года[20], включавшем прямую ссылку на решение Государственного совета от 27 июня 2008 года, Высший орган по борьбе с дискриминацией и за равенство подчеркнул, что «цель соглашения о приеме и интеграции заключается именно в том, чтобы позволить иностранцу подготовиться к республиканской интеграции во французское общество… ношение бурки может создавать в этом отношении определенные трудности»[21]. Однако решение о том, что участники курса Национального иммиграционного агентства должны снять бурку, основывалось не на чисто религиозных аргументах, — не было никаких упоминаний о «радикальном исповедании своей религии» и его предполагаемой несовместимости с «основополагающими ценностями французского общества» — а на принципе равенства полов. Суд установил, что

> бурка несет в себе оттенок покорности женщины, выходящий за рамки ее религиозного аспекта, и может считаться ставящей под угрозу республиканские ценности, присущие

---

[19] Подписание такого контракта стало обязательным с момента принятия Закона от 24 июля 2006 года об иммиграции и интеграции для «любого иностранца, впервые допущенного во Францию и желающего остаться там на постоянное жительство». По сути, это языковая подготовка, предоставляемая за рубежом Национальным иммиграционным агентством (ANAEM), государственным агентством Министерства иммиграции.

[20] HALDE, *Заключение № 2008-193 от 15 сентября 2008 года*, режим доступа: https://juridique.defenseurdesdroits.fr/doc_num.php?explnum_id=709.

[21] Там же, с. 7.

процессу интеграции и организации учебных занятий при Национальном иммиграционном агентстве, которые являются обязательными для иностранцев, впервые получивших разрешение на пребывание во Франции[22].

Как и Государственный совет, Высший орган по борьбе с дискриминацией и за равенство сосредоточился на символизме никаба или бурки, но не вынес никакого решения по поводу их религиозного аспекта. Эта одежда, даже если бы она была лишена подобного аспекта, даже будучи секуляризированной, как было установлено, продолжала бы нести в себе подтекст подчинения женщин. Подобно тому, как свастика посылает послание ненависти, выходящее за рамки ее религиозного аспекта, бурка, как утверждается, олицетворяет господство над женщинами, независимо от любого религиозного символизма, которым она может быть наделена в рамках того или иного толкования ислама. Хотя Государственный совет вынес решение о нормальности религиозной практики, Высший орган по борьбе с дискриминацией и за равенство проявил большую осторожность, поддержав запрет ANAEM на бурку; ссылаясь на равенство полов, он избежал ловушек, присущих интерпретации религиозных практик.

В дополнение к проекту резолюции от 9 июня 2009 года 58 членов Национальной ассамблеи призвали к «созданию комиссии по расследованию практики ношения бурки или никаба на территории страны». Эта новая комиссия должна была «продолжить работу "Комиссии Стази", которая в 2003 году отметила угрозы индивидуальным свободам и серьезное ухудшение положения молодых женщин»[23]. Ссылаясь на решение Государственного совета и доклад Высшего органа по борьбе с дискриминацией и за равенство от сентября 2008 года, эти члены ассамблеи напи-

---

[22] Там же, с. 8.

[23] Национальное собрание, *Предложение о принятии резолюции о создании комиссии по расследованию практики ношения бурки или никаба на территории страны*, 9 июня 2009 года, с. 4, режим доступа: https://www.assemblee-nationale.fr/13/propositions/pion1725.asp.

сали, что «эти решения [то есть этот правовой секуляризм] полезны, но не могут быть достаточными перед лицом подобной практики... противоречащей нашим принципам секуляризма и нашим ценностям свободы, равенства и человеческого достоинства»[24]. То есть эти решения не могли гарантировать, что определенная версия нарративного секуляризма останется «составной частью нашей социальной организации и нашей коллективной истории... той, которая формирует основу сообщества общей судьбы, построенного на общих ценностях, воле и стремлении жить вместе за пределами традиционного сообщества каждого человека»[25]. Эта резолюция привела к созданию парламентской миссии из 32 членов под председательством Андре Жерена, которой было поручено обсудить вопрос о ношении полностью закрывающего лицо платка во Франции.

Социолог Жан Боберо показал, что аргументы, выдвинутые в ходе обсуждений, не основывались на каких-либо последовательных рассуждениях и что слушания, проведенные с участием ученых, были чистой формальностью, не имевшей другой цели, кроме как оправдать законодательный запрет на ношение платка, полностью закрывающего лицо [Baubérot 2014a]. Первые строки доклада Жерена красноречиво свидетельствуют об этом, демонстрируя характерное для работы миссии отсутствие беспристрастности:

> Ношение бурки, никаба или любого другого закрывающего лицо платка — тема настолько острая, что некоторые опасались, что публичное обсуждение этого вопроса разожжет страсти, недопонимание и конфликты. Но позволить этой практике развиваться вопреки ценностям Республики, не осмеливаясь обсуждать ее ради интеллектуального комфорта или, что еще хуже, из страха: разве это не повлечет за собой риск того, что однажды реальность нас поглотит? Сохранить будущее; позволить каждому человеку, независимо от его происхождения, убеждений или вероисповеда-

---

[24] Там же, с. 4.
[25] Там же, с. 2.

ния, мирно жить в нашей Республике: вот почему мы стремились подойти к этому вопросу с желанием наблюдать, понимать и давать рекомендации[26].

В остальной части доклада много говорится о развитии нового секуляризма, который больше не ограничивается законом и принципами справедливости, но отныне включает в себя другие ценности, которые могут в итоге возобладать над этими принципами. В тексте доклада его автор признается, что

> *ношение платка, полностью закрывающего лицо, в публичной сфере само по себе с юридической точки зрения не является посягательством на принцип секуляризма. Соблюдение этого принципа является обязанностью публичных коллективов, а не отдельных лиц, которые свободны выражать свои религиозные или духовные убеждения, при условии уважения к другим и сохранения мира*[27].

Однако эта практика представляет собой «*нападение на секуляризм в философском смысле этого слова*»[28], и республиканское триединство «свободы, равенства и братства» считается веским основанием для запрета:

> *Положения Закона 1905 года как таковые не нарушаются ношением полностью закрывающего лицо платка, но дух секуляризма явно попирается. Мы, несомненно, должны еще прочнее опираться на фундамент классического республиканского триединства. Мы видим, что практика полностью закрывающего лицо платка противоречит трем принципам нашего кредо. Более того, она не просто противоречит им: она несет в себе зародыш отрицания этих принципов*[29].

---

[26] Национальное собрание, *Информационный доклад, подготовленный в соответствии со статьей 145 Положения от имени Информационной миссии о практике ношения исламского платка на территории страны*, 26 января 2010 года, режим доступа: http://www.assemblee-nationale.fr/13/rap-info/i2262.asp.

[27] Там же, с. 97.

[28] Там же, с. 93.

[29] Там же, с. 94–95.

В этой националистической версии нарративного секуляризма новые фундаментальные ценности вытесняют демократические принципы права. Взять, к примеру, «братство»:

> Помимо четко нормативных правовых принципов равенства и свободы, которые опровергаются практикой ношения платка, полностью закрывающего лицо, *это явление ставит под угрозу всю социальную связь, поскольку исламский платок ставит под сомнение чувство братства и солидарности между гражданами*[30].

Секуляризм рассматривается как организующий принцип государственного устройства, которому граждане вынуждены следовать, по крайней мере, формально. Впервые в официальном докладе прямо предлагалось наложить обязательство нейтралитета на тех самых людей, которые должны были быть от него освобождены: граждан. Вместо того чтобы быть бенефициарами обязательства, лежащего на секулярном государстве, они становятся носителями этого самого обязательства во имя расплывчатых, неопределенных идеалов.

Премьер-министр Франсуа Фийон, обращаясь к Государственному совету с просьбой дать юридическое заключение об условиях запрета на ношение исламского платка, использовал формулировки доклада Жерена («Эта практика прямо противоречит нашему республиканскому представлению о жизни в обществе»)[31]. Он просил Совет изучить «правовые решения, *позволяющие прийти к запрету на ношение исламского платка... запрету, который, по моему мнению, должен быть максимально широким и эффективным*».

Совет ответил заключением от 25 марта 2010 года, в котором он вновь подтвердил цели секулярного государства и отверг аргументы миссии Жерена. В весьма либеральном заключении он полностью резюмировал свою роль арбитра, подчеркнув

---

[30] Там же, с. 113.

[31] *Письмо-поручение премьер-министра заместителю председателя Государственного совета, 29 января 2010 года.*

обязанность государства соблюдать нейтралитет по отношению к религии:

> нет оснований, на которых секуляризм может устанавливать общее ограничение на выражение религиозных убеждений в публичной сфере... и поэтому он не может оправдать абсолютный запрет на ношение платка, полностью закрывающего лицо, во всей публичной сфере. Это правило применяется главным образом к отношениям между публичными коллективами и религиями или лицами, идентифицирующими себя с ними. Оно непосредственно возлагается на публичные учреждения, оправдывая обязанность нейтралитета для представителей публичных коллективов при выполнении ими своих миссий. *Напротив, оно может быть непосредственно возложено на общество или отдельных лиц только в силу императивов, характерных для определенных публичных служб* (например, в случае школ)[32].

Это неблагоприятное юридическое заключение не помешало принятию закона о запрете на ношение исламского платка от 11 октября 2010 года («Закон 2010 года»)[33], одобренного Конституционным советом 7 октября 2010 года[34].

1.1.3. Европейские судьи и исламский платок

Французские разногласия быстро пересекли географические границы и проникли в европейские политические дебаты, чему можно выделить как минимум две причины.

Во-первых, в отличие от голландского и итальянского контекстов, французские дебаты не были инициированы популистскими по-

---

[32] CE, *Исследование правовых возможностей запрета ношения исламского платка*, доклад Генеральной ассамблеи Государственного совета, принят в четверг, 25 марта 2010 года, режим доступа: https://www.conseil-etat.fr/publications-colloques/etudes/etude-relative-auxpossibilites-juridiques-d-interdiction-du-port-du-voile-integral.

[33] *Закон № 2010–1192 от 11 октября 2010 года, запрещающий сокрытие лица в общественных местах*, JORF, 12 октября 2010 года, № 0237, с. 18344

[34] Конституционный совет, Решение № 2010–613 DC от 7 октября 2010 года, JORF, 12 октября 2010 года, № 0237, с. 18345.

литическими партиями; напротив, их поддерживали политики всех политических взглядов. Эти позиции выглядели тем более приемлемыми, поскольку основывались на добродетельных предпосылках и фундаментальных ценностях, таких как принцип гендерного равенства, и потому предложения о запрете в общественных местах на ношение платка, полностью закрывающего лицо, с большей вероятностью находили отклик в других частях Европы.

Во-вторых, иммиграция столкнула современные европейские общества с возросшей заметностью религиозного многообразия. Многие в этих секуляризированных обществах задаются вопросом о том, какую роль должна играть религия; они опасаются, что ее присутствие затруднит «совместное проживание». Эти общества также находятся в рамках наднациональных нормативных систем, а именно права Европейского Союза и европейского права в области прав человека, курируемых Судом Европейского Союза и Европейским судом по правам человека соответственно. По мнению Клэр де Галамбер и Маттиаса Кёнига, эти новые форумы, на которых граждане могут отстаивать свои субъективные права, «ставят под сомнение преобладавшие до сих пор переплетения индивидуальных прав, государственной принадлежности и национальной идентичности» [De Galember, Koenig 2014: 634]. Европейским государствам приходится мириться с этими нормативными системами, даже несмотря на то что часть их населения возражает против такой международной юрисдикции, утверждая, что она попирает некоторые черты государственного суверенитета и подрывает национальную идентичность [Sassen 2002: 287; Hunter-Henin 2012: 613].

Подобные периоды религиозных споров способствуют развитию риторики, которая отличается высокой степенью конвергенции, даже если национальные контексты, в которых она возникает, различаются [Lettinga, Sawitri 2012; Burchardt et al. 2014]. Мобилизуя новые коды лояльности в политических дебатах, эта риторика выявляет ценности, якобы разделяемые большинством, и ценности, якобы разделяемые одной или несколькими группами меньшинств, а затем утверждает, что первые являются неотъемлемой частью национальной идентичности, разделяемой всеми.

Хотя культурные нарративы обычно сталкиваются с проблемой соблюдения прав во внутренних спорах, подобные аргументы также получили некоторую поддержку в Европейском суде по правам человека [Languille 2012]. В деле C.A.C. (S.A.S.) против Франции, решение от 1 июля 2014 года, гражданка Франции обратилась в суд с просьбой вынести решение относительно конвенциональности закона ее страны от 11 октября 2010 года. Она стремилась реализовать свое право свободно выражать свои религиозные убеждения, надевая полностью закрывающий лицо платок в соответствии со своим «духовным настроением» в любой момент времени[35].

Прежде всего Суд выразил явную обеспокоенность негативными последствиями запрета на ношение исламского платка с точки зрения стигматизации мусульман, особо подчеркнув исламофобные высказывания, которыми была отмечена дискуссия, предшествовавшая принятию французского закона[36]. Суд напомнил, что

> государство, вступающее в подобный законодательный процесс, рискует способствовать укреплению стереотипов, затрагивающих определенные категории населения, и поощрять проявления нетерпимости, в то время как его долг, напротив, заключается в поощрении толерантности[37].

Далее обсуждались критерии соответствия запрета на сокрытие лица положениям статей 8 (право на неприкосновенность частной и семейной жизни), 9 (свобода вероисповедания) и 14 (запрет дискриминации) ЕКПЧ:

> Общая политика или мера, которая имела несоразмерно пагубные последствия для конкретной группы, может считаться дискриминационной, даже если она не была на-

---

[35] ЕСПЧ, Gr. Ch., S.A.S. против Франции [1 июля 2014 года]. Заявление № 43835/11.

[36] Там же, ¶ 149.

[37] Там же.

правлена конкретно на эту группу и не имела дискриминационного намерения. Однако это имело место только в том случае, если такая политика или мера не имела «объективного и разумного» обоснования, то есть если она не преследовала «законную цель» или если не существовало «разумного соотношения пропорциональности» между применяемыми средствами и целью, которой пытались достичь[38].

И все же Европейский суд по правам человека отказался выносить решение о соразмерности ограничения индивидуальных свобод, прикрываясь доктриной пределов усмотрения, согласно которой государства — члены Совета Европы могут принимать решение о целесообразности ограничения некоторых основных прав с учетом национальных императивов «общественного интереса», «общественного порядка» или «общественной морали». Суд подтвердил конвенциональность оспариваемого закона по следующим основаниям:

> Учитывая, в частности, широту пределов усмотрения, предоставленных государству-ответчику в настоящем деле, Суд считает, что запрет, введенный Законом от 11 октября 2010 года, можно считать соразмерным преследуемой цели, а именно сохранению условий «совместного проживания» как элемента «защиты прав и свобод других лиц». Таким образом, оспариваемое ограничение можно считать «необходимым в демократическом обществе»[39].

Этим решением, которое немедленно подверглось критике, Суд оправдал вмешательство государства — основанное на крайне субъективной оценке условий жизни в обществе — в осуществление гражданином его права на свободу вероисповедания [Bonnet 2014; Chassang 2014; Ruet 2014; Bribosia et al. 2014]. Он мог бы постановить, что французский закон, запрещающий скрытие лица, является дискриминационным по отношению к свободе вероисповедания, даже если текст закона не был направлен на-

---

[38] Там же, § 161.
[39] Там же, § 157–158.

прямую против мусульман. Суд действительно посвятил этому пространные отрывки[40], заявив, что он «осознает тот факт, что оспариваемый запрет касается главным образом мусульманок, желающих носить полностью закрывающий лицо платок»[41]. Тем не менее он отклонил этот аргумент, постановив, что «запрет не основан прямо на религиозном значении рассматриваемой одежды, а исключительно на том факте, что она скрывает лицо»[42].

Иными словами, Суд избежал вынесения решения о религиозной природе закрывающего лицо платка и вместо этого вынес ограниченное решение о том, нарушает ли Закон 2010 года право на свободу вероисповедания. Результат — факт того, что закрывающий лицо платок было неявно наделен культурным или политическим значением — может показаться удивительным, поскольку недавние исследования, некоторые из которых были представлены Суду, показали, что женщины, носящие этот предмет одежды на Западе, очень часто приписывают ему религиозное значение. Исследования во Франции и в других странах Европы показали, что многие из покрывающих голову женщин заявляли, что делали это из желания быть ближе к Богу[43]. Для них это символ их религиозности; он отражает «духовные чувства», как выразилась заявительница в деле С.А.С. против Франции, способ жить своей верой, стремясь к «внутреннему миру», когда того требует момент[44].

Голоса этих женщин — тех самых, которых некоторые, по их словам, стремятся эмансипировать, — в ходе дебатов практически не слышны. Но их слова тоже должны быть услышаны; несомненно, искренность их убеждений должна служить защитой их свободы вероисповедания. Однако в деле С.А.С. против Франции суд сослался на доктрину пределов усмотрения и проигнорировал

---

[40] Там же, § 137 и далее.

[41] Там же, § 151.

[42] Там же.

[43] Французские исследования: [Open Society Foundations 2011; Parvez 2011; Borghée 2012; De Féo 2010]; остальные: [Brems 2014].

[44] Там же, § 12.

опасения всех этих женщин. Тот же протокол действий, примененный в решении Конституционного совета 2010 года, привел к тому, что право на свободу вероисповедания приобрело статус второстепенного [El Berhoumi, Delgrange 2014].

Предупреждая о росте исламофобии, суд тем не менее вынес решение, косвенно подтвердившее утверждения о значении платка, которые были созвучны моде времен дебатов вокруг принятия Закона 2010 года. Некоторые из них носили культуралистский характер (религиозный радикализм как импортный продукт), другие же основывались просто на стереотипах (закрывающий лицо платок как символ доминирования над женщинами или их нежелания интегрироваться). Суд помог обосновать эти изображения покрытых женщин в качестве «других» по отношению к системе западных ценностей, отличительной чертой которой сегодня является ее оборонительная позиция в отношении людей, воспринимаемых как иностранцы. В конечном счете «основную аналитическую схему, лежащую в основе запретов на ношение платка и "бурки"... можно сформулировать следующим образом: "Мы верны нашим ценностям"» [Amiraux 2014: 22]. Вскоре, с первыми терактами во Франции, случаи, связанные с буркини, добавили к этой аналитической схеме еще один лозунг: «Мы верны нашей безопасности».

1.2. Секуляризм выходит на пляж: угроза буркини

В начале 2015 года во Франции произошли ужасающие теракты: лица, утверждающие о связях с «Аль-Каидой», напали на редакцию журнала «Шарли Эбдо» (*Charlie Hebdo*; 7 января, 12 погибших), а также на магазин сети кошерных супермаркетов «Гиперкошер» (*Hypercacher*; 9 января, 4 погибших). В заголовках новостей постоянно появлялись сообщения о новых терактах, включая 7 за 2015 год и 35 за период с 2015 по 2020 год. Масштабы и ужас некоторых из этих терактов, а также важность выбранных символов глубоко потрясли общественное сознание. Самыми смертоносными из них стали семь терактов 13 ноября 2015 года (131 погибший, в том числе 90 в парижском концертном зале «Батаклан»). В частности, два теракта в июле 2016 года — один на знаменитой Английской набережной в Ницце 14 июля (86 погибших) и другой — убийство отца Жака Амеля во время мессы в церкви Сент-Этьен-дю-Рувре в Нормандии 26 июля — имели серьезные последствия для французского общества.

Эти нападения, направленные против проявления республиканских ценностей (свободы слова, свободы вероисповедания, борьбы с антисемитизмом), национальной символики (национальный праздник 14 июля), представителей республиканского государства (убийства полицейских и солдат) или даже условного французского «искусства жизни», были интерпретированы как посягательства на секуляризм. Преступниками были молодые мусульмане, многие из которых родились в Европе или даже во Франции, радикализовавшиеся под влиянием воинствующей формы политического ислама. Угроза быстро воплотилась в отдельных личностях, чью зарождающуюся радикализацию стало крайне важно выявить.

Летом 2016 года, с вторжением терроризма в популярное место отдыха, буркини — купальник, закрывающий все тело, — стал восприниматься как олицетворение этой угрозы. Несколько десятков мэров издали указы, запрещающие ношение этой религиозной одежды на пляжах, находящихся под их юрисдикцией, чаще всего в муниципалитетах, где ее никогда не видели [Rosenblum 2020: 112]. Выступая в поддержку этих мер, премьер-министр Мануэль Вальс утверждал, что буркини отражает «политическую, антиобщественную повестку дня» и «несовместимо с ценностями Франции и Республики».

Указы о запрете ношения этой одежды прямо ссылались на недавние теракты и обосновывались полномочиями мэров по поддержанию общественного порядка на местах[45]. Эти полномочия позволяют им принимать меры, ограничивающие свободу, в случаях, когда существует *доказанная угроза* общественному

---

[45] Статья L. 2212–2 Кодекса территориальных сообществ наделяет их полномочиями «поддерживать общественный порядок, безопасность, защищенность и здоровье».

порядку. Однако они также основывали свои решения на принципе секуляризма. Некоторые из указов запрещали купание на всей территории коммуны «для всех, кто не носит надлежащую одежду, *соответствующую правилам хорошего тона и принципу секуляризма*». Это касалось указов мэров Канн (28 июля 2016 года) и Вильнёв-Лубе (5 августа 2016 года). Законность этих мер была быстро оспорена в административных трибуналах, а трибунал Ниццы вынес временные постановления относительно указов Канн и Вильнёв-Лубе[46]. Хотя эти два указа были быстро отменены в апелляционном порядке, я все же вернусь к ним здесь, поскольку они указывают на существенные упущения со стороны судей низших инстанций в их попытках интерпретировать принципы секуляризма[47].

Во-первых, постановление административного трибунала от 13 августа 2016 года[48] в отношении города Канны поражает тем, как оно переходит от юридического толкования к эмоциональному тону и поддержке сфокусированного на безопасности дискурса. Трибунал сослался на дело С.А.С. против Франции, переосмыслив сферу применения статьи 1 Конституции («Франция — светская республика») и распространив запрет на ношение религиозных символов на новые общественные места (в данном случае на пляж). Трибунал постановил, что государство пользуется «широкими пределами усмотрения для определения наиболее подходящих мер, учитывая [свои] национальные традиции, для согласования свободы вероисповедания с принципом секуляризма». Он добавил, что

---

[46] Процедура *référé-liberté* представляет собой чрезвычайную процедуру, в ходе которой административному судье предлагается отменить административную меру, представляющую собой серьезное и незаконное нарушение свободы.

[47] Более того, хотя доктринальные дебаты по поводу судебных постановлений и решений относительно буркини в основном касались вопроса полномочий муниципальной полиции (в частности, см.: [Wattier 2017]), мне также кажется важным сместить анализ, чтобы рассмотреть, что они говорят нам о реконфигурации секуляризма.

[48] TA Nice, постановление от 13 августа 2016 года, город Канны, № 1603470.

при данных обстоятельствах соблюдаются положения статьи 1 Конституции, согласно которой «Франция — светская республика», запрещающие кому-либо ссылаться на свои религиозные убеждения, освобождая себя от общих правил, регулирующих отношения между публичными коллективами и отдельными лицами.

Во-вторых, трибунал прикрылся формулировкой муниципального постановления, в которой буркини не упоминались, а лишь запрещалось купание «для всех, кто не носит надлежащую одежду, соответствующую правилам хорошего тона и принципу секуляризма». Эта формулировка, по его мнению, была нейтральной и недискриминационной.

В-третьих, трибунал еще больше отошел от только что сформулированного им обязательства соблюдать нейтралитет государства, прибегнув к рассуждениям, чреватым предвзятостью и путаницей. Политизировав буркини, утверждая, что оно лишено религиозной символики, трибунал затем обосновал запрет его предполагаемым статусом показного религиозного символа. В период напряженности, по словам трибунала, свобода выражения своих религиозных убеждений должна осуществляться *надлежащим образом*. В постановлении говорилось:

> В контексте чрезвычайного положения, вызванного недавними атаками исламских фундаменталистов в Ницце и других местах... демонстрация показной религиозной символики, на которую заявители, явно исповедующие мусульманскую религию, просят разрешения... в виде пляжной одежды, демонстрирующей их религию, может создать или обострить напряженность.

В нем также говорилось, что

> *ношение отличительной одежды, отличной от типичных купальных костюмов, в данном контексте не может быть истолковано как простое проявление религиозности; хотя возможность надлежащим образом выражать свои религи-*

озные убеждения является одной из основных свобод, такая показная демонстрация в данных обстоятельствах места и времени не обладает... такой уместностью.

Согласно этому постановлению, мэр — под надзором судьи — должен был оценивать уместность любого выражения убеждений в каждом конкретном случае с учетом контекста. Мэр мог даже ограничить осуществление этой свободы, если она могла шокировать или возмутить большинство («*ношение отличительной одежды, отличной от типичных купальных костюмов*»). Это поразительно расширительное толкование полномочий мэра по охране общественного порядка. Оно позволяет мэрам переосмысливать секуляризм в зависимости от их собственного восприятия религиозных символов или одежды, а также от того, к чему население их муниципалитетов может или не может проявлять толерантность.

Второе постановление от 22 августа 2016 года, касающееся указа мэра Вильнёв-Лубе[49], дополнило аргументацию суда Ниццы, предложив любительско-богословскую интерпретацию буркини. «Возможность *надлежащим образом* выражать свои религиозные убеждения является одной из основных свобод», — написал суд, и тем не менее данная практика может быть истолкована как «связанная с религиозным фундаментализмом»[50]. Суд повторил аргументы Государственного совета по делу Махбур о закрытии лица, добавив, что такой фундаментализм отражает «радикальную религиозную практику, несовместимую с основополагающими ценностями французского общества». Затем трибунал сделал еще один акцент на противоречиях и путанице, осудив тем самым мешанину, которую он сам и создал: указ мэра Виль-

---

[49] TA Nice, постановление от 22 августа 2016 года, город Вильнёв-Лубе, № 1603508 и № 1603523.

[50] Хотя ассоциация буркини с религиозным фундаментализмом может показаться почти комичной, трудно представить, чтобы исламские фундаменталисты одобряли походы женщин на пляж, во что бы они ни были одеты; это по-прежнему вызывает беспокойство, поскольку отражает силу исламофобных предрассудков во французской юрисдикции.

нёв-Лубе был оправдан, заявил суд, тем фактом, что некоторые могут «спутать религиозный экстремизм с одеждой под названием "буркини"». В условиях накала страстей после террористических атак вид этой религиозной одежды мог спровоцировать нарушение общественного порядка.

Наконец, трибунал смешал условия коллективного выражения убеждений (свободу вероисповедания) со сферой индивидуального самовыражения. Он превратил муниципальные пляжи в новый очаг секуляризма, расширив рамки требования нейтралитета далеко за его традиционные рамки: «пляжи не являются подходящим местом для показного выражения своих религиозных убеждений; в светском государстве они не должны превращаться в места отправления культа и, напротив, должны оставаться местами религиозного нейтралитета».

Апелляция, поданная на это последнее постановление, дала Государственному совету возможность настоятельно напомнить о принципах, применимых к любым попыткам ограничения свобод в связи с применением полномочий муниципальной полиции. 26 августа 2016 года[51] суд постановил, что

> любые меры по поддержанию порядка, принимаемые мэром прибрежной коммуны в целях регулирования доступа к пляжу и купания, должны быть продуманными, необходимыми и соразмерными исключительно требованиям общественного порядка... *Мэр не имеет права ссылаться на иные соображения, и любые ограничения свобод, которые он может наложить, должны быть оправданы очевидным риском для общественного порядка.*

Совет явно стремился разрядить напряженную ситуацию, положить конец спору путем тщательного разъяснения применимого права. В этой попытке он избегал вынесения решений по вопросам религии и секуляризма, ограничив свое решение правилами, регулирующими деятельность муниципальной полиции. Хотя в решении упоминалось «серьезное и явно незаконное»

---

[51] СЕ, приказ от 26 августа 2016 года, Лига прав человека и другие, № 402742.

нападение на свободу совести, в формате указа мэра Вильнёв-Лубе, Совет воздержался от упоминания о религиозной одежде, о которой идет речь, или от повторения обескураживающего толкования секуляризма трибуналом Ниццы.

Однако, поскольку постановление Совета распространялось только на город Вильнёв-Лубе, оно не достигло желаемого эффекта. Были приняты другие муниципальные запреты на ношение буркини, которые действовали летом 2016 года. Постановление же предписывало процедуру, которой должны следовать административные трибуналы, тем самым предотвращая будущие успехи и отступления судебной практики в этой области. В нем четко указывалось, что угроза общественному порядку является пороговым значением для любого ограничения свободы вероисповедания, при отсутствии которого такие ограничения отменяются. Административный трибунал Тулона впоследствии применил это решение, отменив запрет на ношение буркини, введенный мэром Фрежюса 30 августа 2016 года и вызвавший напряженность вокруг строительства местной мечети[52].

Обратная сторона позиции Государственного совета, конечно же, заключается в том, что мэры могут законно обосновывать использование своих полицейских полномочий для запрета буркини наличием очевидной угрозы общественному порядку. Административный трибунал Бастии, вынося решение по спору, касающемуся корсиканской коммуны Сиско, постановил, что запрет буркини был оправдан по двум основаниям. Во-первых, «между двумя группами купальщиков произошла ожесточенная стычка в связи с реальным или предполагаемым присутствием на пляже женщины, купающейся в одежде, закрывающей бо́льшую часть тела, в ходе которой несколько человек получили ранения»; во-вторых, «столкновения затем переместились в Бастию»[53]. Это

---

[52] TA Toulon, приказ от 30 августа 2016 года, город Фрежюс, № 1602545. Также см. CE, приказ от 26 сентября 2016 года, Ассоциация по правам человека — Коллектив против исламофобии во Франции, № 403578.

[53] TA Bastia, приказ от 6 сентября 2016 года, коммуна Сиско, № 1600975; CAA Marseille, 3 июля 2017 года, Лига прав человека, № 17MA01337; CE, 14 февраля 2018 года, Лига прав человека, № 413982.

решение может показаться взвешенным, однако нельзя не заметить, как само указание на основание запрета («реальное или предполагаемое присутствие») отражало состояние напряженности и страха, даже паранойи, характерное для французского общества летом 2016 года. Эти сильные эмоции больше всего коснулись отдельных верующих, и свобода вероисповедания оказалась под угрозой. «Случаи буркини» сыграли на этих страхах и стали своего рода искрой в разжигании негодования среди французских секуляристов [Schlegel 2016].

2. Судьи, секуляризм и частное предпринимательство: инструкции для дискриминаторов

2000-е годы, с их спорами о государственных школах, задали тон борьбе за секуляризм, которая развернулась в следующем десятилетии. Как мы видели в главе 5, Закон 2004 года проложил путь для все более широкого толкования обязательства нейтралитета, вытекающего из принципа секуляризма. Суды распространили это обязательство с государственных служащих на всех пользователей государственных услуг, а в определенных случаях (например, ношение платка) — на всех граждан. Многие владельцы бизнеса последовали их примеру, возложив требования нейтралитета на своих сотрудников, а некоторые из них даже приняли «хартии секуляризма». Небольшими шагами секуляризм вышел за рамки государства и его институтов и начал проникать в частный сектор.

2.1. Случай Baby Loup

Это дело началось в Шантелу-ле-Винь, многокультурной коммуне с низким уровнем дохода в пригороде Парижа, где детский сад Baby Loup считался образцом интеграции. Совместно с департаментом социальной помощи и другими муниципальными департаментами его директор Натали Балеато внедрила инновационную систему коллективного ухода за детьми, работающую круглосуточно, чтобы помочь женщинам из неблагополучных семей вернуться на рынок труда. Центр также проводил курсы профессиональной подготовки для матерей [Rubio 2015: 37]. Сотрудница по имени Фатима Афиф стала символом успеха компании: пройдя обучение и получив сертификат, она была принята на должность помощника директора Baby Loup.

Вернувшись из декретного отпуска, г-жа Афиф, покрывающая голову в личной жизни, начала делать это и на работе. Ее отказ снять платок привел к конфликту с директором центра, и ее уволили со ссылкой на устав центра, в котором говорится, что «принцип свободы совести и религии каждого сотрудника не может противоречить принципам секуляризма и нейтралитета, действующим во всей деятельности Baby Loup, будь то в самом детском саду и его филиалах, или при сопровождении детей за его пределами»[54]. Г-жа Афиф подала иск в Высший орган по борьбе с дискриминацией и за равенство, утверждая об акте дискриминации.

В своем решении от 1 марта 2010 года Высший орган по борьбе с дискриминацией и за равенство рассмотрел законность устава организации Baby Loup. Первым соображением было то, что «если ассоциация не выполняет миссию служения обществу, ее деятельность может носить исключительно частный характер, и к ней не могут применяться все правила, регулирующие служение обществу (нейтральность, преемственность и т. д.)». Суд постановил, что деятельность центра носит частный характер, и что устав не может предусматривать полный и абсолютный запрет на свободу совести и религии. Это сделало как устав, так и увольнение г-жи Афиф незаконными[55]. После этого г-жа Афиф подала заявление в трудовой трибунал (*conseil des prud'hommes*) города Мант-ла-Жоли, оспаривая свое увольнение. Результатом стала череда судебных перипетий, которые лишь усилили разногласия.

13 декабря 2010 года суд по трудовым спорам, вопреки решению Высшего органа по борьбе с дискриминацией и за равенство,

---

[54] Рабочий трибунал Мант-ла-Жоли, г-жа Л., супруга А., 13 декабря 2010 года.
[55] HALDE, заключение № 2010–82, 1 марта 2010 года.

вынес решение против г-жи Афиф. Суд подтвердил устав и, следовательно, увольнение, постановив, что г-жа Афиф проявила «вопиющее неповиновение», отказавшись соблюдать правила[56]. Затем она подала апелляцию в апелляционный суд Версаля, который 27 октября 2011 года подтвердил решение суда низшей инстанции. Суд обосновал это решение статьей L. 1121–1 Трудового кодекса (*Code du travail*)[57], постановив, что должностные обязанности г-жи Афиф налагали на нее обязательство соблюдать нейтралитет, что оправдывало ограничения, наложенные работодателем.

Г-жа Афиф подала апелляцию в Социальную палату Кассационного суда. В деле г-жи Фатимы (19 марта 2013 года) Верховный суд отменил это решение, отклонив применение принципа секуляризма к трудовому договору. В нем говорится:

> *Принцип секуляризма, установленный статьей 1 Конституции, не применяется к работникам частноправовых работодателей, не управляющих государственной службой; из трудового кодекса следует… что ограничения религиозной свободы должны быть оправданы характером выполняемой задачи и должны отвечать существенным и решающим профессиональным требованиям, соразмерным поставленной цели*[58].

Это резонансное решение побудило интеллектуалов (например, эссеистку Элизабет Бадентер) и политиков (например, Жанетт Буграб, министра в правительстве Саркози, и Мануэля Вальса, действующего на тот момент премьер-министра) выступить в поддержку борьбы с тем, что они считали угрозой предпочитаемой ими форме секуляризма [Hennette Vauchez, Valentin 2014: 15]. Члены Национальной ассамблеи оперативно внесли

---

[56] Рабочий Мант-ла-Жоли, г-жа Л., супруга А., 13 декабря 2010 года.

[57] Статья L. 1121–1 Трудового кодекса гласит, что «никто не может применять ограничения к правам человека или к индивидуальным и коллективным свободам, которые не оправданы характером выполняемой задачи и не соразмерны поставленной цели».

[58] Cass. soc., 19 марта 2013 года, г-жа Фатима.

несколько законопроектов, направленных на запрет религиозных символов в частном секторе [Ibid.: 41].

Негодование получило новый импульс после другого решения, вынесенного в конце 2013 года. Когда Кассационный суд отменяет решение, он направляет дело в другой апелляционный суд для пересмотра; в данном случае дело рассматривал Апелляционный суд Парижа[59]. В решении от 27 ноября 2013 года последний «взбунтовался», отказавшись следовать аргументации Кассационного суда [Ibid.: 42]. Суд разъяснил, что

> юридическое лицо, регулируемое частным правом и выполняющее миссию, представляющую общий интерес, может при определенных обстоятельствах образовывать предприятие, основанное на убеждениях[60], как это определено в практике Европейского суда по правам человека, и принимать уставы и подзаконные акты, возлагающие на своих сотрудников обязательство соблюдать нейтралитет при исполнении ими своих обязанностей; что такое обязательство влечет за собой, в частности, запрет на ношение любых демонстративных религиозных символов[61].

Апелляционный суд постановил, что устав детского сада Baby Loup достаточно четок, чтобы ограничить выражение религиозных убеждений его сотрудников. Более того, он постановил, что детский сад действительно имеет миссию, представляющую общий интерес[62], и что он является предприятием, основанным на убеждениях:

---

[59] CA Paris, 27 ноября 2013 года, г-жа Фатима Л., супруга А.

[60] Предприятие, основанное на убеждениях, — это предприятие, отстаивающее моральные, политические, философские или религиозные ценности; примерами служат политическое объединение или религиозное образовательное учреждение; см.: [Delgrange 2021].

[61] Там же.

[62] Суд постановил, что «согласно уставу, целью ассоциации Baby Loup является осуществление деятельности по раннему развитию детей в неблагополучном районе и работа по социальной и профессиональной интеграции женщин без различия по признаку политических или конфессиональных убеждений;

> принимая во внимание необходимость... защиты свободы мысли, совести и религии, которая должна быть создана для каждого ребенка, а также необходимость уважения плюрализма религиозных мнений среди женщин, в интересах которых был реализован проект социально-профессиональной реинтеграции в систему ухода за детьми в многоконфессиональной среде, *такие миссии могут быть выполнены предприятием, стремящимся навязать своим сотрудникам принцип нейтралитета, призванный преодолеть мультикультурализм лиц, которым он адресован...* Соответственно, Baby Loup можно считать предприятием, основанным на убеждениях, которое может требовать нейтралитета от своих сотрудников.

Аргумент суда является тонким, поскольку предприятия, основанные на убеждениях (или *enterprises de tendance* во французском праве), пользуются освобождением от соблюдения норм трудового законодательства в силу своей философской или религиозной цели.

Последняя апелляция г-жи Афиф привела к окончательному решению Кассационного суда от 25 июня 2014 года[63]. В этом решении суд отклонил определение Baby Loup как предприятия, основанного на убеждениях. Суд постановил, что «убеждения или тенденции предприятия вытекают из философского, идеологического или религиозного выбора, а не из обязанности соблюдать правовые нормы или ограничения, присущие характеру деятельности предприятия». Далее в решении было указано, что

> предприятие не может быть превращено в «предприятие, основанное на убеждениях» в целях применения принципов нейтралитета, — или секуляризма — *которые применимы*

[и] поскольку такие миссии представляют общий интерес, вплоть до того, что часто выполняются государственной службой и фактически финансируются, без каких-либо сомнений, за счет субсидий, выплачиваемых государством, регионом Иль-де-Франс, департаментом Ивелин, коммуной Шантелу-ле-Винь и Caisse d'allocations familiales...».

[63] Cass. ass. plén., 25 июня 2014 года, г-жа X...

только к государству; что ни принцип секуляризма, установленный статьей 1 Конституции, ни принцип нейтралитета, установленный Конституционным советом... неприменимы к работникам частноправовых работодателей, не управляющих государственной службой.

Такой формулировкой Суд свел секуляризм к его юридическому измерению. Этот правовой (а не философский или идеологический) принцип секуляризма неприменим к частному предпринимательству и не может быть преобразован в «ценность» предприятия, которая налагает на его сотрудников обязательство нейтралитета.

Однако Кассационный суд все же нашел основания — скорее в трудовом праве, чем в принципах секуляризма — для вынесения решения против г-жи Афиф. Аргументация заключалась в том, что устав ассоциации был достаточно четким, чтобы ограничить выражение религиозных убеждений ее сотрудников. Г-жу Афиф можно было уволить не из-за принципа секуляризма, а потому, что социальная цель детского сада — уход за детьми — позволяла ему принимать уставные положения, ограничивающие личные свободы.

Какие выводы можно сделать из этой судебной саги? Хотя судьи, возможно, и не распространили действие принципа нейтралитета на частный сектор, они сделали это неявно, предоставив предприятиям инструмент (уставные положения), который они теперь могли использовать для ограничения свобод своих сотрудников. Ряд парламентариев воспользовались этой возможностью, чтобы потребовать от правительства вмешательства и закрепить это распространение принципа нейтралитета на частный сектор, особенно в случае детских садов. В результате реформы трудового законодательства 8 августа 2016 года был принят закон («Закон 2016 года»)[64], предусматривающий, что

---

[64] Закон № 2016–1088 от 8 августа 2016 года о труде, модернизации социального диалога и обеспечении карьерных возможностей, режим доступа: https://www.legifrance.gouv.fr/loda/id/JORFTEXT000032983213/.

уставы могут содержать положения, закрепляющие принципы нейтралитета и ограничивающие выражение убеждений работниками, если такие ограничения оправданы осуществлением других основных прав и свобод или требованиями обеспечения бесперебойной работы предприятия и если они соразмерны поставленной цели[65].

Конечным результатом дела Baby Loup и его законодательным последствием стал серьезный сдвиг в секуляризме. Этот случай и сегодня остается ярким примером двойной тенденции, наблюдавшейся на протяжении 2010-х годов: с одной стороны, расширение сферы действия требования нейтралитета; с другой стороны, все большее сужение сферы индивидуальных прав, причем сильнее всего пострадало право на свободу вероисповедания.

2.2. «В следующий раз без платка»

Французские законодатели, не теряя времени, попытались расширить пробел, открытый Baby Loup, и тем не менее совместимость Закона 2016 года с европейским антидискриминационным законодательством оставалась сомнительной [Desbarats 2017: 60]. Столкнувшись со все более «секулярными» устремлениями руководителей бизнеса, европейские судьи вскоре были призваны прояснить условия, при которых убеждения могут или не могут быть выражены в частном секторе. Это привело к двум важным решениям Суда Европейского Союза (CJEU) в 2017 году.

В 2008 году г-жа Бугнауи, покрывающая голову, была принята на работу инженером-конструктором в частную компанию. Во время собеседования ей сказали, что ее платок может мешать некоторым клиентам и что она, вероятно, не сможет носить его при любых обстоятельствах на работе. И действительно, не прошло и года с момента ее устройства на работу, как один из клиентов заметил, что нескольким его коллегам не понравился

---

[65] Там же, ст. 2.

ее платок, и попросил г-жу Бугнауи «в следующий раз быть [на встрече] без платка». В июне 2009 года ее уволили.

После длительного разбирательства дело дошло до Кассационного суда в 2015 году. Прежде чем вынести собственное решение, суд обратился в Суд Европейского союза с просьбой дать предварительное толкование европейского права[66]. В частности, суд хотел узнать, как следует толковать Европейскую директиву от 27 ноября 2000 года, разрешающую государствам-членам при определенных условиях делать исключения из антидискриминационных правил в зависимости от характера или практики профессиональной деятельности. В данной директиве предусматривается, что такая дискриминация должна быть оправдана «реальным и определяющим профессиональным требованием, когда цель является законной, а требование соразмерным». Например, принадлежность к определенному полу может быть реальным и определяющим требованием при выборе на роль в спектакле. В деле Бугнауи и Ассоциации защиты прав человека (ADDH — Association de défense des droits de l'homme) рассматривался вопрос о том, могут ли предпочтения, выраженные клиентами компании, представлять собой «реальное и определяющее профессиональное требование», перевешивающее право сотрудника на свободу религии.

В решении от 14 марта 2017 года[67] Суд Европейского союза напомнил, что свобода религии включает в себя право выражать свои религиозные убеждения[68]. Он добавил, что порог, которому должно соответствовать «истинное и определяющее профессиональное требование», весьма высок. Такое требование должно быть «объективным», то есть «продиктованным характером соответствующей профессиональной деятельности или контекстом, в котором она осуществляется»[69]. В частности, «готовность работодателя учитывать желание клиента больше не пользоваться

---

[66] Cass. soc., 9 апреля 2015 года, № 13-19-855.
[67] CJEU, Gr. Ch., 14 марта 2017 года, Бугнауи и ADDH, № C-188/15.
[68] Там же, ¶ 29-30.
[69] Там же, ¶ 40.

услугами этого работодателя, если работница носит исламский платок, не может считаться подлинным и определяющим профессиональным требованием»[70]. На первый взгляд может показаться, что это решение гарантирует обнадеживающий надзор за заявленной объективностью любого ограничения свободы религии. Однако проводимое Судом различие между «субъективным» и «объективным» на самом деле кажущееся, и один из пунктов решения заходит слишком далеко, размывая это различие [Sabbagh 2019: 331]. А именно:

> такое различие в обращении не является косвенной дискриминацией, *если оно объективно оправдано законной целью, такой как реализация* [компанией] *политики нейтралитета по отношению к своим клиентам, и если средства достижения этой цели являются уместными и необходимыми*[71].

Суд Европейского союза разъяснил свою позицию во втором решении по делу G4S Secure Solutions, вынесенном в тот же день в отношении бельгийской сотрудницы[72]. В этом решении Суд разъяснил процедуру, которой должны следовать компании, желающие избежать исков о религиозной дискриминации. В данном случае г-жа Ахбита работала администратором в компании G4S Secure Solutions с 2003 года. Когда, спустя три года после вступления в должность, она сообщила работодателям о своем намерении носить платок в рабочее время, они ответили, что это противоречит негласному правилу, запрещающему ношение любых политических, философских или религиозных символов; ношение платка, по их словам, противоречит обязательству соблюдать нейтралитет. Г-жа Ахбита отказалась подчиниться. Компания официально изменила свои правила в июне 2006 года («сотрудникам запрещено на рабочем месте носить какие-либо

---

[70] Там же, § 41.

[71] Там же, § 33.

[72] CJEU, Gr. Ch., 14 марта 2017 года, G4S Secure Solutions, № C-157/15.

видимые знаки своих политических, философских или религиозных убеждений и/или участвовать в каком-либо соблюдении таких убеждений»), после чего уволила ее.

Суд Европейского союза постановил, что запрет на ношение платка не является прямой дискриминацией, поскольку правила компании распространяются на всех сотрудников одинаково, независимо от их политических, философских или религиозных убеждений. Суд разъяснил:

> Запрет на ношение исламского платка, вытекающий из внутреннего правила частного предприятия, запрещающего открытое ношение *любых политических, философских или религиозных символов на рабочем месте*, не является прямой дискриминацией по признаку религии или убеждений в значении данной директивы[73].

Аргументация Суда во втором деле далека от той обеспокоенности «объективностью», которая была высказана в деле Бугнауи и Ассоциации защиты прав человека; она тем более поразительна, что правила были изменены с явной целью заставить сотрудницу снять платок. И даже если бы прямая дискриминация была исключена, трудно понять, как Суд мог не признать г-жу Ахбиту жертвой косвенной дискриминации.

Однако именно этого и добился Суд Европейского союза, проявив настоящий tour de force. Результатом его решения стало создание своего рода руководства для компаний, стремящихся ограничить религиозные свободы своих сотрудников. Суд постановил, что

> такое внутреннее правило частного предприятия может представлять собой косвенную дискриминацию... если будет установлено, что налагаемое им, казалось бы, нейтральное обязательство фактически приводит к тому, что лица, исповедующие определенную религию или убеждения, ока-

---

[73] Там же, заключительные параграфы.

зываются в особенно невыгодном положении, *если только это не объективно оправдано законной целью, — такой как проведение работодателем в отношениях с клиентами политики политического, философского и религиозного нейтралитета — средства достижения которой также являются уместными и необходимыми...*[74]

Суд Европейского союза пошел гораздо дальше, чем Кассационный суд в деле Baby Loup. Суд Европейского союза сделал то, что отказался делать французский суд — исказил принцип нейтралитета, превратив его в инструмент для использования компаниями в целях ограничения религиозных свобод своих сотрудников. Принцип нейтралитета стал законной основой для включения в уставы компаний[75]. Этот риторический прием показывает, насколько глубоко Суд, должно быть, находился под влиянием доминирующей нарративной формы секуляризма и ее все более яростного противодействия видимым проявлениям исламской веры. Можно только согласиться с юристом Жеро де ла Праделем, который в рамках своей работы напоминает нам о том, что «судебное формирование [может дать] господствующей идеологии фундамент, на котором можно воздвигнуть шаткий набор аргументов» [De la Pradelle 1979: 67]. Именно это и сделал в данном случае Суд Европейского союза, определив выбранную цель (ограничение выражения определенных убеждений на рабочих местах) и переработав правовую аргументацию для ее достижения.

Можно утверждать, что Суд Европейского союза попытался предложить сотруднице некую компенсацию, попросив компанию найти ей равноценную должность, не требующую контактов с общественностью[76]. Однако само по себе это предложение лишь

---

[74] Там же, § 44.

[75] После решений Суда Европейского союза по делам Бугнауи и Ахбиты Кассационный суд продолжил рассмотрение вопроса о наличии «пунктов о нейтралитете» в уставе ассоциации, прежде чем вынести решение о законности увольнения г-жи Бугнауи; см. Cass. soc., 22 ноября 2017 года, № 2484.

[76] Там же, § 45.

укрепляет мнение о неприемлемости некоторых религиозных символов и о том, что сам дискомфорт, который они вызывают, является достаточным основанием для того, чтобы не допускать их появления на публике.

2.3. «Новый французский секуляризм»?

Благодаря многочисленным законодательным вмешательствам последних лет и поддержке, оказанной им судами, закон стал вектором формы секуляризма, часто называемой «республиканской». Многочисленные исследования в области социологии [Baubérot 2014b; Hajjat, Mohammed 2013; Karimi 2021], политологии (Portier 2011), социальной психологии [Nugier et al. 2016] и юриспруденции [Hennette Vauchez, Valentin 2014] намекают на наступление «нового секуляризма».

В важной работе Стефани Эннет Воше и Венсана Валентина описывается «широкомасштабная попытка переопределить, неосознанно или негласно, фундаментальный принцип Республики и государства, которому придается заметно ограничительное новое значение с точки зрения индивидуальной свободы» [Hennette Vauchez, Valentin 2014: 20]. Вслед за первоначальными исследованиями Мориса Барбье и Жака Робера, посвященными развитию идеи секуляризма в 1990-х годах, Венсан Валентин отмечает две тенденции: «стирание», которое можно обнаружить в «исчезновении материального разделения, кодифицированного в законе», и «утверждение», обнаруживаемое как «импорт или возрождение похороненной антирелигиозной культуры» и характеризующееся выдвижением на первый план «специфических черт французской концепции секуляризма, в тенденции, которая решительно ставит под сомнение либеральные рамки 1905 года» [Barbier 1993; Robert 1994; Valentin 2016]. Автор продолжает:

> Мы наблюдаем развертывание парадоксальной «условной защиты» религиозной свободы: с одной стороны, как признанное фундаментальное право, оно должно быть эффек-

тивным и требовать законной помощи со стороны государственных органов; с другой стороны, как потенциальный вектор фундаментализма, оно должно контролироваться и удерживаться в приемлемых рамках Республикой [Ibid.].

Я полностью согласен с выводами этих анализов. Однако мне кажется, что, хотя в 2003 году (с доклада Комиссии Стази) был заложен новый, сначала политико-правовой, а затем и юридический, вектор развития секуляризма, его не следует переоценивать, и на его основе не следует делать общих выводов. С одной стороны, работы Жана Боберо и Филиппа Портье напоминают нам о том, что на протяжении всего XX века французская система секуляризма находилась в деинституционализирующих рамках, унаследованных от Третьей республики, которые не являются чем-то принципиально новым [Baubérot 2015; Portier 2016]. С другой стороны, в них указано и то, что эта правовая система также открылась системе отсчета признания или даже соединилась с ней. Вместе они обосновывают новые формы церковно-государственного взаимодействия и сотрудничества, которые теперь являются предметом постоянно возобновляющихся дискуссий о различии между религией и культурой (см., в частности, дебаты вокруг рождественских яслей в главе 4).

Идея «нового секуляризма» — подходящий объект анализа, если не сводить «новизну» социальных и политических дебатов и правовых норм вокруг секуляризма к мерам касательно ношения религиозных символов. Речь также не идет о замене старой секулярной конфигурации, поскольку французский секуляризм продолжает экспериментировать, гибридизируя ее с теми же «деинституционализирующими», «либеральными» и «антирелигиозными/антиклерикальными» позициями, которые были распространены на протяжении всей истории французского секуляризма. Мы наблюдаем не единый «новый секуляризм», а «новые секуляризмы», новые секулярные установки, которые все больше требуют изучения, анализа и препарирования исследователями для более эффективной критики в тех случаях, когда они посягают на фундаментальные свободы.

Библиография

Amiraux 2008 — Amiraux V. De l'Empire à la République: à propos de l' "islam de France" // Cahiers de recherche sociologique. 2008. Vol. 46. P. 45–60.

Amiraux 2014 — Amiraux V. Le port de la "burqa" en Europe : comment la religion des uns est devenue l'affaire publique des autres // Quand la burqa passe à l'Ouest. Enjeux éthiques, politiques et juridiques, Sciences des religions / Ed. by D. Koussens, O. Roy. Rennes: Presses Universitaires de Rennes, 2014. P. 15–37.

Barbier 1993 — Barbier M. Esquisse d'une théorie de la laïcité // Le Débat. 1993. Vol. 5. № 77. P. 64–76.

Baubérot 2014a — Baubérot J. Voile intégral et laïcité: La Mission d'information parlementaire sur le voile intégral // Quand la burqa passe à l'Ouest: enjeux éthiques, politiques et juridiques / Ed. by D. Koussens, O. Roy. Rennes: Presses universitaires de Rennes, 2014. P. 67–77.

Baubérot 2014b — Baubérot J. La laïcité falsifiée. Paris: La Découverte, 2014.

Baubérot 2015 — Baubérot J. Les 7 laïcités françaises: le modèle français de laïcité n'existe pas. Paris: Maison des Sciences de l'Homme, 2015.

Bonnet 2014 — Bonnet B. La Cour EDH et l'interdiction de la dissimulation du visage dans l'espace public // La Semaine Juridique — Édition Générale. 2014. Vol. 29. P. 1425–1428.

Borghée 2012 — Borghée M. Voile intégral en France: sociologie d'un paradoxe. Paris: Michalon, 2012.

Brems 2014 — The Experiences of Face Veil Wearers in Europe and the Law / Ed. by E. Brems. Cambridge: Cambridge University Press, 2014.

Bribosia et al. 2014 — Bribosia E., Caceres G., Rorive I. Les signes religieux au cœur d'un bras de fer entre Genève et Paris: la saga Singh // Revue trimestrielle des droits de l'homme. 2014. Vol. 25. P. 495–513.

Burchardt et al. 2014 — Burchardt M., Mar G., García-Romeral G. Narrating Liberal Rights and Culture: Muslim Face Veiling, Urban Coexistence and Contention in Spain // Journal of Ethnic and Migration Studies. 2014. Vol. 41. № 7. P. 1068–1087.

Calvi, Fadil 2011 — Calvi G., Fadil N. Politics of Diversity: Sexual and Religious Self-fashioning in Contemporary and Historical Contexts // EUI Working Paper. 2011. Vol. 1. P. 1–5.

Chassang 2014 — Chassang C. La CEDH et la loi du 11 octobre 2010: une validation en demi-teinte de la loi prohibant la dissimulation du visage dans l'espace public // Recueil Dalloz 2014. P. 1701–1707.

Chrestia 2008 — Chrestia P. La burqa est incompatible avec la nationalité française // Actualité juridique—Droit administrative. 2008. Vol. 36. P. 2013–2017.

De Féo 2010 — De Féo A. Sous la burqa. Paris: Sasana Productions, 2010.

De Galembert 2014 — De Galembert C. Forcer le droit à parler contre la burqa: une judicial politics à la française? // Revue française de science politique. 2014. Vol. 64. P. 647–668.

De Galembert, Koenig 2014 — De Galembert C., Koenig M. Gouverner le religieux avec les juges: introduction // Revue française de science politique. 2014. Vol. 64. № 4. P. 631–645.

De la Pradelle 1979 — De la Pradelle G. L'homme juridique: essai critique de droit privé. Grenoble: Presses universitaires de Grenoble, 1979.

Delgrange 2021 — Delgrange X. La laïcité à cheval sur le public et le privé // Revue interdisciplinaire d'études juridiques. 2021. Vol. 86. № 1. P. 217–233.

Desbarats 2017 — Desbarats I. Entre laïcité et neutralité: quelles frontières en droit du travail? // Revue du droit des religions. 2017. Vol. 4. P. 51–67.

El Berhoumi, Delgrange 2014 — El Berhoumi M., Delgrange X. Pour vivre ensemble, vivons dévisagés: le voile intégral sous le regard des juges constitutionnels belge et français // Revue trimestrielle des droits de l'homme. 2014. Vol. 3. № 9. P. 639–645.

Ferrari 2009 — Ferrari A. De la politique à la technique: laïcité narrative et laïcité du droit. Pour une comparaison France/Italie // Le droit ecclésiastique de la fin du XVIIIe au milieu du XXe siècle en Europe / Édité par B. Basdevant-Gaudemet, F. Jankowiak. Leuven: Peeters, 2009. P. 333–345.

Hajjat, Mohammed 2013 — Hajjat A., Mohammed M. Islamophobie: Comment les élites françaises fabriquent le "problème musulman"? Paris: La Découverte, 2013.

Hennette Vauchez, Valentin 2014 — Hennette Vauchez S., Valentin V. L'affaire Baby Loup, ou, La nouvelle laïcité. Issy-les-Moulineaux: LGDJ, 2014.

Hunter-Henin 2012 — Hunter-Henin M. Why the French Don't Like the Burqa: Laïcité, National Identity and Religious Freedom // International and Comparative Law Quarterly. 2012. Vol. 6. P. 613–639.

Karimi 2021 — Karimi H. De l'application à l'extension de la nouvelle laïcité: le cas des mères accompagnatrices // Mouvements. 2021. Vol. 3. № 107. P. 104–112.

Koussens, Roy 2014 — Koussens D., Roy O. Quand la burqa passe à l'Ouest: enjeux éthiques, politiques et juridiques. Rennes: Presses universitaires de Rennes, 2014.

Languille 2012 — Languille C. Logique juridique, logique politique: le cas de la burqa // Le Débat. 2012. Vol. 5. № 172. P. 87–97.

Lettinga, Sawitri 2012 — Lettinga D., Sawitri S. The political debates on the veil in France and the Netherlands: Reflecting national integration models? Comparative European Politcs. 2012. Vol. 10. № 3. P. 319–336.

Malaurie 2008 — Malaurie P. Une pratique radicale de la religion peut fonder une opposition gouvernementale à l'acquisition par mariage de la nationalité française // La Semaine juridique — Édition Générale. 2008. Vol. 38. P. 34–36.

Moors 2009 — Moors A. The Dutch and the Face-Veil: The Politics of Discomfort // Social Anthropology. 2009. Vol. 17. № 4. P. 393–408.

Möschel 2014 — Möschel M. La burqa en Italie: d'une politique locale à une législation nationale // Quand la burqa passe à l'Ouest. Enjeux éthiques, politiques et juridiques, Sciences des religions / Édité par D. Koussens, O. Roy. Rennes: Presses Universitaires de Rennes, 2014. P. 237–250.

Nugier et al. 2016 — Nugier A., Oppin M., Cohu M., Kamiejski R., Roebroeck E., Guimond S. Nouvelle laïcité en France et pression normative envers les minorités musulmanes // International Review of Social Psychology. 2016. Vol. 29. № 1. P. 15–30.

Open Society Foundation 2011 — Open Society Foundation. Un voile sur les réalités: 32 musulmanes de France expliquent pourquoi elles portent le voile intégral. URL: www.soros.org/initiatives/home (дата обращения: 21.03.2022).

Overbeeke, Van Oojien 2014 — Overbeeke A., Van Oojien H. Les politiques relatives au port de la burqa aux Pays-Bas. Tomber de rideau sur une tradition pluraliste? // Quand la burqa passe à l'Ouest. Enjeux éthiques, politiques et juridiques, Sciences des religions / Édité par D. Koussens, O. Roy. Rennes: Presses Universitaires de Rennes, 2014. P. 251–267.

Parvez 2011 — Parvez F. Z. Debating the Burqa in France: The Antipolitics of Islamic Revival // Qualitative Sociology. 2011. Vol. 34. № 201. P. 287–312.

Portier 2011 — Portier P. Nouvelle modernité, nouvelle laïcité: la République française face au religieux (1880–2009) // Estudos de Religião. 2011. Vol. 25. № 41. P. 43–56.

Robert 1994 — Robert J. La liberté religieuse // Revue internationale de droit compare. 1994. Vol. 46. № 2. P. 629–644.

Rosenblum 2020 — Rosenblum D. Les quotas de femmes pour les entreprises et l'interdiction du burkini // Revue générale de droit. 2020. Vol. 50. P. 7–115.

Rubio 2015 — Rubio M.-N. Baby-Loup, un cas d'école // La Pensée. 2015. Vol. 3. № 383. P. 37–40.

Ruet 2014 — Ruet C. L'interdiction du voile intégral dans l'espace public devant la Cour européenne: la voie étroite d'un équilibre // Revue des droits de l'homme. 2014. P. 1–14.

Sabbagh 2019 — Sabbagh D. La discrimination sur le lieu de travail: éléments pour une comparaison transatlantique // Droit et Société. 2019. Vol. 2. № 102. P. 319–332.

Sassen 2002 — Sassen S. Towards Post-National and Denationalized Citizenship // Handbook of Citizenship Studies / Ed. by E.S. Isin and B.F. Turner. London: Sage, 2002. P. 277–291.

Schlegel 2016 — Schlegel J.-L. Le burkini affole la laïcité française // Esprit. 2016. Vol. 10. P. 7–10.

Valentin 2016 — Valentin V. Remarques sur les mutations de la laïcité: mythes et dérives de la "séparation" // Revue des droits et libertés fondamentaux. 2016. Vol. 14. P. 1–6.

Wattier 2017 — Wattier S. Le Conseil d'État français suspend l'interdiction du port du "burkini" // Revue trimestrielle des droits de l'homme. 2017. Vol. 7. № 410. P. 407–419.

Zeghbib 2008 — Zeghbib H. La loi, le juge et les pratiques religieuses // Actualité juridique—Droit administratif. 2008. Vol. 36. P. 1997–2002.

Заключение
Корни и сок

Аннотация: в современных дискуссиях и политике наблюдается национализация секуляризма, которая разворачивается в рамках на первый взгляд парадоксальной диалектики двух полюсов. Этот новый секуляризм прежде всего является республиканско-националистическим. Он опирается на рационализм Просвещения и пропагандирует многочисленные вековые ценности — гуманизм, свободу, эмансипацию, прогресс, — присущие Французской Республике. Обусловливая членство в государстве предварительным отказом от определенных религиозных убеждений, рискуя ущемлением определенных свобод, в частности, права на свободу вероисповедания, этот секуляризм апеллирует к универсальности французского гражданства. Он носит глубоко ассимиляционистский характер. Помимо этого, современный французский секуляризм также носит цивилизационно-националистический характер. Он вновь вписывает религию в национальное французское воображение и закрепляет гражданство в христианской идентичности, которая, как утверждается, передается всем и разделяется всеми. Многочисленные выступления кандидатов в президенты во время избирательной кампании 2022 года наглядно это подтверждают. Таким образом, этот секуляризм, по всей видимости, противоречит универсалистскому республиканскому идеалу, поскольку он склонен партикуляризировать французскую национальную идентичность. Он глубоко дифференциалистский.

> Я знаю, что христианские корни Европы обсуждались так, словно это был вопрос пола ангелов. И что эта конфессия была отодвинута в сторону европейскими парламентария-

ми. Но, в конце концов, исторические свидетельства порой обходятся без подобных символов. И дело не в этих корнях, ведь они могли бы быть и вовсе отмершими. Важна жизненная сила, сок. *Я убежден, что католическая жизненная сила должна и впредь и всегда способствовать оживлению нашей страны*[1].

Президент Эмманюэль Макрон
Коллеж Сан-Бернар, 9 апреля 2018 года

Неслучайно в тот вечер террорист убил учителя. *Он хотел уничтожить* ценности *Республики, Просвещения, возможность сделать наших детей свободными гражданами, откуда бы они ни были, во что бы они ни верили, веруют они или нет, какой бы ни была их религия. Это наша битва, и она экзистенциальна... Они не пройдут. Сопутствующие им мракобесие и насилие не победят. Им не разделить нас... Я призываю всех наших соотечественников в этот момент объединиться, без каких-либо различий. Ибо мы прежде всего граждане, объединенные общими ценностями, историей и судьбой*[2].

Президент Эмманюэль Макрон
Конфлан-Сент-Онорин, 16 октября 2020 года.

Не склонный к длинным речам, президент Эмманюэль Макрон в последние годы регулярно останавливался на вопросах отношений церкви и государства; места религий в обществе; гарантий свободы религии, отправления культа и выражения мнений; борьбы с «сепаратизмом» или коммунитаризмом, а также вопросах секуляризма в целом[3]. Две из этих речей, произнесенных

---

[1] Выступление президента Республики Эмманюэля Макрона на Конференции епископов Франции в Коллеже Сан-Бернар 9 апреля 2028 года, режим доступа: https://www.elysee.fr/emmanuelmacron/2018/04/09/discours-du-president-de-la-republique-emmanuel-macron-a-la-conferencedes-eveques-de-france-au-college-des-bernardins.

[2] Заявление президента Республики после нападения в Конфлан-Сент-Онорин, 16 октября 2020 года, режим доступа: https://it.ambafrance.org/Declaration-du-President-de-la-Republiquesuite-a-l-attentat-de-Conflans-Sainte.

[3] Помимо двух приведенных выше речей были произнесены и другие речи: в Мюлузе 18 февраля 2020 года и в Мюро 2 октября 2020 года.

в совершенно разных условиях, — в одном случае под влиянием предвыборных соображений, в другом — под влиянием потрясения и эмоций — весьма своеобразно и парадигматично иллюстрируют, на мой взгляд, как постепенно менялся французский секуляризм за последние три десятилетия.

Первая, отрывок из которой приведен в качестве эпиграфа к этому заключению, была произнесена 9 апреля 2018 года в Париже в бархатных залах Коллежа Сан-Бернар перед епископами и другими деятелями французского католического движения. Вновь обратившись к недавним террористическим убийствам двух граждан католического вероисповедания, отца Жака Амеля (26 июля 2016 года) и подполковника Арно Бельтрама (23 марта 2018 года), президент подчеркнул важность «католического взаимодействия», которое, по его словам, «укрепило» Францию. Такое взаимодействие, сказал он, как и взаимодействие с католической церковью, помогло определить французскую национальную идентичность: «нация чаще всего росла благодаря мудрости Церкви». Макрон призвал к возобновлению диалога между государством и церковью в целях улучшения сотрудничества между ними. С этой целью он надеялся «восстановить» связь, «поврежденную» (секулярными) дебатами о переосмыслении гражданского брака или вокруг таких этических вопросов, как вспомогательные репродуктивные технологии.

Вторая речь, отрывок из которой также приведен в эпиграфе, была произнесена у входа в колледж в пригороде Парижа 16 октября 2020 года и получила широкое освещение в СМИ. Профессор истории и географии Самюэль Пати был зверски убит исламским фундаменталистом-террористом за то, что якобы показывал своим студентам карикатуры на пророка Мухаммеда. Президент позиционировал себя как воина, защищающего Республику, чьи ценности и идентичность подвергались нападению. На пороге того, что он назвал «экзистенциальной битвой», он призвал французских граждан, «объединенных общими ценностями, историей, судьбой», «объединиться» для защиты находящейся под угрозой Республики. Используя лексику, вызывающую ассоциации с сопротивлением захватчикам, он взял воинственный тон, заявив: *Они не пройдут*.

Эти две речи, каждая по-своему, свидетельствуют о все более реакционной реконфигурации французского секуляризма. Действительно, почти все новые секулярные организации сегодня создаются в ответ на форму ислама, которая, как утверждается, не нормализована в культурной системе страны; то есть на форму ислама, которая находится вне ее, чужда ей или даже противопоставляется ей. Все эти новые меры — будь то управление религиозными объединениями, изменения в правилах, регулирующих религиозные сооружения, политика в отношении капелланов в государственных учреждениях, законодательство и судебная практика, касающиеся ношения религиозных символов, или другие вопросы — направлены на более эффективное регулирование, надзор, а зачастую и ограничение выражения исламской веры во французском обществе, которое часто воспринимается как угроза французской национальной идентичности.

Мало какие секулярные нормы были приняты непосредственно в ответ на эту религию, что усугубляется политическими дебатами и освещением в СМИ, все более сосредоточенным на исламе. Среди мер, которые в последние два десятилетия дебатов о секуляризме оставались практически незамеченными, — принятие Пакта гражданской солидарности (*Pacte civil de solidarité*, осень 1999 года), признание однополых гражданских браков (весна 2013 года), легализация вспомогательных репродуктивных технологий (осень 2021 года) и дебаты о продлении срока, допустимого для добровольного прерывания беременности (осень 2021 года). Эти меры обеспечивают строгое разделение религиозных и гражданских норм в отношении важнейших общественных вопросов, однако они часто не воспринимаются как секулярные законы и представляют собой настоящие «невысказанные мысли» в современном французском секуляризме. Христианские нормы и сегодня настолько неотъемлемы от французского этоса, что продолжают скрывать многие реальные проблемы секуляризации. И это, вероятно, одна из причин, по которой президент Макрон высказал мнение, что подобная политика (разделение религиозных и гражданских норм) «повредила» вековой связи между католической церковью и видением Франции, которая долгое время изображалась как ее «старшая сестра».

Таким образом, формирующийся в современной Франции секуляризм реакционен по своей сути. Его либеральное измерение как защитника прав и свобод (особенно прав меньшинств) все больше отходит на второй план. Секуляризм больше не является просто политико-правовым механизмом, призванным регулировать религиозное разнообразие. Он становится концепцией блага, которая, как утверждается, перевешивает принципы справедливости. Фундаментальные права, конечно же, не исчезли из секулярного репертуара. Но теперь этот репертуар вынужден уступить место другим этическим, философским, политическим и культурным репертуарам, непосредственно связанным с историей формирования французской национальной идентичности. Секуляризм предстает перед нами как укрепление, гораздо более эффективное для защиты находящихся под угрозой культурной, социальной и эмоциональной сплоченности национального сообщества, чем логика одних лишь фундаментальных прав.

В современных дебатах и политике наблюдается заметная национализация секуляризма, которая развертывается в рамках того, что на первый взгляд может показаться парадоксальной диалектикой двух полюсов.

Этот новый секуляризм прежде всего является *республиканско-националистическим*. Он опирается на рационализм Просвещения и пропагандирует многочисленные вековые ценности — гуманизм, свободу, эмансипацию, прогресс, — присущие Французской Республике. Обусловливая членство в государстве предварительным отказом от определенных религиозных убеждений, рискуя ущемлением определенных свобод, в частности, права на свободу вероисповедания, этот секуляризм апеллирует к универсальности французского гражданства. Он глубоко ассимиляционистский.

Современный французский секуляризм также носит *цивилизационно-националистический* характер. Он вновь вписывает религию в национальное французское воображение и закрепляет гражданство в христианской идентичности, которая, как утверждается, передается всем и разделяется всеми. Многочисленные выступления кандидатов в президенты во время избирательной кампании 2022 года наглядно это подтверждают. Таким образом, этот секуляризм, по всей видимости, противоречит универсалистскому республиканскому идеалу, поскольку склонен партикуляризировать французскую национальную идентичность. Он глубоко дифференциалистский.

Невероятное сосуществование этих республиканско-националистического и цивилизационно-националистического секуляризмов в современном государственном управлении черпает свое единственное оправдание всего лишь из одного фактора — ислама, который за последние 20 лет постепенно конструировался как «проблема». Теперь он стал главной линзой, через которую переосмысливаются вопросы секуляризма. Эта мусульманская «проблема» становится связующим звеном, скрепляющим два (хотя и противоречивых) полюса националистического секуляризма. Благодаря переосмыслению традиционных схем республиканского универсализма секуляризм становится центральным компонентом республиканской идентичности и христианской культуры, свойственной французской нации. Эта нация, возможно, реэтнизируется в своем христианстве, но эта этничность в конечном счете считается универсализируемой.

Отныне эти националистические концепции секуляризма становятся главной интерпретационной основой для всех современных секулярных течений. Как показано в этой книге, мало какие государственные политические или судебные решения не были бы прямо или косвенно обусловлены реакцией на ислам; мало тех, кто не включает элементы этих националистических концепций секуляризма в свои рассуждения или цели.

Это справедливо в отношении законодательных и юриспруденциальных конфигураций секуляризма, которые постепенно навязывали обязательство религиозной невидимости в некоторых общественных и даже частных институциональных пространствах как гарантию нейтралитета. Во всех дебатах и принятых мерах Просвещение и республиканский универсализм постоянно были объектом апелляций и противопоставлялись политическому исламу, воплощением которого, как утверждается, является видимость исламской религиозной одежды, такой как хиджаб, полностью закрывающий лицо платок и буркини.

Хотя споры вокруг «культов» представляли собой важный *антирелигиозный момент* для современного секуляризма в 1990-х годах, они вскоре усугубились мусульманской «проблемой». На дебаты о ношении исламского платка учащимися государственных школ существенное влияние оказал ряд аргументов о важности эмансипаторной роли секулярного государства. Утверждалось, что государство обязано априори освобождать и эмансипировать индивидуальные умы граждан, чтобы апостериори лучше гарантировать более «просвещенную» свободу совести.

В ответ на заметность ислама также наблюдалось подтверждение роли христианских религиозных символов в государственных учреждениях, чему часто способствовала неоднозначная судебная практика административных судов. Ряд глав государств, в частности Николя Саркози и Эмманюэль Макрон, без колебаний заявляли о важности духовного и религиозного прошлого как ресурса для граждан и политиков в секуляризированном обществе. Многие из их высказываний звучали как напоминание для общества, которое становилось все более плюралистичным и разнообразным, о незыблемости христианского значения как компонента французской национальной идентичности.

И даже когда принимаемая политика формально направлена на большее равенство, признание или инклюзивность, она часто руководствуется превентивными мерами и принимает форму косвенного контроля над законной религиозной речью и условиями отправления культа. Примерами этого служат адаптация правового аппарата, смягчающая условия предоставления муниципалитетами бессрочной аренды мусульманским религиозным объединениям, и бо́льшая открытость капелланств государственных учреждений для мусульманских капелланов. Эти меры также указывают на некую форму секулярного галликанизма, отраженную в различных официальных толкованиях религии, направленных на различие приемлемых и неприемлемых ее проявлений.

Французские юристы долгое время руководствовались в своей деятельности знаменитыми высказываниями Жана Риверо, который писал, что, хотя «слово "секуляризм" пахнет порохом», хотя оно «вызывает противоречивые эмоциональные отклики... как только порог закона будет перейден, споры утихнут». Он писал:

> Для юристов определение секуляризма относительно не вызывает проблем; государственные деятели разработали совершенно разные концепции... но только одна из них нашла место в официальных документах; законодательные тексты, парламентские отчеты с комментариями к ним, циркуляры, сопровождающие их применение, всегда трактовали секуляризм одним-единственным образом: как государственный нейтралитет [Rivero 1949: 137].

Весьма сложно согласиться с тем, что это замечание остается актуальным и сегодня. Законодательные и нормативные акты, парламентские документы и правительственные доклады все чаще свидетельствуют об укоренении националистической концепции секуляризма, которая несовместима с принципом нейтралитета, как бы часто на него ни ссылались. Напротив, эта форма секуляризма часто представляется как оружие в искусственно сконструированном, но быстро превращающемся в перформативный, столкновении между исламом, его ценностями и верующими, с одной стороны, и французской национальной идентичностью — с другой.

Медленно, но верно современный французский секуляризм отрывается от своих либеральных корней. Корни еще не отмерли, но все больше увядают. И хотя эти корни все еще дают сок, он теперь оставляет горький привкус во рту религиозных меньшинств и всех тех, кто продолжает заботится о правах и свободах.

Библиография

Agier-Cabanes 20007 — Agier-Cabanes I. La laïcité, exception libérale dans le modèle français // Cosmopolitiques. 2007. Vol. 16. P. 133–143.

Amiraux 2008 — Amiraux V. De l'Empire à la République: à propos de l'"islam de France" // Cahiers de recherche sociologique. 2008. Vol. 46. P. 45–60.

Amiraux 2014 — Amiraux V. Le port de la "burqa" en Europe: comment la religion des uns est devenue l'affaire publique des autres // Quand la burqa passe à l'Ouest. Enjeux éthiques, politiques et juridiques, Sciences des religions / Édité par D. Koussens, O. Roy. Rennes: Presses Universitaires de Rennes, 2014. P. 15–37.

Aveline 2005 — Aveline J.-M. Le dialogue interreligieux: médiation pour la paix? // La religion dans la sphère publique / Édité par S. Lefebvre. Montréal: Presses de l'Université de Montréal, 2005. P. 220–239.

Azria 2005 — Azria R. Le judaïsme, contours et limites de la reconnaissance // Archives de sciences sociales des religions. 2005. Vol. 129. P. 135–150.

Balibar 1991 — Balibar É. Faut-il qu'une laïcité soit ouverte ou fermée? // Mots. 1991. Vol. 27. P. 73–80.

Balthazar 1990 — Balthazar L. La laïcisation tranquille au Québec // La laïcité en Amérique du Nord / Édité par J. Lemaire. Brussels: Éditions de l'Université libre de Bruxelles, 1990. P. 32–41.

Barbier 1993 — Barbier M. Esquisse d'une théorie de la laïcité // Le Débat. 1993. Vol. 5. № 77. P. 64–76.

Barbier 1995 — Barbier M. La laïcité. Paris: L'Harmattan, 1995.

Baroin 2003 — Baroin F. Pour une nouvelle laïcité: rapport officiel. Paris: La Documentation française, 2003.

Barras 2021 — Barras A. Formalizing Secularism as a Regime of Restrictions and Protections: The Case of Quebec (Canada) and Geneva (Switzerland) // Canadian Journal of Law and Society. 2021. Vol. 36. № 2. P. 283–302.

Basdevant-Gaudemet 1998 — Basdevant-Gaudemet B. Droit et religions en France // Revue internationale de droit compare. 1998. Vol. 50. № 2. P. 335–366.

Baubérot 1997 — Baubérot J. La morale laïque contre l'ordre moral. Paris: Seuil, 1997.

Baubérot 1999 — Baubérot J. Laïcité, sectes, société // Sectes et démocratie / Édité par F. Champion and M. Cohen. Paris: Seuil, 1999. P. 313–327.

Baubérot 2000 — Baubérot J. Histoire de la laïcité française. Paris: Presses Universitaires de France, 2000.

Baubérot 2002 — Baubérot J., Mathieu S. Religion, modernité et culture au Royaume-Uni et en France, 1800–1914. Paris: Seuil, 2002.

Baubérot 2004 — Baubérot J. Laïcité 1905–2005, entre passion et raison. Paris: Seuil, 2004.

Baubérot 2006 — Baubérot J. La laïcité en crise? Une conquête toujours en devenir // Informations sociales. 2006. Vol. 138. P. 48–59.

Baubérot 2009 — Baubérot J. L'évolution de la laïcité en France: entre deux religions civiles // Diversité urbaine. 2009. Vol. 9. № 1. P. 9–25.

Baubérot 2011 — Baubérot J., Milot M. Laïcités sans frontières. La couleur des idées. Paris: Seuil, 2011.

Baubérot 2014a — Baubérot J. Voile intégral et laïcité: La Mission d'information parlementaire sur le voile intégral // Quand la burqa passe à l'Ouest: enjeux éthiques, politiques et juridiques / Édité par D. Koussens, O. Roy. Rennes: Presses universitaires de Rennes, 2014. P. 67–77.

Baubérot 2014b — Baubérot J. La laïcité falsifiée. Paris: La Découverte, 2014.

Baubérot 2015 — Baubérot J. Les 7 laïcités françaises: le modèle français de laïcité n'existe pas. Paris: Maison des Sciences de l'Homme, 2015.

Baubérot 2017 — Baubérot J. De la sociologie-historique du protestantisme à la sociologie historique de la laïcité // Archives de sciences sociales des religions. 2017. Vol. 180. № 4. P. 51–68.

Beaman 2020 — Beaman L. G. The Transition of Religion to Culture in Law and Public Discourse. London: Routledge, 2020.

Béraud, De Galember 2019 — Béraud C., De Galember C. La fabrique de l'aumônerie musulmane des prisons en France. Paris: Mission de recherche Droit et justice, 2019.

Béraud, Portier 2015 — Béraud C., Portier P. Métamorphoses catholiques: acteurs, enjeux et mobilisations depuis le mariage pour tous. Paris: Maison des Sciences de l'homme, 2015.

Bertossi 2017 — Bertossi C. Raisonnements publics et appartenance à une institution: les musulmans dans les armées françaises // Migrations Société. 2017. Vol. 169. № 3. P. 81–102.

Blancarte 2001 — Blancarte R. Laïcidad y secularización en México // Estudios Sociólogicos. 2001. Vol. 57. № 19. P. 843–855.

Bokdam-Tognetti 2016 — Bokdam-Tognetti É. Le financement des cultes dans la jurisprudence du Conseil d'État // Les Nouveaux Cahiers du Conseil constitutionnel. 2016. Vol. 4. № 53. P. 33–52.

Bonnafous 1991 — Bonnafous S. Quand la presse catholique parle de "laïcité" // Mots: Les langages du politique. 1991. Vol. 27. P. 66–67.

Bonnet 2014 — Bonnet B. La Cour EDH et l'interdiction de la dissimulation du visage dans l'espace public // La Semaine Juridique — Édition Générale. 2014. Vol. 29. P. 1425–1428.

Borghée 2012 — Borghée M. Voile intégral en France: sociologie d'un paradoxe. Paris: Michalon, 2012.

Bouchard, Taylor 2008 — Bouchard G., Taylor C. Building the Future: A Time for Reconciliation. Quebec: Commission de consultation sur les pratiques d'accommodement reliées aux différences culturelles, 2008.

Boussinesq 1994 — Boussinesq J. La laïcité française. Paris: Seuil, 1994.

Boyer 2005 — Boyer A. Comment l'État laïque connaît-il les religions? // Archives de sciences sociales des religions. 2005. Vol. 129. P. 37–49.

Bribosia et al. 2014 — Bribosia E., Caceres G., Rorive I. Les signes religieux au cœur d'un bras de fer entre Genève et Paris: la saga Singh // Revue trimestrielle des droits de l'homme. 2014. Vol. 25. P. 495–513.

Burchardt et al. 2014 — Burchardt M., Mar G., García-Romeral G. Narrating Liberal Rights and Culture: Muslim Face Veiling, Urban Coexistence and Contention in Spain // Journal of Ethnic and Migration Studies. 2014. Vol. 41. № 7. P. 1068–1087.

Cabanel 2003 — Cabanel P. Le Dieu de la République: aux sources protestantes de la laïcité (1860–1900). Rennes: Presses Universitaires de Rennes, 2003.

Calvi, Fadil 2011 — Calvi G., Fadil N. Politics of Diversity: Sexual and Religious Self-fashioning in Contemporary and Historical Contexts // EUI Working Paper. 2011. Vol. 1. P. 1–5.

Camguilhem 2018 — Camguilhem B. Ménager l'âne et le bœuf: retour sur la neutralité du service public // Les Annales de droit. 2018. Vol. 12. P. 123–140.

Casanova 2011 — Casanova J. The Secular, Secularizations, Secularisms // Rethinking Secularism / Ed. by C. Calhoun, M. Juergensmeyer, J. Van Antwerpen. New York: Oxford University Press, 2011. P. 55–67.

Champion 1999 — Champion F. De la diversité des pluralismes religieux // International Journal on Multicultural Societies. 1999. Vol. 1. № 2. P. 40–54.

Champion, Cohen 1999 — Champion F., Cohen M. Sectes et démocratie. Paris: Seuil, 1999.

Chassang 2014 — Chassang C. La CEDH et la loi du 11 octobre 2010: une validation en demi-teinte de la loi prohibant la dissimulation du visage dans l'espace public // Recueil Dalloz 2014. P. 1701–1707.

Chirac 2003 — Chirac J. Lettre de mission du Président de la République à M. Bernard Stasi. Paris: La Documentation française, 2003.

Chrestia 2008 — Chrestia P. La burqa est incompatible avec la nationalité française // Actualité juridique—Droit administrative. 2008. Vol. 36. P. 2013–2017.

Cohen 2016 — Cohen M. Pluralité du judaïsme dans une France plurielle: de nouveaux défis pour la laïcité // La Laïcité: des combats fondateurs aux enjeux d'aujourd'hui / Édité par J.-M. Ducomte, P. Tournemire. Toulouse: Privat, 2016. P. 99–114.

Commission Machelon 2006 — Commission Machelon. Les Relations des cultes avec les pouvoirs publics. Paris: La Documentation française, 2006.

Commission Stasi 2003 — Commission Stasi. Commission de réflexion sur l'application du principe de laïcité dans la République: rapport au Président de la République. Paris: La Documentation française, 2003.

Conseil d'État 2004 — Conseil d'État. Un siècle de laïcité. Rapport public 2004, Études et documents. Paris: La Documentation française, 2004.

Coq 1997 — Coq G. Église et démocratie // Esprit. 1997. Vol. 233. P. 78–282.

Coq 2005 — Coq G. La Laïcité: principe universel. Paris: Félin, 2005.

Coq 2006 — Coq G. Faut-il changer la loi de 1905? // Hommes et migrations. 2006. Vol. 1259. P. 31–43.

Costa, Marcou 1995 — Costa J.-P., Marcou J. Le Conseil d'État, le droit public français et le "foulard" // Cahiers d'études sur la Méditerranée orientale et le monde turco-iranien. 1995. Vol. 19. P. 55–65.

Crépon 2008 — Crépon S. La lutte pour la reconnaissance des signes religieux à l'école: une étude comparative France-Belgique // Politique européenne. 2008. Vol. 24. P. 83–101.

D'Onorio 1988 — D'Onorio J.-B. Les sectes en droit public français // JCP. 1988. Vol. 1. № 6. P. 3336.

Da Costa 2009 — Da Costa N. La laicidad uruguaya // Archives de sciences sociales des religions. 2009. Vol. 146. P. 137–155.

Date 2020 — Date K. Trajectoire de la laïcité au Québec au miroir du Japon // Étudier le religieux au Québec: regards d'ici et d'ailleurs / Édité par D. Koussens, J.-F. Laniel, J.-P. Perreault. Quebec: Presses de l'Université Laval, 2020. P. 505–522.

De Féo 2010 — De Féo A. Sous la burqa. Paris: Sasana Productions, 2010.

De Galembert 2014 — De Galembert C. Forcer le droit à parler contre la burqa: une judicial politics à la française? // Revue française de science politique. 2014. Vol. 64. P. 647–668.

De Galembert et al. 2016 — De Galembert C., Béraud C., Rostaing C. Islam et prison: liaisons dangereuses? // Pouvoirs. 2016. Vol. 158. № 3. P. 67–81.

De Galembert, Koenig 2014 — De Galembert C., Koenig M. Gouverner le religieux avec les juges: introduction // Revue française de science politique. 2014. Vol. 64. № 4. P. 631–645.

De la Pradelle 1979 — De la Pradelle G. L'homme juridique: essai critique de droit privé. Grenoble: Presses universitaires de Grenoble, 1979.

Debray 2004 — Debray R. Ce que nous voile le voile. Paris: Gallimard, 2004.

Debré 2003 — Debré J.-L. Rapport fait au nom de la mission d'information sur la question du port de signes religieux à l'école. Paris: La Documentation française, 2003.

Decaux 2010 — Decaux E. Chronique d'une jurisprudence annoncée: laïcité française et liberté religieuse devant la Cour européenne des droits de l'homme // Revue trimestrielle des droits de l'homme. 2010. Vol. 82. P. 251–268.

Delgrange 2018 — Delgrange X. Une nouvelle source du droit: le Dress Code // Le droit malgré tout: hommage à François Ost / Édité par Y. Cartuyvels et al. Brussels: Presses de l'Université Saint-Louis, 2018. P. 659–706.

Delgrange 2021 — Delgrange X. La laïcité à cheval sur le public et le privé // Revue interdisciplinaire d'études juridiques. 2021. Vol. 86. № 1. P. 217–233.

Delgrange, Koussens 2019 — Delgrange X., Koussens D. Les nouveaux arcs-boutants de la laïcité belge pilarisée // Piliers, dépilarisation et clivage philosophique en Belgique / Édité par L. Bruyère, C. Torrekens, A.-S. Crosetti, C. Sagesser. Brussels: Éditions du CRISP, 2019. P. 83–100.

Delgrange, Koussens 2020 — Delgrange X., Koussens D. La fabrique de la laïcité par le juge: éléments de comparaison Belgique-France-Québec // Revue interdisciplinaire d'études juridiques. 2020. Vol. 85. P. 93–127.

Desbarats 2017 — Desbarats I. Entre laïcité et neutralité: quelles frontières en droit du travail? // Revue du droit des religions. 2017. Vol. 4. P. 51–67.

Dord 2004a — Dord O. Laïcité à l'école: l'obscure clarté de la circulaire "Fillon" du 18 mai 2004 // Actualité juridique—Droit administrative. 2004. Vol. 28. P. 1523–1529.

Dord 2004b — Dord O. Laïcité: le modèle français sous influence européenne. 2004. URL: https://www.robertschuman.eu/fr/doc/notes/notes-24-fr.pdf (дата обращения: 27.03.2022).

Delsol et al. 2005 — Droit des cultes: personnes, activités, biens et structures / Édité par X. Delsol, A. Garay and E. Tawil. Lyon: Dalloz — Juris Associations, 2005.

Dumont, Berhoumi 2021 — Dumont H., El Berhoumi M. Droit constitutionnel: approche critique et interdisciplinaire. Vol. 1. L'État. Brussels: Larcier, 2021.

Durand-Prinborgne 2004 — Durand-Prinborgne C. La laïcité. Paris: Dalloz, 2004.

El Berhoumi, Delgrange 2014 — El Berhoumi M., Delgrange X. Pour vivre ensemble, vivons dévisagés: le voile intégral sous le regard des juges constitutionnels belge et français // Revue trimestrielle des droits de l'homme. 2014. Vol. 3. № 9. P. 639–645.

Esquivel 2008 — Esquivel J. C. Laicidades relativas: avatares de la relación Estado-Iglesia en Brasil // Los Retos de la Laicidad y la Secularización en el Mundo Contemporáneo / Ed. by R. Blancarte. México: El Colegio de Mexico-Centro de Estudios Sociológicos, 2008. P. 163–192.

Fath 2005 — Fath S. De la non-reconnaissance à une demande de légitimation: le cas du protestantisme évangélique // Archives de sciences sociales des religions. 2005. Vol. 129. P. 151–162.

Ferrari 2008 — Ferrari A. Laïcité et multiculturalisme à l'italienne // Archives de sciences sociales des religions. 2008. Vol. 141. P. 145–146.

Ferrari 2009 — Ferrari A. De la politique à la technique: laïcité narrative et laïcité du droit. Pour une comparaison France/Italie // Le droit ecclésiastique de la fin du XVIIIe au milieu du XXe siècle en Europe / Édité par B. Basdevant-Gaudemet F. Jankowiak. Leuven: Peeters, 2009. P. 333–345.

Fiala 1991 — Fiala P. Les termes de la laïcité: différenciation morphologique et conflits sémantiques // Mots. 1991. Vol. 27. P. 41–57.

Florand, Séguy 1986 — Florand J.-M., Séguy O.-L. L'émergence judiciaire du phénomène des sectes // Les Petites Affches. 1986. Vol. 124. P. 28–29.

Frégosi 2006 — Frégosi F. Regards contrastés sur la régulation municipale de l'islam // Les cahiers de la sécurité, Revue trimestrielle de sciences sociales. 2006. Vol. 62. P. 71–92.

Frégosi 2018 — Frégosi F. De quoi le gouvernement de l'islam en France est-il le nom? // Confluences Méditerranée. 2018. Vol. 106. № 3. P. 35–51.

Gagné 2020 — Gagné A. L'influence de la droite chrétienne aux États-Unis et au Canada // Nouveaux cahiers du socialisme. 2020. Vol. 23. P. 87–93.

Gauchet 2008 — Gauchet M. Crise dans la démocratie // La revue lacanienne. 2008. Vol. 2. P. 59–72.

Gonzalez 2001 — Gonzalez G. Les témoins de Jéhovah peuvent constituer des associations cultuelles // Revue trimestrielle des droits de l'homme. 2001. Vol. 48. P. 1208–1219.

Gonzalez 2003 — Gonzalez G. Les sources internationales du droit français des religions // Traité de droit français des religions / Édité par F. Messner, P.-H. Prélot J.-M. Woehrling. Paris: Litec, 2003. P. 291–299.

Gonzalez 2006 — Gonzalez G. L'exigence de neutralité des services publics // Laïcité, liberté de religion et Convention européenne des droits de l'homme / Édité par G. Gonzalez. Bruxelles: Bruylant, 2006. P. 153–200.

Gonzalez, Haarscher 2015 — Gonzalez G., Haarscher G. Consécration jésuitique d'une exigence fondamentale de la civilité démocratique? Le voile intégral sous le regard des juges de la Cour européenne. (Cour eur. dr. h., Gde Ch., S.A.S. c. France, 1er juillet 2014) // Revue trimestrielle des droits de l'homme. 2015. Vol. 101. P. 219–233.

Haarscher 1996 — Haarscher G. La laïcité. Paris: Presses universitaires de France, 1996.

Haarscher 1989 — Haarscher G. L'Europe, la laïcité et les droits de l'homme // Laïcité et droits de l'homme: deux siècles de conquête / Édité par G. Haarscher. Brussels: Éditions de l'Université de Bruxelles, 1989.

Hajjat, Mohammed 2013 — Hajjat A., Mohammed M. Islamophobie: Comment les élites françaises fabriquent le "problème musulman"? Paris: La Découverte, 2013.

HCI 2001 — Haut Conseil à l'Intégration. L'Islam dans la République. Paris: La Documentation française, 2001.

HCI 2007 — Haut Conseil à l'intégration. Charte de la laïcité dans les services publics et autres avis. Paris: La Documentation française, 2007.

HCI 2013 — Haut Conseil à l'Intégration. Expression religieuse et laïcité dans les établissements publics d'enseignement supérieur en France. Paris: La Documentation française, 2013.

Hennette Vauchez, Valentin 2014 — Hennette Vauchez S., Valentin V. L'affaire Baby Loup, ou, La nouvelle laïcité. Issy-les-Moulineaux: LGDJ, 2014.

Hochmann 2016 — Hochmann T. Le Christ, le père Noël et la laïcité, en France et aux États-Unis // Les Nouveaux Cahiers du Conseil constitutionnel. 2016. Vol. 53. № 4. P. 53–61.

Hunter-Henin 2012 — Hunter-Henin M. Why the French Don't Like the Burqa: Laïcité, National Identity and Religious Freedom // International and Comparative Law Quarterly. 2012. Vol. 6. P. 613–639.

Kaltenbach, Tribalat 2002 — Kaltenbach J.-H., Tribalat M. La République et l'Islam: entre crainte et aveuglement. Paris: Gallimard, 2002.

Karimi 2021 — Karimi H. De l'application à l'extension de la nouvelle laïcité: le cas des mères accompagnatrices // Mouvements. 2021. Vol. 3. № 107. P. 104–112.

Kentel 1998 — Kentel F. Recompositions du religieux en Turquie: pluralisme et individualisation // Cahiers d'études sur la Méditerranée orientale et le monde turco-iranien. 1998. Vol. 26. URL: https://journals.openedition.org/cemoti/132 (дата обращения: 29.03.2022).

Kessler 1993a — Kessler D. Laïcité: du combat au droit // Les Débats. 1993. Vol. 77. P. 95–101.

Kessler 1993b — Kessler D. Neutralité de l'enseignement public et liberté d'opinion des élèves (À propos du port de signes distinctifs d'appartenance religieuse dans les établissements scolaires): conclusions sur Conseil d'État, 2 novembre 1992, M. Kherouaa et Mme Kachour, M. Balo et Mme Kizic // Revue française de droit administratif. 1993. Vol. 9. № 1. P. 113–118.

Kheir 2014 — Kheir M. Le vocabulaire de la laïcité de Guizot à Ferry. L'Atelier du Centre de recherches historiques, PhD thesis in History. EHESS, 2014.

Khemilat 2018 — Khemilat F. La construction des prières de rue comme problème public // Confluences Méditerranée. 2018. Vol. 106. № 3. P. 81–94.

Kintzler 1998 — Kintzler C. Tolérance et laïcité. Nantes: Pleins Feux, 1998.

Kintzler 2008 — Kintzler C. Qu'est-ce que la laïcité? Paris: Vrin, 2008.

Klein 2015 — Klein L. Judaïsme, valeurs républicaines et laïcité // Administration & Éducation. 2015. Vol. 4. № 148. P. 105–109.

Kondo 2009 — Kondo M. L'avenir du sécularisme en Inde // Sécularisations et laïcités / Édité par H. Masashi. Tokyo: Koichi Maeda-University of Tokyo/Center for Philosophy, 2009. P. 93–101.

Korteweg, Yurdakul 2014 — Korteweg A. C., Yurdakul G. The Headscarf Debates: Conficts of National Belonging. Stanford, CA: Stanford University Press, 2014.

Koussens 2012 — Koussens D. Symboles et rituels catholiques dans les institutions publiques québécoises: aspects juridiques, débats politiques et enjeux laïques // Annuaire Droit et Religions. 2012. Vol. 6. № 1. P. 161–172.

Koussens 2020 — Koussens D. Une laïcité moindre // Modération ou extrémisme? Regards critiques sur la loi 21 / Édité par L. Ceilis, D. Dabby, D. Leydet, V. Romani. Quebec: Presses de l'Université Laval, 2020. P. 83–96.

Koussens, Amiraux 2015 — Koussens D., Amiraux V. Du mauvais usage de la laïcité française dans le débat public Québécois // Penser la laïcité québécoise: fondements et défense d'une laïcité ouverte au Québec / Édité par S. Lévesque. Quebec: Les Presses de l'Université Laval, 2015. P. 55–77.

Koussens et al. 2020 — Koussens D., Delgrange X., Bertrand L. La neutralité religieuse des fonctionnaires au Québec et en Belgique. Enjeux constitutionnels // Revue belge de droit constitutionnel. 2020. № 4. P. 393–423.

Koussens, Lavoie 2018 — Koussens D., Lavoie B. Fondements et effets socio-juridiques de la loi du 17 octobre 2018 favorisant le respect de la neutralité religieuse au Québec // Revue du droit des religions. 2018. Vol. 6. P. 117–137.

Koussens, Roy 2014 — Koussens D., Roy O. Quand la burqa passe à l'Ouest: enjeux éthiques, politiques et juridiques. Rennes: Presses universitaires de Rennes, 2014.

Lacroix 2007 — Lacroix J. Communautarisme et pluralisme dans le débat français: essai d'élucidation // Éthique publique. 2007. Vol. 9. № 1. P. 50–56.

Lamine 2004 — Lamine A.-S. La cohabitation des dieux: pluralité religieuse et laïcité. Paris: Presses Universitaires de France, 2004.

Lamine 2005 — Lamine A.-S. Mise en scène de la "bonne entente" interreligieuse et reconnaissance // Archives de sciences sociales des religions. 2005. Vol. 129. P. 83–96.

Langlois 2005 — Langlois C. Depuis soixante ans la République est laïque: réflexions sur une 'vocation' tardive // Vingtième Siècle, Revue d'histoire. 2005. Vol. 87. P. 11–20.

Languille 2012 — Languille C. Logique juridique, logique politique: le cas de la burqa // Le Débat. 2012. Vol. 5. № 172. P. 87–97.

Larralde 2014 — Larralde J.-M. Le principe de laïcité: regard de l'internationaliste // Revue générale de droit public international. 2014. Vol. 3. P. 639–655.

Le Vallois 2003 — Le Vallois P. Les mouvements religieux socialement controversés en France // Traité de droit français des religions / Édité par F. Messner, P.-H. Prélot J.-M. Woehrling. Paris: Litec, 2003. P. 156–166.

Leroy 2007 — Leroy M. L'État Belge, État laïc // En hommage à Francis Delpérée — Itinéraires d'un constitutionnaliste / Édité par R. Andersen, D. Déom, V. De Leuruquin, A. Rasson-Rolande, D. Renders, et al. Brussels/Paris: Bruylant/L.G.D.J., 2007. P. 833–847.

Lettinga, Sawitri 2012 — Lettinga D., Sawitri S. The political debates on the veil in France and the Netherlands: Reflecting national integration models? Comparative European Politcs. 2012. Vol. 10. № 3. P. 319–336.

Liogier 2010 --- Liogier R. La distinction sociocognitive et normative entre bonne et mauvaise religion en contexte européen: le cas de l'Islam et du bouddhisme // Pluralisme religieux et citoyenneté / Édité par M. Milot, P. Portier J.-P. Willaime. Rennes: Presses Universitaires de Rennes, 2010. P. 99–122.

Lochak 2007 — Lochak D. Le Conseil d'État en politique // Pouvoirs. 2007. Vol. 4. № 123. P. 19–32.

Lorcerie 2007 — Lorcerie F. «La République aime l'école» // Cosmopolitiques. 2007. Vol. 16. P. 107–118.

Lorea 2009 — Lorea R. A. Brazilian secularity and minorities in the biggest Catholic nation in the world // Archives de sciences sociales des religions. 2009. Vol. 146. P. 81–95.

Luca 2004 — Luca N. Les sectes. Paris: Presses Universitaires de France, 2004.

Luca 2010 — Luca N. Les "sectes": une entrave à la citoyenneté? Politiques européennes et états-uniennes // Pluralisme religieux et citoyenneté / Édité par M. Milot, P. Portier, J.-P. Willaime. Rennes: Presses Universitaires de Rennes, 2010. P. 123–136.

Malaurie 2008 — Malaurie P. Une pratique radicale de la religion peut fonder une opposition gouvernementale à l'acquisition par mariage de la nationalité française // La Semaine juridique — Édition Générale. 2008. Vol. 38. P. 34–36.

Mallimaci 2008 — Mallimaci F. H. Nacionalismo católico y cultura laica en Argentina // Los Retos de la Laicidad y la Secularización en el Mundo Contemporáneo / Ed. by R. Blancarte. Mexico City: El Colegio de Mexico-Centro de Estudios Sociológicos, 2008. P. 239–262.

Massignon 2004 — Massignon B. Les relations entre les institutions religieuses et l'Union européenne: un laboratoire de gestion de la pluralité religieuse et philosophique? // Les mutations contemporaines du religieux / Édité par J.-R. Armogathe, J.-P. Willaime. Turnhout: Brepols, 2004. P. 25–41.

Massignon 2007 — Massignon B. Des dieux et des fonctionnaires: religions et laïcités face au déf de la construction européenne. Rennes: Presses Universitaires de Rennes, 2007.

Messner 2003 — Messner F., Prélot P.-H., Woehrling J.-M. Traité de droit français des religions. Paris: Litec, 2003.

Milot 2002 — Milot M. Laïcité dans le Nouveau Monde: le cas du Québec. Turnhout: Brepols, 2002.

Moors 2009 — Moors A. The Dutch and the Face-Veil: The Politics of Discomfort // Social Anthropology. 2009. Vol. 17. № 4. P. 393–408.

Möschel 2014 — Möschel M. La burqa en Italie: d'une politique locale à une législation nationale // Quand la burqa passe à l'Ouest. Enjeux éthiques, politiques et juridiques, Sciences des religions / Édité par D. Koussens, O. Roy. Rennes: Presses Universitaires de Rennes, 2014. P. 237–250.

Nugier et al. 2016 — Nugier A., Oppin M., Cohu M., Kamiejski R., Roebroeck E., Guimond S. Nouvelle laïcité en France et pression normative envers les minorités musulmanes // International Review of Social Psychology. 2016. Vol. 29. № 1. P. 15–30.

Open Society Foundation 2011 — Open Society Foundation. Un voile sur les réalités: 32 musulmanes de France expliquent pourquoi elles portent le voile intégral. URL: www.soros.org/initiatives/home (дата обращения: 21.03.2022).

Overbeeke, Van Oojien 2014 — Overbeeke A., Van Oojien H. Les politiques relatives au port de la burqa aux Pays-Bas. Tomber de rideau sur une tradition pluraliste? // Quand la burqa passe à l'Ouest. Enjeux éthiques, politiques et juridiques, Sciences des religions / Édité par D. Koussens, O. Roy. Rennes: Presses Universitaires de Rennes, 2014. P. 251–267.

Parvez 2011 — Parvez F. Z. Debating the Burqa in France: The Antipolitics of Islamic Revival // Qualitative Sociology. 2011. Vol. 34. № 201. P. 287–312.

Pauliat 2017 — Pauliat H. Installation des crèches dans un emplacement public: des critères fous // Revue du droit des religions. 2017. Vol. 4. P. 67–82.

Pelletier 2005 — Les catholiques dans la République, 1905–2005 / Édité par D. Pelletier. Paris: l'Atelier, 2005.

Pelletier 2017 — Pelletier D. Les catholiques français, les politiques de la vie et la redéfnition de la sphere politique en France (1980–2017): le retour en politique des catholiques français // Religión, Laicidad y Sociedad en la Historia Contemporánea de España, Italia e Francia / Édité par P. Álvarez Lázaro, A. Ciampani, F. G. Sanz. Madrid: Universidad Pontifcia Comillas, 2017. P. 395–410.

Pena-Ruiz 1998 — Pena-Ruiz H. La laïcité. Paris: Flammarion, 1998.

Pena-Ruiz 2003 — Pena-Ruiz H. Qu'est-ce que la laïcité? Paris: Gallimard, 2003.

Pena-Ruiz 2014 — Pena-Ruiz H. Dictionnaire amoureux de la laïcité. Paris: Plon, 2014.

Perry 2009 — Perry M. J. USA: Religion as a basis of lawmaking? On the non-establishment of religion // Archives de sciences sociales des religions. 2009. Vol. 146. P. 119–136.

Portier 2005 — Portier P. L'Église catholique face au modèle français de laïcité: histoire d'un ralliement // Archives de sciences sociales des religions. 2005. Vol. 129. P. 117–134.

Portier 2011 — Portier P. Nouvelle modernité, nouvelle laïcité: la République française face au religieux (1880–2009) // Estudos de Religião. 2011. Vol. 25. № 41. P. 43–56.

Portier, Théry 2015 — Portier P., Théry I. Du mariage civil au "mariage pour tous": sécularisation du droit et mobilisations catholiques // Sociologie. 2015. Vol. 6. № 1. URL: https://journals.openedition.org/sociologie/2528 (дата обращения: 29.03.2022).

Poulat 1987 — Poulat É. Liberté, Laïcité: la guerre des deux France et le principe de la modernité. Paris: Cerf/Cujas, 1987.

Poulat 1997 — Poulat É. La solution laïque et ses problèmes: fausses certitudes, vraies inconnues. Paris: Berg international, 1997.

Prélot 2003 — Prélot P.-H. La neutralité religieuse de l'État // Traité de droit français des religions / Édité par F. Messner, P.-H. Prélot, J.-M. Woehrling. Paris: Litec, 2003. P. 427–445.

Prélot 2006 — Prélot P.-H. Définir juridiquement la laïcité // Laïcité, liberté de religion et Convention européenne des droits de l'homme / Édité par G. Gonzalez. Brussels: Bruylant, 2006. P. 115–149.

Proeschel 2005 — Proeschel C. L'idée de laïcité: une comparaison franco-espagnole. Paris: L'Harmattan, 2005.

Raison du Cleuziou 2019 — Raison du Cleuziou Y. Une contre-révolution catholique: aux origines de La Manif pour tous. Paris: Seuil, 2019.

Raison du Cleuziou 2020 — Raison du Cleuziou Y. L'Église, fille ainée de la République? Les apologies de la catho-laïcité depuis les attentats de janvier 2015 // Nouveaux vocabulaires de la laïcité / Édité par D. Koussens, C. Mercier, V. Amiraux. Paris: Classiques Garnier, 2020. P. 59–75.

Rivero 1949 — Rivero J. La notion juridique de laïcité // Recueil Dalloz. 1949. Vol. 33. P. 137–140.

Robert 1994 — Robert J. La liberté religieuse // Revue internationale de droit compare. 1994. Vol. 46. № 2. P. 629–644.

Rolland 2003 — Rolland P. Le droit devant le nouveau fait social: les sectes // Traité de droit français des religions / Édité par F. Messner, P.-H. Prélot, J.-M. Woehrling. Paris: Litec, 2003. P. 179–194.

Rosenblum 2020 — Rosenblum D. Les quotas de femmes pour les entreprises et l'interdiction du burkini // Revue générale de droit. 2020. Vol. 50. P. 7–115.

Rossinot 2006 — Rossinot A. La laïcité dans les services publics. Paris: La Documentation française, 2006.

Rozenberg 2000 — Rozenberg D. Espagne: l'invention de la laïcité // Sociétés contemporaines. 2000. Vol. 37. P. 35–51.

Rubio 2015 — Rubio M.-N. Baby-Loup, un cas d'école // La Pensée. 2015. Vol. 3. № 383. P. 37–40.

Ruet 2014 — Ruet C. L'interdiction du voile intégral dans l'espace public devant la Cour européenne: la voie étroite d'un équilibre // Revue des droits de l'homme. 2014. P. 1–14.

Sabbagh 2019 — Sabbagh D. La discrimination sur le lieu de travail: éléments pour une comparaison transatlantique // Droit et Société. 2019. Vol. 2. № 102. P. 319–332.

Sägesser 2012 — Sägesser C. Les cours de religion et de morale dans l'enseignement obligatoire // Courrier hebdomadaire du CRISP. 2012. Vol. 15–16. № 2140–2141. P. 5–59.

Sassen 2002 — Sassen S. Towards Post-National and Denationalized Citizenship // Handbook of Citizenship Studies / Ed. by E.S. Isin, B.F. Turner. London: Sage, 2002. P. 277–291.

Schlegel 2006 — Schlegel J.-L. L'Église catholique de France et la laïcité // Revue politique et parlementaire. 2006. Vol. 1038. P. 67–75.

Schlegel 2016 — Schlegel J.-L. Le burkini affole la laïcité française // Esprit. 2016. Vol. 10. P. 7–10.

Schwartz 2007 — Schwartz R. Un siècle de laïcité. Paris: Berger-Levrault, 2007.

Ségur 2003 — Ségur P. Droit constitutionnel des religions // Traité de droit français des religions / Édité par F. Messner, P.-H. Prélot, J.-M. Woehrling. Paris: Litec, 2003. P. 383–415.

Settoul 2012 — Settoul E. Contribution à la sociologie des forces armées: analyse des trajectoires des engagements des militaires issus de l'immigration. PhD diss. Paris: Institut d'Études Politiques, 2012.

Settoul 2017 — Settoul E. 2006–2016, 10 ans d'aumônerie militaire du culte musulmane // Hommes et migrations. 2017. Vol. 13–16. P. 109–117.

Shimazono 2009 — Shimazono S. La laïcisation et la notion de religion au Japon // Sécularisations et laïcités / Édité par H. Masashi. Tokyo: Koichi Maeda-University of Tokyo/Center for Philosophy, 2009. P. 71–78.

Silicani 2008 — Silicani J.-L. Livre blanc sur l'avenir de la fonction publique. Paris: La Documentation française, 2008.

Slama 2011 — Slama S. Test jurisprudentiel de résistance de la loi de 1905 à l'épreuve du temps et de l'intérêt public local // Revue des droits de l'homme. 2011. Vol. 1. P. 1–6.

Slama 2017 — Slama S. Jésus revient au Palais Royal ou quand le Conseil d'État fait obstacle à la séparation de l'État et de l'étable // Revue des droits de l'homme. 2017. Vol. 11. P. 1–7.

Stirn 2004 — Stirn B. Les libertés en question. Paris: Montchrestien, 2004.

Taylor, Maclure 2010 — Taylor C., Maclure J. Laïcité et liberté de conscience. Montreal: Boréal, 2010.

Brems 2014 — The Experiences of Face Veil Wearers in Europe and the Law / Ed. by E. Brems. Cambridge: Cambridge University Press, 2014.

Torfs 2003 — Torfs R. Le droit de l'Union européenne au regard des relations Églises-États // Traité de droit français des religions / Édité par F. Messner, P.-H. Prélot, J.-M. Woehrling. Paris: Litec, 2003. P. 347–362.

Tournemire 2014 — Tournemire P. La Ligue de l'enseignement et la laïcité: un même chemin // Laïcité, laïcités: reconfgurations et nouveaux défs (Afrique, Amériques, Europe, Japon, pays arabes) / Édité par J. Baubérot, M. Milot, P. Portier. Paris: Maison des sciences de l'homme, 2014. P. 33–43.

Touzeil-Divina 2011 — Touzeil-Divina M. Laïcité latitudinaire. Toulouse: Dalloz, 2011.

Valentin 2016 — Valentin V. Remarques sur les mutations de la laïcité: mythes et dérives de la "séparation" // Revue des droits et libertés fondamentaux. 2016. Vol. 14. P. 1–6.

Van Drooghenbroeck 2011 — Van Drooghenbroeck S. Les transformations du concept de neutralité de l'État: quelques propositions provocatrices // Le droit et la diversité Culturelle / Édité par J. Ringelheim. Brussels: Bruylant, 2011. P. 75–121.

Van Ooijen 2012 — Van Ooijen H. Religious Symbols in Public Functions: A Comparative Analysis of Dutch, English and French Justifications for Limiting the Freedom of Public Officials to Display Religious Symbols. Utrecht: Intersentia, 2012.

Vuilque 2007 — Vuilque P. Avant-propos // Les difficultés de la lutte contre les dérives sectaires / Édité par N. Guillet. Paris: L'Harmattan, 2007. P. 17–19.

Waline 1957 — Waline M. Les concours de recrutement de la fonction publique en droit français // International Review of Administrative Sciences. 1957. Vol. 23. № 3. P. 281–292.

Wattier 2017 — Wattier S. Le Conseil d'État français suspend l'interdiction du port du "burkini" // Revue trimestrielle des droits de l'homme. 2017. Vol. 7. № 410. P. 407–419.

Willaime 2005 — Willaime J.-P. 1905 et la pratique d'une laïcité de reconnaissance sociale des religions // Archives de sciences sociales des religions. 2005. Vol. 129. P. 67–82.

Willaime 2008 — Willaime J.-P. Le retour du religieux dans la sphère publique: vers une laïcité de reconnaissance et de dialogue. Lyon: Oliviétan, 2008.

Willaime 2009 — Willaime J.-P. Les laïcités belge et française au défi de la laïcité européenne // Politique et religion en France et en Belgique / Édité par F. Foret. Brussels: Éditions de l'Université de Bruxelles, 2009. P. 161–177.

Willaime 2010 — Willaime J.-P. Le repositionnement laïque des Églises protestantes dans l'ultramodernité contemporaine // La modernité contre la religion? Pour une nouvelle approche de la laïcité / Édité par J. Lagrée, P. Portier. Rennes: Presses Universitaires de Rennes, 2010. P. 113–125.

Woehrling 1998 — Woehrling J.-M. Réflexions sur le principe de la neutralité de l'État en matière religieuse et sa mise en œuvre en droit public français // Archives de sciences sociales des religions. 1998. Vol. 101. P. 31–52.

Woehrling 2003 — Woehrling J.-M. Définition juridique de la religion // Traité de droit français des religions / Édité par F. Messner, P.-H. Prélot, J.-M. Woehrling. Paris: Litec, 2003. P. 12–21.

Woehrling 2008 — Woehrling J. Les fondements et les limites de l'accommodement raisonnable en milieu scolaire // L'accommodement raisonnable et la diversité religieuse à l'école publique: normes et pratiques / Édité par M. McAndrew, M. Milot, J.-S. Imbeault, P. Eid. Montreal: Fides, 2008. P. 43–53.

Zeghbib 2008 — Zeghbib H. La loi, le juge et les pratiques religieuses // Actualité juridique—Droit administratif. 2008. Vol. 36. P. 1997–2002.

Zuber 2005 — Zuber V. L'idée de séparation en France et ailleurs // De la séparation des Églises et de l'État à l'avenir de la laïcité / Édité par J. Baubérot, M. Wiewiorka. Paris: l'Aube, 2005. P. 107–120.

Zubrzycki 2016 — Zubrzycki G. Beheading the Saint: Nationalism, Religion, and Secularism in Quebec. Chicago: Chicago University Press, 2016.

Предметно-именной указатель

Акт об укреплении принципов Республики 24 июня 2021 года 10
Алжир 160, 162
Аллио-Мари Мишель 142
Амель Жак 257
Амстердамский договор 77
антиклерикальный 9, 24, 185, 250
антисепаратизм 61
антисоциальная радикализация 17
апостериори 31, 85, 86, 97, 261
ассамблеи 12, 73, 75, 103, 105, 166, 183, 187, 188, 195, 220, 222, 226, 240
  по судебным разбирательствам 75
  Генеральная А. Государственного совета 183, 187, 188, 226
ассимиляция 27, 31, 215–219, 255, 259
  неспособность к 215, 216
ассоциации 67, 69, 77, 91, 93, 96, 98, 103, 105, 111, 112, 121, 122, 160, 179, 189, 204, 214, 235, 237, 239, 241, 243, 245, 247, 248
  Духовная ассоциация Церкви сайентологии 103
  защиты прав человека 245, 247
  исламские 98
  католические 112
  Надежда Марселя/Marseille Espérance 121
  по содействию и расширению секуляризма 67, 69
  рыцарей Золотого Лотоса 77
  Свидетелей Иеговы 77, 91
  триумфальной ваджры 93, 105
Афиф Фатима 239, 240, 242, 243

Бадентер Элизабет 240
Байру Франсуа 170
Балеато Натали 238
Барбье Морис 33, 34, 249
Баруэн Франсуа 162, 163
Бассеро Доминик 108
Бельтрам Арно 257
Биман Лори 5, 119
биоэтика 13, 25, 120
Бланкарте Роберто 32
Боберо Жан 34–36, 44, 49, 124, 223, 250
богослужение 76, 96, 110, 111, 131, 134, 138, 139
Бодис Доминик 196
Бонапарт Наполеон 16, 47, 86, 131

Предметно-именной указатель

Брар Жан-Пьер 107
Буайе Ален 119
Буграб Жанетт 207, 240
буддизм 120, 144
бурка 213, 214, 216, 220–223, 231
буркини 7, 150, 212–214, 231–238, 261
Бюиссон Фердинанд 34
Бюффе Мари-Жорж 169

Валентин Венсан 5, 249
Вальс Мануэль 232, 240
великое замещение, расистская теория 7
Верхний Рейн 13, 47, 65, 66
Верьен Доминик 100
Вёрлинг Жан-Мари 78, 94
Вивьен Ален 101
Виллем Жан-Поль 39, 41
Вольтер 35, 107
Воше Стефани Эннет 249
Всеобщая декларация прав человека (1948) 75–77
Всеобщая декларация о секуляризме XXI века 38, 208
Второй Ватиканский собор 26
Высший совет по интеграции / Haut conseil à l'intégration (HCI) 133, 135, 177, 178, 200, 202–207
  Доклад (2007) 202–206
Вюйк Филипп 105, 108

Галамбер Клэр де 227
гарантии базовых прав 15
Гваделупа 48
Генеральная Ассамблея Государственного совета 183, 187, 188, 226

Гобле Рене 59
Гонсалес Жерар 72, 79
государственный нейтралитет по отношению к религиозным конфессиям 32, 33, 70–72, 79, 87, 96, 141, 164–166, 188, 191, 196, 200, 203, 206, 262
Государственный совет / Conseild'État 57, 62, 64, 65, 67, 71–75, 80, 88–93, 95, 99, 103, 105, 115, 116, 118, 122, 133, 134, 138, 140, 145, 148, 157–161, 163, 164, 167, 172–176, 182–191, 194, 196, 197, 205, 214–222, 225, 226, 235–237
Гоше Марсель 29
гражданские браки 25, 32, 257, 258
Гюйяр Жак 103, 104, 105

Дарманен Жеральд 129
Дебре Жан-Луи 166, 167
Дебре Режис 26, 30, 140, 162
декларации 38, 62–64, 70, 75–78, 100, 184–187, 208
Декларация прав человека и гражданина/Déclaration des droits de l'homme et du citoyen (Декларация 1789 года) 62–64, 70, 184–187
декреты 48, 60, 139
Деларю Жан-Мари 146
демократия/демократический 13, 27, 30–32, 40, 58, 63, 106, 122, 220, 225, 229
дискриминация 38, 74, 75, 77, 89, 96, 97, 104, 117, 130, 145, 146, 173, 174, 179, 184, 187, 190, 193,

195, 200, 206, 207, 219, 221, 222, 228, 229, 239, 245–247
  косвенная 193, 246, 247
  при приеме на работу 190
  прямая 38, 247
догматизм 36, 74, 108, 193
Договор о Европейском союзе в Маастрихте 7 февраля 1992 года 77, 78
Дозьер Рене 170
доклад Россино 200– 202, 204
доктрины 36, 66, 68, 79, 108, 114, 176, 177, 229, 230, 233
Дорд Оливье 60, 73
Дроогенбрук Ван Себастьен 192, 208

евангелисты 24
Европейская конвенция по правам человека (ЕКПЧ) 59, 76, 77, 79, 176, 187, 228
Европейский союз 41, 68, 77, 78, 227, 244–248
Европейский суд по правам человека (ЕСПЧ) 57, 58, 76, 77, 79, 176, 215, 228

Жарде Оливье 170
Жерен Андре 223, 225
Жест Ален 103, 104, 105
Жокс Пьер 142
Жоспен Лионель 121, 157, 189

Закон 1905 года о разделении церквей и государства / Loi du 9 décembre 1905 concernant la séparation des Églises et de l'Etat 10, 24, 26, 31, 34–36, 41, 42, 47, 48, 50, 59–61, 64, 68, 70, 72, 86–88, 90, 93, 96, 97, 110–112, 114, 119, 131–133, 136–140, 161, 185, 194, 224
Закон Жюля Ферри 59, 109
Закон о государственном секуляризме, кантон Женева 12
Закон об уважении светскости государства (Квебек) 12
Закон от 17 мая 2013 года (легализация однополых браков) 13
законность 14, 58, 59, 73, 74, 79, 103, 110, 111, 233, 239, 248
законопроекты 10, 73, 100, 107, 168–172, 178, 193, 195–197, 209, 220, 241

идентаристский, идентаристы 7, 25, 166, 172, 178, 201
идентичность 7–9, 15, 27, 30, 31, 40, 50, 51, 61, 113, 124, 125, 165, 166, 169, 179, 203, 227, 255, 257–262
  культурная 7, 15
  национальная 15, 51, 124, 169, 227, 257–262
  религиозная 7, 31
индивидуальная вера 17, 38
ислам 7, 8, 11–14, 17, 30, 50, 60, 61, 96–98, 100, 107, 109, 116, 118, 125, 129, 130, 133, 143, 144, 149, 150, 156–158, 161–163, 165, 168, 170, 173–175, 178, 195, 197, 198, 212, 213, 224, 224–226, 228, 232, 234, 235, 237, 246–248, 257, 258, 260–262
  молитва 7, 129, 130, 133

платок 150, 156, 157, 161, 163, 165, 168, 170, 175, 178, 195, 197, 212, 213, 224–226, 228, 246, 247, 261

фундаменталисты 17, 61, 234, 235, 257

иудаизм 12, 47, 86, 87, 95, 121, 128, 130, 132, 141, 142, 144

Кальтенбах Жанна-Элен 94

Канадская хартия прав и свобод 32

капелланская служба 6, 14, 128, 130, 139–147, 149, 150, 188, 258, 261

Кассационный суд 75, 198, 240–243, 245, 248

католицизм 9, 12, 16, 23–25, 32, 36, 44, 47, 51, 86, 87, 95, 109, 110, 112, 113, 121, 122, 128, 130–132, 140–142, 144, 146, 161, 256, 257, 259

Келлер Реми 175

Кёниг Маттиас 227

Кесслер Дэвид 159

Кинцлер Катрин 31

Клеман Паскаль 170

клерикальный 9, 10, 24, 29, 185

Клинтон Билл 103

Кок Ги 30

Коллеж Сан-Бернар 256, 257

коллективная сплоченность 17

Комиссия Бушара — Тейлора / Commission de consultation sur les pratiques d'accommodement reliées aux différences culturelles 39

Комиссия Машелона 95–97, 133, 136

Комиссия Стази 142, 166, 167, 200, 222, 250

коммунитаризм 17, 61, 162–164, 166–168, 193, 199, 212, 213, 256

конкордатный режим 16, 47, 48, 51

Конституционный совет / Conseil constitutionnel 51, 62, 64–71, 73, 171, 185, 188, 226, 231, 243

конфессии, конфессиональный 12, 14, 24, 25, 29, 32, 46, 60, 88, 91, 92, 96, 97, 103, 117, 121, 122, 133, 135, 144–148, 165, 174, 183, 189, 191, 241, 255

Коста Жан-Поль 161

Крестия Филипп 219

культовые места 129–131

культовые сооружения 6, 7, 9, 10, 13, 14, 45, 46, 92, 121, 122, 128, 131–137, 164

культурное наследие 8, 28

культы религиозные 6, 14, 60, 63, 77, 78, 87, 89, 92, 93, 97, 101–109, 125, 132, 137, 147, 156, 200, 236, 256, 261
 борьба с 107–109
 идентификация 102–107
 отправление 63, 132, 137, 147, 236, 256, 261

Ланглуа Клод 34

Ле Пен Жан-Мари 162, 163

легитимность 8, 13, 26, 36, 40, 41, 47, 51, 59, 100, 112, 136, 149, 212, 213

Леконт Брюне 77

Локк Джон 35, 107

Лошак Даниэль 73, 79

Лука Натали 105

Макрон Эмманюэль 10, 61, 100, 256–258, 261
Мартиника 48
Международный пакт о гражданских и политических правах 76
международный терроризм 17
меньшинства 7, 10, 12, 25, 75, 86, 87, 92, 97, 101, 102, 105, 109, 123, 124, 128, 130, 131, 147, 214, 227, 259, 262
Моруа Пьер 101
мусульмане 7, 24, 25, 45, 61, 97–99, 120, 129, 130, 133, 135, 138, 141–143, 146, 149, 150, 160, 162, 169, 173, 175, 177, 179, 193, 212, 213, 219, 228, 230, 232, 234, 260, 261
   девушки/женщины 150, 169, 173, 175, 177, 212, 213, 219
   заключенные 146, 150
   капеллан 141–143, 146, 149, 150, 261
   культовые сооружения 45, 129, 133
   молодежь 98, 150, 212, 213 232
   объединения 97, 98, 135, 138, 261
   радикализация 98, 130, 146, 149, 150, 212, 213, 232
   стигматизация 228
   уличные молитвы 7, 129, 130, 133
мусульманский вопрос 6, 14
Мюзо Реми 129

националистический секуляризм 26–31, 119, 166, 172, 179, 219, 225, 255, 259, 260, 262
   ассимиляционистский 27, 28, 166, 172, 219, 255, 259
   дифференциалистский 28, 119, 255, 260
   республиканско-националистический 255
   цивилизационно-националистический 255, 259, 260
Национальная ассамблея Квебека 12
Национальная ассамблея Республики Франция 73, 105, 166, 195, 220, 222, 240
Национальное иммиграционное агентство / Agence nationale de l'accueil des étrangers et des migrants (ANAEM) 221, 222
неконфессиональный 77
неореспубликанское направление 26, 30, 38
неэгалитарный режим 131–136
Нижний Рейн 13, 47, 65, 66
никаб 7, 207, 214, 216–219, 222, 223
Новая Каледония 48

образование 30, 46, 59, 61, 63, 96, 109, 138, 156, 157, 159, 160, 174, 182, 185–187, 189, 195–197
   государственное 63, 109, 182, 183
   религиозное 59
обряд 76, 78, 90, 91, 147, 164, 220
обязанность нейтралитета 156, 189, 196, 197, 201, 202, 208, 226
Одент Жан-Филипп 189
омбудсмен / Défenseur des droits 74, 179, 183, 187, 188, 196, 197, 200, 207

Организация объединенных наций (ООН) 76
Органический закон о религиозной свободе от 5 июля 1980 года 32
Органический закон от 10 декабря 2009 года 66

Пакт гражданской солидарности / Pacte civil de solidarité 258
пакты 34, 36, 76, 124, 135, 160, 169, 258
  секулярный 34, 36
  республиканский 124, 135, 160, 169
парламент 47, 51, 59, 73, 74, 80, 87, 92, 101, 105, 107–110, 116, 131, 136, 139, 155, 162, 167–173, 175, 176, 185, 193, 196, 197, 199, 200, 205, 220, 223, 243, 255, 262
  дебаты 107–109, 167–170, 172, 193, 199, 200, 222
  парламентарии 92, 105, 108, 162, 167, 168, 170, 196, 243, 255
Пати Самюэль 61, 199, 257
Пекресс Валери 130
Пемезек Филипп 130
Пена-Руис Анри 28–30, 177
Пий VII, папа 16, 86
Пикар Кэтрин 108
Пирамидный храм, культ 77
политические дебаты 7, 16, 226, 227, 250, 258
политический либерализм 35
популизм 12, 14, 15, 209, 214, 226
Портье Филипп 250
право на аборт 25, 41
православие 144, 146

признание однополых браков 13, 258
признанный/подтвержденный секуляризм 34
принцип нейтралитета 69–72, 79, 122, 137, 140, 141, 156, 158, 164, 173, 188, 197, 198, 200, 206, 207, 242, 243, 248, 262
принципы права и справедливости 27, 64, 97, 172, 202, 224, 225, 259
прозелитизм 17, 29, 109, 116, 130, 141, 158, 165, 169, 175, 178, 205, 209
  религиозный 29
Просвещения эпоха 8, 31, 35, 107, 212, 213, 255, 256, 259, 260
протестантизм 12, 24, 25, 47, 86, 87, 95, 128, 130, 132, 141, 143, 144, 146
Пула Эмиль 34, 36, 37

Раффарен Жан-Пьер 121, 162, 168
религиозные меньшинства 7, 12, 92, 97, 101, 102, 105, 123, 128, 130, 131, 262
религиозные реликвии 8
религиозные символы 7, 11–13, 16 17, 28, 30, 43, 45, 68, 109, 110, 111, 114–117, 155–160, 162, 165–167, 170, 171, 173–175, 177–179, 182, 183, 187, 190, 191, 193, 196, 199, 200, 206, 209, 214, 217, 218, 222, 233–235, 241, 246, 247, 249, 250, 258, 261
  бросающиеся в глаза 13, 167
  бурка 213, 214, 216, 220–223, 231

буркини 7, 150, 212–214, 231–238, 261
в школе 9, 30, 43, 76, 112, 155–160, 162, 165–167, 171–173, 175, 179, 194, 200, 206
в государственных учреждениях 11, 28, 114, 116, 117, 160, 165, 175, 196, 206, 258, 261
платок 150, 156, 157, 161, 163, 165, 168, 170, 175, 178, 195, 197, 212, 213, 224–226, 228, 246, 247, 261
хиджаб 7, 50, 160, 198, 261
религиозный нейтралитет 32, 209, 236, 248
республиканский универсализм 15, 43, 260
реставрация Мэйдзи 25
Реюньон 48
Риверо Жан 262
ритуал, ритуальный обряд 76, 78, 92, 93, 96, 139, 146, 192
Робер Жак 88, 89, 249
рождественский вертеп 8, 118
Рушди Салман 43

сайентология 103
Салль Руди 108
Саркози Николя 95, 122, 200, 240, 261
светский брак 13
Свидетели Иеговы 77, 91–93, 144–146
свобода 6, 7, 9, 10, 12, 15–17, 25, 27–36, 38–41, 47, 49–51, 57, 58, 60, 64, 66–79, 85–87, 91, 92, 94, 96, 97, 99, 101, 103, 105, 105, 107–109, 124, 137–141, 144, 145, 147, 156–161, 163–166, 168–170, 175–177, 187–193, 195, 199, 203, 204, 207–209, 214, 218, 222–225, 228–240, 242–250, 255, 256, 259, 261, 262
вероисповедания 6, 9, 10, 16, 34, 38, 40, 60, 69, 75–78, 86, 99, 140, 141, 208, 228–233, 236, 238, 244, 255, 259
мысли 32, 35, 36, 39, 76, 78, 108, 109, 111, 113–115, 118, 122, 137, 176, 177, 195, 242
религии 10, 25, 27–30, 32–35, 41, 47, 49–51, 57, 58, 60, 70, 76, 78, 79, 85–87, 91, 97, 103, 105, 108, 109, 137, 138, 140, 141, 144, 156, 157, 160, 163–166, 175, 177, 187–190, 192, 193, 208, 218, 224, 228, 234–237, 239, 240, 242, 245–249, 256
совести 10, 27–29, 31–36, 39–41, 47, 49–51, 57, 58, 60, 69, 70, 79, 85, 86, 91, 97, 103, 105, 108, 109, 137, 141, 157, 160, 163, 165, 166, 168, 169, 175, 177, 189–193, 195, 199, 208, 237, 239, 261
секуляризм 5, *passim*
дебаты о 9, 10, 13, 14, 24, 27, 3838, 39, 43, 45, 50, 51, 61, 73, 109, 124, 155, 156, 160, 161, 163, 170, 172, 250, 258–261
деинституционализирующий 50, 204, 250
как достояние 14, 15
либеральную сущность 15, 23, 31, 32, 40, 62, 157–160, 200, 207, 249, 250, 259, 262
модели 13, 25, 31, 39, 49–52, 179

многозначность термина 42–44

мультисекуляризм 23–52

нарративный 43, 45, 52, 97, 109, 160–167, 171, 172, 180, 199–210, 220, 223, 225

националистический 26–31, 119, 166, 172, 179, 219, 225, 255, 259, 260, 262

новый 162–171, 203, 224, 249, 250, 255, 259

правовой 45, 51, 157–160, 171–180, 184–199, 204, 205, 223

прагматика 149

французский 5, 6, 8, 9, 11–16, 26, 27, 29, 35–37, 51, 57, 58, 61, 62, 68, 73, 80, 155, 156, 162, 167, 219, 249, 250, 255, 257, 258, 259, 262

фундаментальные принципы 38–42, 58

секулярное общество 8, 97, 207

сепаратизм 13, 98, 99, 193, 256

сикхи 24, 173, 193, 206

тюрбан 174, 206

Сингх Бикрамджит 76, 173, 175

совместная жизнь/vivre-ensemble 15, 118, 124, 170, 220

социология 6, 14, 31, 32, 34, 37–39, 94, 102, 123, 161, 223, 249

средства массовой информации (СМИ) 7, 11, 45, 102, 214, 216, 220, 257, 258

Стази Бернар 162, 163, 167, 171

трансформация современной семьи 25

трансцендентное божество 17

Третья республика (1870–1940) 10, 24, 250

Трибала Мишель 94

Турция 25, 58

тюрьмы 128, 131, 139, 141, 143–150, 220

Уголовно-процессуального кодекса/Code de procédure pénale 143, 146, 147

уличные молитвы 7, 49, 128–130

Уоллис и Футуна 48

Федерация свободной мысли Вандеи 113, 115, 118

Федерация свободной мысли и социального действия Роны 118, 122, 137

Федерация свободной мысли Морбиана 111

Федерация свободной мысли Сены и Марны 114, 115

Феррари Алессандро 33, 43

Фийон Франсуа 225

Французская Гвиана 48

Французская Полинезия 48, 135

Французская революция 34, 43, 131, 139

фундаменталисты 17, 61, 234, 235, 257

Хааршер Ги 24, 38

хиджаб 7, 50, 160, 198, 261

церковно-государственные отношения 12, 13, 24, 27, 48, 78, 250

церковь 9–12, 23–27, 29, 31, 32, 34, 36, 38, 42, 44, 47–49, 51, 57, 58, 60, 66, 69, 72, 77, 78, 86, 87, 95, 97, 103, 109, 110, 120, 121, 123, 128, 131, 132, 134, 138, 140,

141, 144, 145, 150, 172, 232, 256, 257, 259
отделение от государства 25, 27, 29, 31, 32, 38–42, 48, 49, 51, 60, 66, 69, 72, 110, 134
статус 77, 185, 187

Четвертая республика 33
чуждые 7

Шамбро Сесиль 100
Шампион Франсуаза 24
Шварц Реми 91, 190, 191
Ширак Жак 163

эгалитарный 88, 95, 120
эмансипация 9, 11, 24, 27, 31, 49, 160, 165, 166, 168, 177, 255, 259
Эрдоган Реджеп Тайип 25
Эсташ-Бриньо Жаклин 100

Япония 25, 33

Baby Loup, детский сад 238–244, 248
La Manif pour Tous/*Протест для всех*, движение 13

Оглавление

Благодарности 5

Введение. Подводная часть айсберга 6

Часть 1. Теоретические и правовые основы

Глава 1. Мультисекуляризм 23
Глава 2. Правовые основы секуляризма 57

Часть 2. Церкви, религия и секулярное государство

Глава 3. Определение религии. Секулярный парадокс 85
Глава 4. «Совместная молитва». Секулярный вызов? 128

Часть 3. Секулярное государство и индивидуальный верующий

Глава 5. Раскрытие Марианны. религиозные символы
в школе и новая секулярная грамматика 155
Глава 6. Государственные служащие. Демонстративная
нейтральность и внешние проявления нейтралитета ... 182
Глава 7. Лица врага, новые поля сражений 212
Заключение. Корни и сок 255

Библиография 263
Предметно-именной указатель 278

Научное издание

Дэвид Коуссенс
СЕКУЛЯРИЗМ(Ы) В СОВРЕМЕННОЙ ФРАНЦИИ
Право, политика и религиозное разнообразие

Директор издательства *И. В. Немировский*
Ответственный редактор *И. Белецкий*
Куратор серии *В. Кучерявенко*
Заведующая редакцией *И. Емельянова*

Дизайн *И. Граве*
Редактор *В. Ворошилова*
Корректор *И. Манлыбаева*
Верстка *Е. Падалки*

Подписано в печать 29.11.2025.
Формат издания 60 × 90 $^1/_{16}$. Усл. печ. л. 18,0.
Тираж 200 экз.

Academic Studies Press
1577 Beacon Street, Brookline, MA 02446 USA
https://www.academicstudiespress.com

ООО «Библиороссика».
198207, г. Санкт-Петербург, а/я № 8

Знак информационной продукции согласно
Федеральному закону от 29.12.2010 № 436-ФЗ

www.ingramcontent.com/pod-product-compliance
Lightning Source LLC
Chambersburg PA
CBHW061935220426
43662CB00012B/1910